"감사합니다"
선 생 님

| 일러두기 |

이 책에 나오는 학생들의 이름은 모두 가명입니다.
이 책은 『1년 안에 1억 공부방』의 개정판입니다.

보미 쌤의 1년 안에 1억 공부방
공부방의 神 보미 쌤의 열두달 운영비법

인쇄일 개정 4판1쇄 | 2023년 10월 23일
발행일 개정 4판1쇄 | 2023년 11월 3일

지은이 | 김보미
펴낸이 | 김성주

펴낸곳 | 황금열쇠
등   록 | 2012년 4월 6일
주   소 | 서울시 강남구 광평로 295, 서관동 1319호
전   화 | 031-608-7701 팩스 | 02-6008-0488
이메일 | goldkey4you@naver.com

ⓒ 김보미 2020
ISBN 979-11-88326-75-4 13320

이 책의 저작권은 황금열쇠가 소유합니다. 저작권법에 의해 한국 내에서
보호를 받는 저작물이므로 무단전재와 무단복제를 금합니다.
* 책값은 뒤표지에 있습니다.

30만 공부방 선생님과 예비 창업자를 위한
최초 1~12월 실행 가이드

보미 쌤의
1년 안에
1억 공부방

공부방의 神 보미 쌤의 열두달 운영비법

김보미 지음

프롤로그

한 달씩 실천하다 1억 공부방이 된다

"나는 과연 공부방으로 성공할 수 있을까요? 1억 공부방은 뭐가 다릅니까?"

이 두 가지는 연봉1억 공부방 창업 멘토가 된 지금도 끊임없이 듣는 질문이다. 나는 이 질문에 대한 답변을 드리기 위해 더 많이 공부하고 많은 사람들과의 만남을 가져왔다. 그렇게 쌓아온 경험과 지식을 바탕으로 공부방 창업과 운영 지침서 세 권과 초중등용 문제집 집필 및 기획을 했고, 공부방 선생님들을 위한 커뮤니티 카페 〈성공하는 공부방 운영하기〉를 만들어 운영하고 있다.

카페를 만든 이유는 명료하다. 내가 순간순간 간절히 바랐던 한 마디 조언을 주고받기 위해서였다. 내가 공부방을 처음 시작하면서 겪었던 수많은 시행착오를 다른 선생님들만큼은 겪지 않기를 바라는 마음도 컸다. 힘든 부분, 속상한 일들, 기쁜 일들, 알찬 교육 정보 등을 함께 나누고 서로 윈윈(Win-Win)하는 관계가 되었으면 좋겠다고 생각했다.

또한 친구가 되고 싶어서였다. 공부방은 대게 혼자서 운영하는 직업이다 보니 일장일단이 있다. 능력껏 자유롭되 함께 이야기를 나눌 동료가 곁에 없어서 외로움을 많이 느낀다. 같은 일을 하는 선생님들끼리 온라인상에서라도 함께 이야기하고 싶었다. 함께 하는 동료가 있다면 그만큼 든든하고 즐겁게 공부방을 운영해 나갈 수 있고, 서로 자극이 되어서 발전하는 공부방을 운영해 나갈 수 있다.

공부방 선생님은 수입과 평판, 지속성 면에서 좋은 직업임에 틀림없다. 카페를 통해 하나하나 준비해 나가는 선생님들, 그런 선생님들을 도와주는 여러 선생님들을 보면서 카페를 운영해 나가길 잘했다는 생각이 든다. 하지만 아직도 공부방 운영에 있어서 무엇을 어떻게 해나가야 하는지, 지금 내가 하고 있는 것들이 맞는지 틀린지 고민하는 선생님들이 많다. 더욱이 몇 개월 동안 학생들이 늘지 않아 힘들어하다가 애써 준비하거나 운영해온 공부방을 정리하는 모습을 볼 때면 안타까운 마음이 많이 든다.

어떤 직업이든 힘든 부분이 있다. 좋기만 한 직업은 세상 어디에도 없을 것이다. 그럼에도 내가 노력한 만큼 결과는 따라온다. 다만 내가 하는 노력이 최선이라고 생각하지 않았으면 한다. 세상에는 나의 몇 곱절씩 노력하는 사람들이 많다. 그런 사람들과 같은 성공을 바라는 것은 욕심이 아닐까. 성공한 사람들의 70% 이상을 따라하고 있는가. 나만의 노력과 열정 그리고 차별화가 있는가. 그렇다면 짧게는 일 년 적어도 이삼 년 후 성공한 위치에 올라 있을 것이다.

지난 수년 동안 내가 가진 수업 노하우를 전수하는 컨설팅 및 세미나를 진행하면서 느낀 점이 많다. 세미나 내용을 100% 바로 적용하는 것은 힘들다. 하지만 하나라도 적용하면 아이들의 반응, 수업 태도, 어머님들의 호응이 좋아지는 것을 느끼게 된다. 일이 늘어나 잠은 줄었지만 새로운 활력과 힘이 솟는다고 말씀하는 선생님들이 늘어났다.

그렇게 몇 개월 동안 선생님들이 쏟은 노력은 헛되지 않았다. 불안감과 조급증이 아닌 인내심을 가지고 꾸준히 새로운 홍보법을 적용하며 수업의 변화를 가져온 선생님들은 변화 전과 대비해 많은 부분이 달라져 있었다. 무엇보다 학생들이 공부방에 오는 모습이 밝아졌고 성적과 학생 수는 우상향 곡선을 그렸다! 1~2년 후에는 학생 수가 너무 늘어나 학원으로의 확장을 고민하는 선생님들도 많아졌다. 당연히 지금은 수입도 남들이 부러워할 만큼 올라간 것은 말할 필요도 없다.

그럼 이 대목에서 머릿속에 떠오르는 질문이 있다. '세미나를 들은 모든 선생님들이 성공했을까?' 대답은 "아니다."이다. 안 되는 공부방과 성공한 공부방! 똑같이 세미나를 들었는데 왜 상반된 결과가 나왔을까? 그 차이는 '아는 것과 행하는 것의 차이'였다.

그 차이를 어떻게 줄일 수 있을까? 모든 선생님들이 좀 더 행복하게 공부방을 운영할 수 있도록 내가 더 할 수 있는 일은 무엇이 있을까? 무엇을 공유하면 더 좋을까?

틈틈이 다이어리를 펴놓고 이런저런 고민을 거듭하며 하나둘 정리해 보았다. 변화를 주고 싶고 지금과는 다른 공부방으로 성공하고 싶은 선생님들을 위해 좀 더 쉽게 따라할 수 있도록 열두 달 매뉴얼이 있으면 좋겠다는 생각에 이르렀다.

이 책은 공부방을 1년 동안 월별로 운영해 나가는 노하우를 담은 책이다. 1월부터 12월까지 무엇을 어떻게 준비하고 운영해 나가야 하는지, 실제 성공한 공부방 이야기를 담았다. 혼자서 모든 것을 준비해 나가면서 불안함을 느끼거나 지금 시기에 이것을 하는 게 맞는지 고민하는 분이라면 지금부터 이 책을 보면서 함께 풀어 나가기를 권한다. 처음부터 읽어도 좋고 해당 월부터 읽어도 좋다. 월별 운영 지침과 체크 리스트를 따로 떼어 가지고 다니면 더 좋겠다.

다시 한 번 강조하건대 이 책에 나온 것을 70% 이상 실천해 나가길 바란다. 그럼 1년 후 지금과는 다른 나의 모습, 공부방 풍경, 여덟 또는 아홉 자릿수 통장 잔고를 보게 될 것이다. 달콤한 그 날을 목표로 1년간 열정적으로 달려가 보도록 하자. 지금 시작이다, 파이팅!

차 례

| 프롤로그 | 한 달씩 실천하다 1억 공부방이 된다 • 4

1억 공부방 성공사례 1 _ 공부방 오픈 첫 달 46명 등록 • 12
1억 공부방 성공사례 2 _ 평범한 학생을 최상위 학생으로 • 17
1억 공부방 성공사례 3 _ 아이 마음을 따라가면 공부는 저절로 • 22
1억 공부방 성공사례 4 _ 아이들 실력 향상이 곧 홍보다 • 26
1억 공부방 성공사례 5 _ 꼴찌를 전교 1등으로 만드는 비결 • 30

1월 새해의 시작과 신입 학생들과의 첫 만남

전화 상담 시 궁금증을 자극하려면? • 38 등록으로 연결되는 방문 상담 노하우가 있나요? • 41 성적 향상과 교재 선정 어떻게 하나요? • 48 새로운 학생들을 쉽게 적응시킬 수 있나요? • 52 1월 공부방 운영 체크리스트 • 61

2월 새 학기 준비와 겨울방학 수업 마무리

사업자등록 꼭 해야 하나요? • 66 세금(사업장현황) 신고 어떻게 하나요? • 70 2월의 예비학습, 1학기 진도 어떻게 수업해야 하나요? • 70 학부모와 진도상담, 꼭 해야 하나요? • 75 시간표 변경, 남들보다 미리 해야 한다고요? • 80 교육설명회, 공부방 초대파티 어떻게 하나요? • 82 2월 공부방 운영 체크리스트 • 85

3월 | 새 학기 적응하기

학교 진도보다 얼마나 앞서 가야 하나요? • 89 단원평가 자료 무엇으로 만드나요? • 92 학부모 총회와 면담 때 어떻게 홍보하나요? • 94
3월 공부방 운영 체크리스트 • 99

4월 | 중간고사 미리미리 준비하기

중간고사 준비와 자료 정리는 어떻게 하나요? • 104 중간고사 2주전 시험 대비는 어떻게 하나요? • 108 시험 결과에 어떻게 대응해야 할까요? • 112 학습자료 준비 등 선생님들의 노력을 부모님들께 알려야 하나요? • 115
4월 공부방 운영 체크리스트 • 119

5월 | 가정의 달 5월 설레는 마음

어린이날 파티, 어떻게 하면 친해질까요? • 123
스승의 날 어떻게 맞이하나요? • 128 보강 수업 할까? 말까? • 130
5월 종합 소득세 신고하기 • 132 5월 공부방 운영 체크리스트 • 135

6월 | 전략적 차별화의 필요성

1학기 기말고사 준비는 어떻게 하나요? • 139
욕심이 없는 학생들! 속이 탑니다 • 142
여름방학 교재 선택과 특강 수업은? • 146
교육청 점검 어떻게 대비하나요? • 150
6월 공부방 운영 체크리스트 • 155

7월 학생들은 선생님 마음을 너무 모른다

퇴원생 없는 공부방의 비결은 뭔가요? • 159   7월 신규 학생 모집은 어떻게 하나요? • 162   기말고사 성적으로 상담하는 노하우는? • 164   하위권 학생들을 보물로 만드는 방법은? • 167   받기 싫은 회원 거절하는 방법이 있나요? • 170   7월 공부방 운영 체크리스트 • 175

8월 여름방학 이벤트, 현장학습이 좋다

무더운 여름을 돌파하는 노하우는? • 181   예비 회원에게 연락할까? 말까? • 185   회비를 밀리는 학부모에 대처하는 방법은? • 188   자기주도학습 어떻게 잡아주나? • 191   8월 공부방 운영 체크리스트 • 195

9월 2학기 준비, 공부방 분위기를 바꿔라

추석 명절 연휴에 대처하는 노하우는? • 199   중간고사 대비 보충 수업 어떻게 진행하나요? • 204   중학교 시험 준비에 놓치지 말아야 할 부분이 뭔가요? • 206   공부를 하기 싫어하는 학생 다루기 • 210   9월 공부방 운영 체크리스트 • 213

10월 두 얼굴의 학생과 학부모

말 많은 학부모 잘 다루기 • 218   초등 저학년 학생과 소통을 잘하려면? • 224   초5, 중2 사춘기 학생 다루기 • 227   간식 전쟁에서 살아남기 • 232   10월 공부방 운영 체크리스트 • 235

11월 **상위권 학생을 만드는 비법**

떠먹여 주는 선생님이 되지 말자 • 239
학생에게 던지는 좋은 질문이란? • 243   암기과목은 집중력이 관건? • 247
멘토 & 멘티 학습의 효과는? • 250   11월 공부방 운영 체크리스트 • 253

12월 **마무리는 보람차게 내년은 희망차게**

1년의 멋진 마무리, 12월 파티 열기 • 257
'학부모와 1년 마무리 상담'은 어떻게 하나요? • 260   교재 마무리하기 • 263
회원을 소개해 주는 학부모님을 만들려면? • 266   신입생 모집을 위한
최고의 홍보는? • 269   내년 목표와 계획을 어떻게 세우나요? • 271
12월 공부방 운영 체크리스트 • 273

| 에필로그 | 이제는 1억 공부방 운영의 길이 보이나요? • 274

1억 공부방 성공사례 ___ 1

공부방 오픈 첫 달 46명 등록
— 데이빗 쌤 〈라하 잉글리시〉 공부방

공부방 오픈 한 달 만에 46명 등록! 믿기지도 믿을 수도 없는, 그러나 너무나 부러운 기록! 아니, 1년도 아니고 어떻게 오픈 한 달 만이라니, 도대체 그 선생님께서는 무슨 신기에 가까운 재주라도 있는 걸까요?

〈성공하는 공부방 운영하기〉 카페를 통해서 알게 된 〈라하 잉글리시〉 공부방의 데이빗 쌤은 비결이 아주 간단했다고 하더라고요. 그러니까 그 간단한 비밀병기가 대체 뭐냐고요.

바로 '신규모집 설명회'였답니다.

"아니, 공부방에서 왜?" 또는 "에이 공부방에서 어떻게…" 하는 동료 학원장 선생님들의 뼈아픈(?) 충고 또한 많이 듣고 자존심도 상했다고 합니다. 그런데 데이빗 쌤은 한 발 더 나아가 '신규모집 설명회'를 공부방 오픈하기 한 달 전에 실시했답니다.

이 무모해 보이는 계획은 어떻게 진행되었던 걸까요? 데이빗 쌤의 공부방은 450세대 안 되는 지방의 한 아파트에 위치, 이웃한 세곳의 아파트를 함께 광고의 대상으로 선정, '전단지' 광고부터 시작했답니다.

전단지 광고는 타이밍이 가장 중요하니, 광고 시기는 학부모님들이 학원탐색과 이동으로 들썩이는 2월초! 사실 누구나 다하는 전단지 광고지만 데이빗 쌤은 달랐답니다. 데이빗 쌤 전단지 광고의 목적은 단 하나, '설명회로 유입시키자!' 아무리 최상의 광고라 해도 전단지 하나 보고 입회하는 분은 없을 거라고 생각, 무조건 학부모님들을 설명회로 유입시켜, 몇 명이든 직접 만나 뵙고 승부를 내자는 판단이었답니다. 그렇게 만들어진 데이빗 쌤의 전단지는 또 하나의 남다른 특징을 발휘합니다.

데이빗 쌤이 아파트 동네 게시판을 쭉 돌아보니, 하나같이 비슷한 색깔의 전단지였답니다. 그래서 '튀는 색깔 전단지'를 하면 누구나 한 번쯤 쳐다는 보겠구나. 튀는 색깔로 승부를 보자! 결과는 여러분도 예상되시죠? 대성공이었죠. 나중에 라하영어공부방 아이들이 그러더랍니다. 자신들뿐 아니라 동네 어머님들이 한 번씩은 다보고 얘기들을 했다고요. 진짜 이 데이빗 쌤, 아이디어와 추진력 참 대단하죠?

그런데 제가 진짜 데이빗 쌤께 뭉클해졌던 사실은 데이빗 쌤이 색약이란 사실입니다. 색맹 테스트를 하면 첫 장부터 알아보기 힘든 그런 상태랍니다. 전단지 색깔로 승부를 보자 결심하고 또 그 작업을 한 권의 책을 보고 독학하여 전단지를 직접 만들었답니다.

그렇게 튀는 전단지로 딱 1주일 광고하니, 설명회 당일 어머니 8분이 오셨답니다. 학원설명회에 비하면 보잘것없지만, 프랜도 아니요, 게다가 오픈도 안한 이름 없는 개인공부방 설명회치고는 대성공이지요. 최선을 다해 설명회를 마치자 바로 그날 입회상담 후 등록했고, 그 어머니들이 소문을 내주면서 계획에도 없던 2,3,4차 설명회로 이어져 결국 한 달 만에 46명 등록이라는 진기록을 세우게 되었답니다.

그럼 '그 설명회가 대체 어떠했길래…?' 궁금하실 겁니다. 그래서 설명회에 대한 이야기는 데이빗 쌤의 말씀을 그대로 전합니다.

★ 데이빗 쌤이 전하는 성공적인 설명회의 비결

첫째, '우리 공부방만의 색깔'입니다. 차별화된 '선생님만의 무기'랄까요? 이건 뭐라 하나로 말하기 어렵지만, 간단히 생각하면 "아이들을 가르칠 때 내가 가장 좋아하고 가장 잘할 수 있는 부분이 뭔가?"라는 질문을 받았을 때 그때 나오는 대답이 바로 무기가 될 것입니다. 잊지 말아야 할 것은 '그 색깔이 그 지역에서 먹힐(!)만한 것인가?'에 대한 사전조사가 철저히 필요하다는 것이죠. 어떤 홍보냐보다도 더 중요한 게 바로 선생님만의 무기. 그리고 그것이 그 지역에 먹히느냐. 그 두 가지가 메인이라는 거지요.

둘째, '확실한 커리큘럼'입니다. 이 커리큘럼 짜기가 제일 어렵다는 분들 많더군요. 해답은 색깔이 있으면 그것에 맞는 커리큘럼을 구축할 수 있습니다. 프랜이 나쁜 건 아니지만, 프랜을 먼저 정하고 공부방 색깔을 맞추려다 보니, 안 맞는 경우 많이 봤습니다. 저도 프랜 관계자들 수십 명을 만나 엄청난 시간을 보냈는데… '프랜 프로그램이 괜찮은데? 한번 잘 해볼까?'가 아니라 오직 '이 프로그램이 내 색깔, 내 장점을 제대로 보여줄 수 있나?'에만 집중했어요. 그러다 보니 프랜이 아닌 자체 커리큘럼을 제작, 차별화에 성공할 수 있었죠. 솔직한 말씀입니다만, 어머님들께 "완벽한 커리는 없습니다. 그렇기 때문에 우리 공부방은 커리에 있어서 확실한 기본 뼈대는 갖추고 있으나, 유연성을 가지고 계속 업데이트와 업그레이드합니다."라고 말한 것이 오히려 많은 점수를 얻었다는 후문입니다.

자, '우리 공부방의 색깔', '확실한 커리큘럼' 이 두 가지는 절대 절대 절대, 조급하게 정해서는 안된다는 겁니다.

셋째. '자신감'입니다. 지역마다 차이는 있지만 요즘 어머니들 젊고 똑똑하고 좀 정보가 빠른 분들입니까? 설명회 한두 번은 다 다녔을 분들이죠. 그런 분들을 한 번에 사로잡으려면 자신감이 필요한데, 그것이 생기는 비결은? 없습니다.

그저 '우리 공부방의 색깔' '확실한 커리큘럼'이 있다면 저절로 할 말이 나오니 자신감이고 뭐고 고민할 필요 없습니다.

넷째. '깔끔한 프리젠테이션'입니다. 이것은 꼭 핵심 포인트는 아니지만, 나중에 어머니들의 피드백을 받았을 때 가장 높게 평가해준 부분이더라고요.

저는 당시 MBC 스페셜 〈당신이 영어를 못하는 진짜 이유〉라는 영상을 준비해, 아이들이 '우리 공부방'에서 '왜' '확실한 커리큘럼'으로 배워야 하는지를 계속 연결시켰죠.

다섯째. '재미'입니다. 라하는 초중등 영어공부방입니다. 보통 초등은 재미있는 선생님을 좋아하죠. 어머니들도 '우리 아이가 재미있게 배우고 공부했으면 좋겠다.'라고 생각합니다. 설명회를 통해 중간 중간 웃음 포인트를 제공, 어머님을 웃게 해서 '아. 우리 애도 좋아하겠다. 재미있게 다니겠구나.'라는 긍정적인 확신을 준 것 같습니다.

자, 이쯤 되면 어떠세요? 라하영어공부방이 개원한지 2년이 되어도 퇴원율 0%를 (이사 간 아이들 제외) 유지하고 있는 비결이 눈에 보이시죠? 지금도 계속 발전을 위한 변신을 시도하고 하고 있다는데, 저 역시 그 발전에 존경과 희망의 박수를 보내고 싶습니다.

참, 데이빗 쌤 왈, 설명회만 천 번을 한 원장님의 통계 결과 '설명회'는 목요일에 하는 것이 가장 성공률이 높다고 합니다. 이거, 정말 중요한 귀띔이죠?

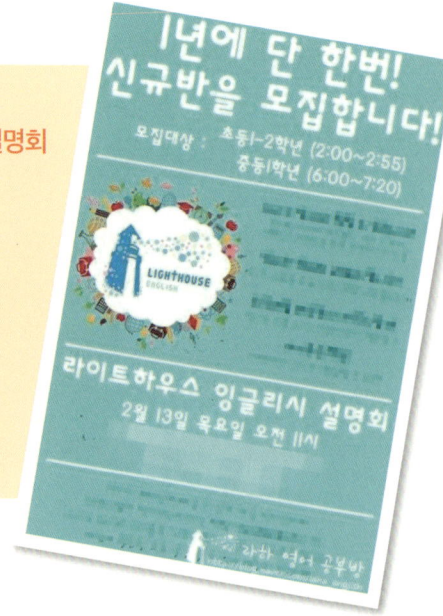

★ 1억 공부방의 비결 – 튀는 전단지, 교육설명회

▶ 오로지 '설명회로 유입'이 목적이었던 전단지. 튀는 색깔로 승부 보자고 하면서 색깔 있는 A4용지에 프린트했는데 촌스럽더라고요. 그래서 바탕 디자인이 약간 들어가 있는 배경색깔을 깔아 완성했죠. 포토샵이 있는 분들은 누구나 가능하실 겁니다.
— 데이빗 쌤〈라하 잉글리시〉공부방

1억 공부방 성공사례 ___ 2

평범한 학생을 최상위 학생으로
— 강서원 쌤 〈수학자신감〉 공부방

시작한 지 이제 1년이 지난 곳, 시작 3개월 만에 목표를 달성한 곳. 바로 분당의 〈수학자신감〉 공부방입니다. 어떻게 이런 빠른 성공을 하게 되었는지 그 비결이 궁금하시죠?

〈수학자신감〉의 강서원 쌤은 그 성공비결을 세 가지로 꼽습니다. 첫째는 위치선정, 둘째는 브랜딩, 셋째는 홍보.

첫째. 위치선정은 어느 선생님이나 제일 먼저, 제일 많이 고민하시는 부분이죠? 강 쌤도 역시 위치선정을 위해 내 집 근처가 아닌 여러 지역을 마치 집 장만하듯이 열정적으로 많은 시간을 들였다고 합니다. 대형상가나 학원가가 아닌 단지내 상가인 곳. 광교에 딱 원하던 대단지 상가가 나타나자 계약을 했다고 합니다.

그런데 얼마 후 강 쌤은 계약금을 손해 보면서까지 계약을 해지해 버렸답니다. 대체 그 이유가 무엇이었을까요? 그 이유는 바로 피아노학원과 태권도 학원 때문이었답니다. 공부방 계약 후 나중에 피아노학원이 옆에 계약을 한 거죠. 소란스러운 학원이 들어오면 공부에 집중하기가 어렵다고 판단해 과감히 손해를 감수하고 계약을 해지하는 결단을 내린 거라고 합니다. 위치선정에 강 쌤이 얼마나 공을 들였는지 짐작이 되고도 남으시죠?

둘째는 브랜딩입니다. 공부방은 혼자 하는 곳이지만 그렇기에 더욱더 스스로 브랜딩에 신경을 써야 한다고 합니다. 우선 교습소 이름. 강 쌤은 개인적으로 영어로 된 이름은 잘 기억되지 않는 편이라 기억하기 쉬운 한글이름으로 짓기로 합니다. 〈수학자신감〉이라는 이름이 탄생되기까지는 남다른 사연이 있더군요.

처음 강 쌤과 과외를 하던 학생들은 대형학원 탑반을 다니며 부족한 부분은 강 쌤과 공부를 했지요. 늘 너무 많은 학원숙제가 벅차 보여 과외숙제는 안 내주려 해도 괜찮다며 숙제를 내달라는 학생들이었답니다. 특목고를 목표로 하고 열심히 하는, 흘려 말해도 무림의 고수처럼 낚아채서 이해하는 학생들. 누가 가르쳐도 잘하는 아이들을 가르치며 강 쌤은 자신이 잘 가르쳐서 그런 줄 착각하셨답니다, 어려운 문제들을 막힘없이 풀어주면 모든 아이들을 잘 가르칠 수 있다고 생각한 거죠.

그러다 평범한 학생들을 지도하게 됩니다. 소인수분해를 한 달간 설명해야 하고, 연산도 느리고, 조금만 변형돼도 안 배웠다고 하는 학생들을 만나며 슬럼프를 겪으셨답니다. '정말 평범한 대다수의 학생들을 도울 수 있는 방법은 없을까' 고심 끝에 깨달은 건 "불안과 욕심을 버리고 기본에 충실하자."였죠.

떠먹여주는 선생님은 아이들에게 해가 되기에 개념이해를 돕고 스스로 생각할 수 있도록 적절한 질문을 하고 학생의 설명을 듣고 또 막힌 부분을 같이 얘기하다 보면 어느새 학생들은 "선생님. 알 것 같아요. 혼자 해볼 게요."라고 자신감이 생겼다고 합니다.

욕심을 버리고 마음을 비우니 중하위권 아이들의 성적이 놀랍게도 올라가고, 수학 자신감이 생기니 수학이 좋아졌다는 아이들이 많아졌답니다. 그래서 탄생한 공부방 이름이 〈수학자신감〉입니다.

셋째는 홍보. 고민하며 입지를 선정하였기에 전단지를 한 번도 돌리지 않으셨답니다. 그러나 블로그는 틈틈이 하셨다 하네요. 수업을 소개하거나 교육에 관한 강 쌤의 생각을 전하는 공간으로 활용하고 있는데 많은 분들이 소개없이 블로그를 보고 전화 문의나 상담을 해오셨다고 합니다.

★ 1억 공부방의 비결 – 성실한 블로그 운영

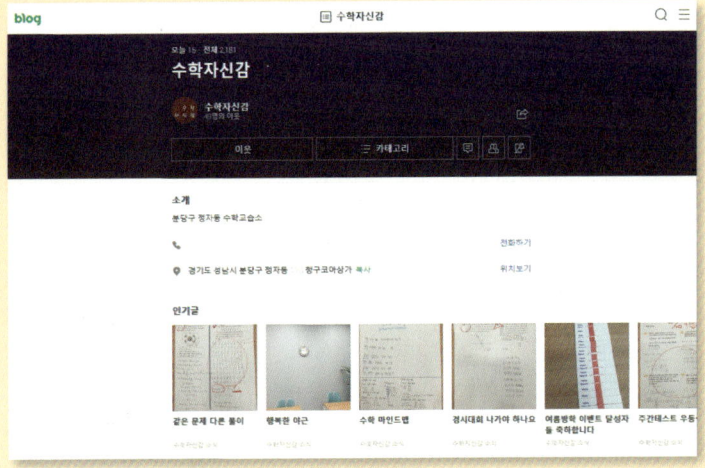

▲ 〈열일하는 블로그〉

전화 문의 주시거나 상담 오시면 문자로 블로그 주소를 알려드립니다. 많은 분들이 블로그 보시고 긍정적으로 바라봐주셨고 소개 없이 블로그 보고 오신 분들도 많았습니다. 많이 쓰는 것도 아닙니다. 한 달에 2~3개 정도 썼습니다. —강서원 쌤강 쌤은 다른 공부방 선생님들에게도 블로그 운영을 추천하십니다. 강 쌤의 꿀팁 하나 더!

'잘하는 학생보다 노력하는 학생들을 위해 결과보다 과정을 격려하고 칭찬하는 선생님.'
'내 아이를 보내고 싶은 공부방.'

시작을 고민하시거나 운영 중인데 고민이 있으시다면, 이 두 가지 의미를 생각해보시면 많은 고민들이 해결될 것이라고 〈수학자신감〉의 강 쌤은 강조하십니다.

▶ 〈즐거운 공간〉
공부를 해야 하고 숙제를 내주는 공간이 학생들에게는 즐거울 수 없습니다.
그나마 즐거움과 소소한 기쁨을 주기 위해 작은 이벤트를 합니다.
크리스마스나 어린이날 같은 특별한 날들도 작은 이벤트를 하고 퀴즈, 이달의 우등생 등 작은 선물을 하여 피곤하고 지친 학생들을 격려합니다.
—강서원 쌤

▶ 〈카톡 상담〉

전화 상담보다는 카톡으로 수업하며 있던 일이나 전달사항, 시험지 등을 알려 드립니다.

수업 후나 수업 전에 메모한 것들을 전달하는데 매일 많은 시간들이 소요됩니다. 하지만 그만큼 피드백이 잘되기에 대면상담이나 전화상담이 적더라도 늘 자주 뵙고 있는 듯한 생각이 듭니다. ―강서원 쌤

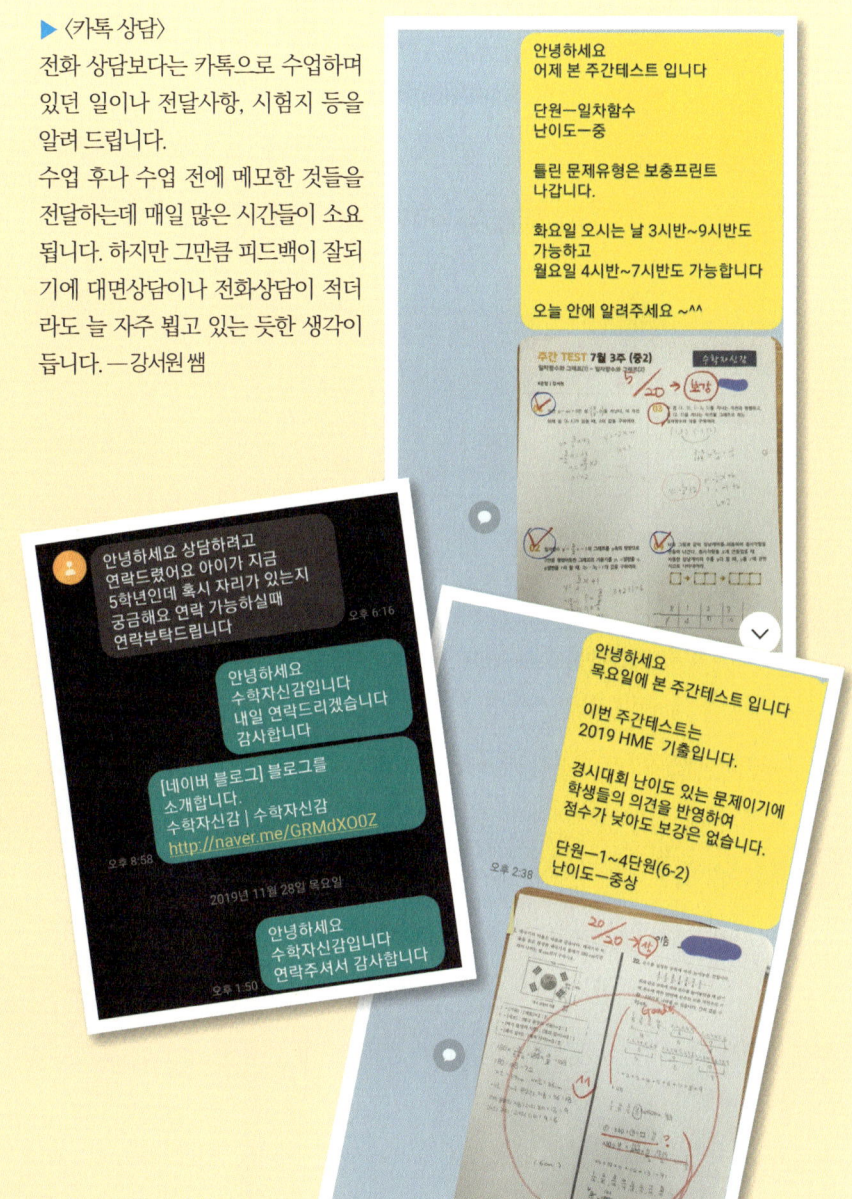

1억 공부방 성공사례 ___ 3

아이 마음을 따라가면 공부는 저절로
— 김윤진 쌤 〈튤립 영어〉 공부방

한국에서 대학 졸업 후 단지 영어가 좋아서 해외로 취업을 했고, 그 곳에서 남편을 만나 결혼 후 7년의 외국 생활을 접고 한국에 돌아와서 김윤진 쌤이 시작한 일은 〈튤립 영어〉 공부방이었답니다. 처음 6개월 동안 씨앗 회원 1명과 수업을 했지만 지금은 모든 수업이 정원 마감에 대기자도 있는 영어공부방이랍니다.

이렇게 성공하기까지는 물론 외국인 남편의 역할도 컸다지요. 김윤진 쌤의 남편은 큰 아이와 놀이터에서 거의 매일 나가 놀아줬는데 그 모습을 본 동네 어머님들이 남편을 보고 자상한 아빠의 이미지를 연상하셔서 상담도 입회도 순조로웠다네요. 중요한 건 외국인이냐 아니냐가 아니라 그 공부방의 선생님이 어떤 철학을 갖고 어떻게 운영하느냐겠죠.

김윤진 쌤의 〈튤립 영어〉 공부방에서는 하나의 이야기를 배우면 그 이야기를 가지고 직접 연기해보는 액트 아웃 ACT OUT 수업이 진행된다고 합니다. 김윤진 쌤은 영어는 머리로만 배우는 게 아니라 직접 체험하면서 의사소통을 할 수 있는 게 가장 중요하다고 생각하셨답니다. 영어 책에서 배운 내용을 몸으로 연기하며 대사를 말해보게 한 뒤 김 쌤은 살짝 호들갑을 떨며 폭풍 칭찬을 하셨는데요.

"넌 발음이 참 좋구나."

"넌 할리우드 배우처럼 진짜 연기를 잘 한다."

"대사를 하나도 안 까먹었네."

"그 부분에서 그런 동작을 하다니~연기에 디테일이 살아있네."

그러면 평소에 단어나 문법 시험에서는 좋은 성적을 못 받았던 학생들도 작은 칭찬 하나에 행복한 웃음을 짓더랍니다. 물론 부모님께 동영상을 찍어 보내니 호응도 좋았겠지요?

연극 수업을 한다고 하면 아이들은 삼삼오오 모여서 영어로 대사를 맞춰보고 동선을 외우느라 시간가는 걸 잊고 집중했답니다. 재미가 있으면 말려도 하는 게 아이들이지요. 그래서 김윤진 쌤은 이렇게 강조하시네요. "매시간 진도 나가기에 급급해 하지 마시고 아이들이 이해하고 푹 빠져들 수 있는 시간과 기회를 주세요"라고 말이죠..

물론 김윤진 쌤의 〈튤립 영어〉에서도 단어를 외우고 문법도 공부하고 시험도 본답니다. 단어는 요즘 훌륭한 무료 앱들이 있어서 예전처럼 종이에 시험을 보지 않고 아이들이 스스로 재미있게 단어 공부할 수 있도록 도움을 받는답니다. 문법에 들어가면 시험 중 하나가 인칭대명사죠.

"아이 마이 미 마인~."

김 쌤도 중학교 때 힘들게 외웠는데 요즘은 영어 공부 시작 시기가 앞당겨졌으니 초등3학년 정도면 표를 외워 시험을 봐야 한다네요.

중요한 부분인데 아이들은 자꾸 헷갈려 하고, 시험에 대한 부담감과 성적이 안 좋으면 부모님께 혼날까봐 걱정을 한답니다. 그래서 김 쌤은 일단 시험을 보면 스스로 채점을 하며 뭐가 틀렸는지 스스로 검토하고 시험지는 선생님이 걷어 보관한다네요. 그리고 겁먹은 아이들에게는 부모님께 보여드리지 않는 거라고, 그냥 너희가 얼마나 이해하고 있는지 알고 싶어서 하는 거라고 안심시키구요.

반복적으로 수업시간에 떼창 하며 외워보고 관련된 유튜브 동영상도 보여준답니다. 특히 헌터주니어TV의 비트 영어구구단을 추천하시네요. 같은 시험을 반복적으로 보면 아이들은 큰 스트레스 없이 자연스럽게 영어문법을 외웁니다. 이때 다 맞으면 숙제 면제권 같은 걸 부상으로 걸면 아이들에게 큰 동기 부여가 되었겠죠?

같은 시험을 네 번쯤 보자 엄마에게 시험지를 보여주는 걸 극도로 싫어하며 시험에 부정적이던 4학년 여자 아이가 김 쌤에게 시험지를 집에 가져가서 엄마에게 보여드리고 싶다고 했답니다. 김윤진 쌤의 〈튤립 영어〉 공부방의 성공비결은 김 쌤의 이 말씀만 들어도 이해하실 거라 생각되네요.

"모든 아이가 이해하는 시간과 정도가 다르죠. 그리고 공부는 아이들 각자가 하는 것이니 시간이 걸리더라도 할 수 있다는 자신감과 충분히 흡수할 시간을 주는 게 진도 나가는 것보다 더 중요하다고 생각합니다."

★ 1억 공부방의 비결 – 아이와 엄마의 마음을 따르는 수업

▲ 〈아이에게 맞추며 자신감을 심어주는 수업〉

스토리 말하는 연습도 해보고 연기도 해보면서, 아이들은 영어와 친숙해집니다. 자주 아이들 모습을 담은 사진과 동영상을 카톡으로 어머님들께 보내고 피드백을 받습니다. 시험이 부담스러운 아이들, 그 여린 마음을 알아채고 북돋워주면 공부는 저절로 따라오거든요. ─ 김윤진 쌤

1억 공부방 성공사례 ─ 4

아이들 실력 향상이 곧 홍보다
— 이수연 쌤 〈카이스트 수학〉 공부방

"……선생님이 '어느 학원 다니니?'라고 물어보셨어요."

어느날 한 학생이 이야기를 들려줬다고 합니다.

"'〈카이스트〉 공부방이요.'라고 했죠. 그랬더니 선생님께서 '그 공부방 선생님이 참 잘 가르치시는구나! 너는, 참 좋겠다.'라고 말씀하셨어요."

그 이야기를 전해 들었을 때의 보람과 뿌듯함은 잊을 수가 없습니다…. 인천에서 아이들과 수업한 지 13년차에 접어드는 〈카이스트 수학〉 이수연 쌤의 이야기입니다.

이 쌤 역시 처음 시작했을 때는 어려움이 많았다고 합니다. 특히나 과거의 학교교육과정과 많이 달랐으니까요. 수업 준비를 하며 '아이들에게 어떻게 설명해 줄 것인가?' 고민을 하면서 동영상 강의와 여러 교사용 교재로 연구하고 문제를 풀면서 여러 날을 지새웠다고 합니다.

처음의 실수는 아이들의 학습 수준을 이 쌤 아들을 기준으로 생각했던 것이었다죠. '학습의 편차가 다른 아이들의 눈높이에 맞추어 개별적으로 계획하여 지원한다면 나만의 무기가 되겠구나!' 라는 생각을 하게 되고 많은 선배교사들의 교육현장을 시간이 허락하는 한 찾아다니며 듣고 연구하며 나만의 수업방식 만들기에 고민하고, 새로운 방식을 접목하면서 환류하는 과정을 반복하셨답니다.

직접 홍보하고 유명회사의 교재 도입으로 수입이 많아지면 좋겠지만 '돈 욕심내지 않고 좋은 수업을 하자.'라는 각오로 '아이들의 실력 향상이 더 우선이고 이것이 곧 홍보다.'라는 신념을 지키며 공부방을 운영을 한 결과, 이 쌤의 〈카이스트 수학〉 공부방을 찾는 학생들이 하나둘씩 늘어나는 성과를 보이기 시작했답니다.

초등학교 교내 수학경시대회에서 각종 상을 수상하고, 학교수업에서도 아이들이 적극적으로 변하게 되면서 부모님들의 만족도도 높아졌고요.

어느 날 중학교 입학을 앞둔 어머님에게서 전화가 옵니다.

"우리 ○○이가 과학고를 목표로 한다고 합니다. ○○이와 이야기하니 과학고에 먼저 입학한 선생님 아드님 영향이 큰 것 같습니다. 선생님 아드님을 지켜보면서 목표를 정한 것이니 선생님께서 책임져주셔야 합니다."라는 뜻밖의 이야기를 듣게 되셨다죠.

아이와 이야기를 해보니 이 쌤의 아들이 중학교 재학 때 수학체험행사나 과학행사가 있어서 참석해야 할 때, 함께 가고 싶은 아이들을 데리고 다녔는데 "저도 중학생이 되면 오빠처럼 부스에서 활동하고 싶고, 오빠가 과학고등학교에 입학하면서 선서하는 걸 보면서 저의 진로를 정했어요."라고 말하는 아이들이 많았다고 합니다.

이 이야기 역시 이 쌤에게 또다른 깨달음을 주었다네요. 주변 환경과 상황이 아이들에게 긍정적인 영향을 줄 수 있다는 사실 말이죠.

공부방 선생님의 직업은 매력적입니다.

아이들이 성장하는 과정을 함께 그려나갈 수 있고, 사춘기 시절을 가장 가까이에서 조언해줄 수 있고, 공부도 중요하지만 아이들의 인성도 바르게 지도할 수 있습니다.

이 쌤은 생각합니다. 공부방을 언제까지 할 수 있을까요?

처음 시작하였을 당시에는 '아들이 대학 입학할 때까지만 해야지.'라고 생각했다가 대학 입학을 하고 나선 50세까지로 수정했다고 합니다. 현재 40대 중반이 되니 '목표까지 몇 년 남지 않았고 60세까지 할 수도 있지 않을까?' 생각해보신다네요.

또 다시 목표를 조금 더 키워보기 위해 준비를 해본답니다.

40대가 되면서 지키는 철칙은 수업 준비로 밤샘 작업을 하지 않고 건강을 지키는 것이죠. 이 쌤은 마지막으로 60세까지도 공부방을 하고 싶은 이유를 이렇게 말씀하십니다.

"아이와 함께 할 수 있다는 것이 생각을 젊게 만들어주고, 초중등 아이들과 대화를 하고 있으면 행복지수가 높아집니다. 이 직업이 아니라면 학생들과 대화하는 건 불가능했을 테니까요.".

★ 1억 공부방의 비결 – 다양한 체험과 활동

◀〈크리스마스 파티〉
일 년에 두 번 파티를 열고 있습니다. 잠시 공부를 잊고 맛있는 음식 먹고 친구들과 재잘재잘 떠들다 보면 어느 새 밤입니다.

선물도 받고 한껏 들떴는데 더 놀고 싶은데 집으로 가야 하는 아이들은, 많이 아쉬운 가 봅니다. 아이들이 카이스트 수학 파티가 제일 재미있다는 이야기를 해요.

▶〈재미있는 수학 수업〉
수업하며 찍은 사진이랍니다. 수학의 개념을 다양한 활동을 통해 익힙니다. 수학 공부를 하면서도 표정과 포즈들이 예쁩니다. ─이수연 쌤

1억 공부방 성공사례 ___ 5

꼴찌를 전교 1등으로 만드는 비결
— 김도연 쌤 〈파스칼수학〉 공부방

지민이가 김도연 쌤과 함께 수업하게 된 것이 5학년에서 6학년 올라가는 봄방학 무렵이었답니다. 그때는 문제집을 한 달에 3~5권까지 풀려도 아이들이 공부도 숙제도 척척 해왔기에 〈파스칼수학〉 공부방에 다니면 성적이 잘 나온다는 말이 나올 정도로 학부모님께는 인기 공부방이었답니다. 그런데 2주 후 운영철학을 바꾸는 계기가 발생합니다. 그것은 지민 어머니와의 상담에서 시작되었다죠.

〈파스칼수학〉 공부방에 다니기 전 지민이는 태권도 학원에 다닌 것이 사교육의 전부인 아이였답니다. 아버지가 실직하시면서 형편상 학교를 마치고 친구들과 놀았는데, 학년이 올라갈수록 친구들이 학원이나 과외를 다니게 되면서 지민이는 혼자 집에서 TV보고 게임하는 시간이 늘어납니다. 그걸 보신 지민 어머니가 알바를 더 하시면서 〈파스칼수학〉 공부방에 지민이를 보내신 거였죠.

그런데 지민 어머니 말씀은 지민이가 수업할 때는 설명도 하고 같이 풀고 가는데 다른 문제들이 숙제로 나가면 손도 못 대고, 그래도 선생님이 다 풀어 오라 했다고 밤12시 넘어서까지 문제집을 풀고 있더랍니다. 그래서 지민 어머니는 공부방에 가서 선생님한테 물어 보라고 했더니 지민이는 아이들은 다 이해하고 잘 풀어 오는데 질문하고 그러면 애들한테 방해 되는 거 같아 말을 못하겠다고 했답니다.

    김 쌤은 큰 충격을 받았습니다. 그리고 많이 부끄러우셨다네요. 우리 아이들이 잘하고 있다고 김 쌤만의 착각을 한 것이구나 하는 생각에 말이죠. 고민 끝에 일주일에 2일, 정규수업 마치고 저녁 먹고 혹은 도시락 싸와서 먹고 같이 공부하자고 지민이에게 수업시간에 얘기하니 4명이 함께하게 되었답니다. 이 시간에 수학뿐만 아니라 다른 과목도 복습하면서 나만의 개념노트 만드는 법을 가르쳐 주면서 함께 공부했죠. 결과는 중1 배치고사부터 나타나서 중1 2학기 중간고사 때는 지민이가 반에서 3등을 하고, 급기야 중3 때는 반에서 1등을 해오더랍니다.

    고등학교는 자사고에 갈 수 있는 성적이었지만 지민이는 일찍 돈을 벌어 집에 보탬이 되고 싶다고 특성화고에 진학해 고등학교 때 대기업에 취업해 놓고 군대도 일찍 다녀와서 현재는 대기업에 다니고 있다는군요.

    〈파스칼수학〉 공부방의 김 쌤은 다른 공부방 선생님들에게 이렇게 부탁하십니다.

★ 김도연 쌤의 운영 Tip

1. 기존 원생들에게 투자하자.
- 시험 대비 기간, 시험기간 중에 깜짝 파티(뷔페식)
- 1박2일 졸업여행(펜션에서 고기 구워 먹고 게임하고)

- 학년, 그룹별 스티커판 만들어 보상해주기(꼬꼬날, 영화관, 아이스링크장 가기 등)

2. 다양한 유형의 문제를 접할 수 있도록 해주자.
- 제 경험상으로 프랜차이즈의 레벨에 따라 시험지 출력 시에는 레벨이 낮은 아이들은 연산수준의 문제만 풀 수 있고 정작 시험 점수는 고득점을 얻을 수 없어요.

3. 교육정보에 열린 귀가 되자.
- 초등 수업만 하더라도 대입 설명회 등에 참석하여 최신 정보를 알고 있어야 엄마 상담과 학생 관리를 할 수 있다.
- 초6, 중3 학생들 대상으로 중등 고등부 설명회 개최

4. 스터디를 만들어 선생님들도 공부하자.
- 고립감과 외로움을 느낄 수 있는 직업이기 때문에 스터디를 통해 함께 할 수 있는 것이 생각보다 굉장히 많아요.

5. 중·고등생들 선후배들 간 멘토 멘티 만들어 주자.

6. 공부방 오는 재미도 만들어 주자. (사탕 뽑기 기계를 이용해서)
- 숙제 면제권
- 10분 일찍 집에 가기
- 학용품, 문구세트
- 달콤한 간식들

★ 1억 공부방의 비결 – 엄마 마음으로 가르치고 먹이자

▼ 〈졸업 파티〉

'내 아이'를 살피는 마음으로, '내가 먼저' 공부했습니다. 잘 먹이고 아이가 받아들이고 깨우칠 때까지 함께 공부했더니, 어느 순간 아이들이 앞질러 가더군요. 초등 때 만나 하루가 다르게 성장하던 아이들을 떠나보낼 때, 기쁘면서도 코끝 찡한 날을, 다시 맞이하러 갑니다. ─ 김도연 쌤

졸업 파티

정규수업 외 자율자습

학년별 스티커판

시험기간 깜짝파티

 성공하는 공부방 열두달 운영비법

1월

1월 핵심 요약

전화상담 시 궁금증을 자극하려면?
시간표와 교재에 대해 간략하게 설명하고 방문상담을 유도하자.
학생에 대한 과도한 질문은 금물.

등록으로 연결되는 방문 상담 노하우가 있나요?
입학상담의 핵심은 신뢰감 형성이다. 공부방 운영 자료, 교재,
테스트지 등을 보여주면서 상담을 진행하는 게 효과적이다.

성적 향상과 교재 선정 어떻게 하나요?
학생들마다 실력이 다르다. 학생 수준에 맞는 맞춤교재를 선정해
수업을 진행하면 그만큼 실력도 눈에 띄게 좋아진다.

새로운 학생들을 쉽게 적응시킬 수 있나요?
학생을 이기려 하지 마라. 공부방에서 학생들이 하는 잘못된 행동들은
공부방 규칙으로 만들어 관리하면 효과가 아주 좋다.

1월
새해의 시작과
신입 학생들과의 첫 만남

나도 공부방을 오픈한 초기에는 매년 두려움이 많았다.

'새로운 학생이 들어오지 않으면 어쩌지?'

'학생이 새로 들어와도 만약에 공부를 못하면 어떡하지?'

'홍보를 했는데 왜 전화 한 통도 없을까. 연락이 이렇게 계속 안 오는 거 아닐까?'

스스로 고민거리를 만들고 우울함에 빠져 있었다. 하지만 그런 걱정은 결코 공부방 운영에 도움이 되지 않는다.

자, 1월이다. 새 학년 새 학기가 시작되는 새해 첫 달이다. 두려움은 잠시 접어두고, 일단 밖으로 나가보자. 나는 지금도 1월이면 서점에 간다. 그야말로 서점 순례를 한다. 올해 새로 나온 교재들을 꼼꼼히 살펴보기 위해서다.

'내가 쓰고 있는 이 교재들은 올해 어떻게 바뀌었을까?'

'어? 이 출판사에서 새로운 교재가 나왔네. 이런 스타일로 설명하니까 개념정리가 잘되네'

'오호~ 이 방법을 한번 나도 응용해봐?'

처음에는 메모를 한다고 해도 몇 권 들춰보다 보면 정신이 없다. 이럴 바에는 인터넷으로 교재를 살펴보는 게 훨씬 낫겠다 싶기도 하다. 하지만 나는 서점에 가서 살펴보길 권한다. 직접 교재를 손으로 넘겨가며 꼼꼼히 비교하고 분석하다 보면 어느 순간, 난이도별로, 스타일별로, 올해 교재에 대한 파악이 쫘악 되는, 그야말로 머릿속에 그림이 펼쳐지는 순간이 온다.

또 하나, 나는 평소 총판 아저씨와 친하게 지낸다. 왜냐하면 교재에 대한 최신 정보를 누구보다 더 많이 귀띔해주고 교사용 교재도 잘 챙겨주기 때문이다. 물론 그럴 때마다 시원한 음료수나 도너츠 등 작지만 감사의 표현은 잊지 않고 꼭 한다.

그렇게 새로운 교재를 선별하고 1월에 해야 할 가장 중요한 일은 바로 '교재풀기'가 아니라 '교재 많이많이 풀기'다. 나는 지금도 하루에 일정 시간을 정해서, 처음부터 끝까지 직접 문제를 풀어본다. 그러면 당연히 몇 페이지에 어떤 문제들이 나오고 얼마나 중복되는지, 새로운 경향의 문제는 어떤 것인지 알 수 있다. 그 후 비슷한 유형의 문제는 교사용 교재에 포스트잇으로 붙여둔다. 그러면 시험 대비 때 오답 문제를 만들어주기도 좋고, 수업시간에 쌍둥이 유형의 문제를 설명해 줄 수도 있다. 또한 학생이 문제를 틀렸을 때도 고민하지 않고 바로 힌트를 줄 수 있는 노련한 선생님이 될 수 있다. 그래서 나는 특히나 초보 선생님들께 '교재 많이 풀어보기'를 강력하게 권한다. 초보 선생님일수록, 교재를 많이 풀수록, 티칭에 대한 자신감이 아주 많이 상승하기 때문이다. 입소문이 나는 공부방, 대기생이 줄을 서는 그런 1억 공부방 선생님들의 가장 강력한 무기는 바로 '티칭'이다.

상담전화가 안 온다고, 회원이 늘지 않는다고, 전전긍긍할 시간에 서점에 나가 새로운 교재를 파악하고, 올해 유행에 맞는 홍보 물품은 어떤 게 있는지, 이웃동네 공부방은 어떻게 운영하는지 탐색전도 펼쳐야 한다. 작년에 잘됐다고 해서 1월의 여유를 만끽하지 말자. 올해 또 새롭게 무엇을 도입해 변신할 것인지, 1억 공부방의 비결은 무엇인지 고민하고 또 고민해보자.

"선생님의 올해 1년의 목표, 그리고 월별 운영 계획은 무엇인가요?"

이 질문에 답을 써놓는 것이 바로 1월, 새해 첫 달에 해야 할 일이다.

전화상담 시 궁금증을 자극하려면?

새 학기가 시작되는 1월이다. 1월에는 특히나 입회 상담을 진행하는 시기다. 12월부터 미리 우편함, 게시판, 현수막 등을 통해 홍보를 지속해오면 신규상담을 신청하는 어머님들의 전화가 온다. 물론 12월에도 신규상담이 이뤄지는 경우가 많다. 특히 기존 어머님들이 소개해준 어머님들은 공부방에 대한 정보를 듣고, 70% 이상 등록할 마음이기 때문에 전화로는 상담 날짜와 시간만을 물어본다.

하지만 보통 홍보 전단지를 보고 전화하는 어머님들은 많은 것들을 물어보려 한다. 가장 많이 물어보는 세 가지가 교육비, 교재, 시간표이다. 정성껏 대답하되 전화상담은 반드시 간략하게 한다. 기본 정보만 제공하고, 궁금증을 자극해서 꼭 방문상담으로 이어지도록 유도해야 한다. 방문상담을 한 어머님과 학생에게는 공부방의 좋은 점을 자연스럽게 전달할 수 있고, 선생님 또한 아이에 대한 파악이 쉽기 때문에 자신 있게 티칭 플랜을 제시할 수 있다. 하지만 전화상담이 가장 어렵다고 하소연하는 선생님들을 많이 보았다. 맞다. 나도 처음에는 그랬고, 아래와 같이 전화상담을 진행하는 노하우를 얻기까지 꽤 걸렸다.

★ 전화상담, 이렇게 해보세요

보미쌤 : (전화벨 소리가 울린다.) 네~ ○○공부방입니다.
어머님 : 여보세요. 거기 공부방이지요? 전단지 보고 연락드렸는데요.
보미쌤 : 네~ 어머님. 감사합니다.
   (무조건 자신 있고, 밝은 목소리로, 반갑게 응대한다)
어머님 : 거기는 초등학생 교육비가 어떻게 되나요?
보미쌤 : 네~ 저희는 주 5회 60분 수업으로 교육비는 20만원입니다.
   ("~인데요, ~하거든요, ~어디신데요? 등의 표현은 사용하지 않는다)
어머님 : 네~ 우리 아이가 5학년인데요. 수업시간표가 어떻게 되나요?
보미쌤 : 네. 어머님. 초등학생 시간표는 3시에서 6시 사이로 정해집니다. 저희는 수준별 맞춤 수업을 진행하기 때문에 정확한 시간표는 레벨 테스트 후에 결정이 됩니다.
   (시간표가 있더라도 방문상담을 유도하기 위해 이렇게 응대하는 것이 좋다)
어머님 : 그렇군요. 레벨 테스트를 봐야 하는군요. 그럼 교재는 무엇을 사용하나요?
보미쌤 : 저희는 초등학생 주교재로 천재교육 고매쓰 교재를 사용합니다. 부교재는 비상교육과 디딤돌 그리고 신사고 교재 및 개별 프린트를 사용하고 있습니다.

(학생에 대한 질문은 하지 않고 어머님의 질문에만 친절히 상담한다)

어머님 : 지금 우등생 해법 수학을 사용하고 있는데 거기서도 이 교재 사용하나요?

보미쌤 : 우등생 해법 수학은 부교재 중 하나입니다. 부교재는 학생에 맞춰 맞춤교재로 정하기 때문에, 정확한 레벨 테스트를 통해 주교재와 부교재가 결정됩니다.

(학생에 대한 개인적인 이야기를 하다 보면, 전화상담이 길어지고 방문상담으로 연결되기 어렵다. 맞춤시스템이라는 느낌을 전달해, 방문상담으로 유도한다)

부담 갖지 마시고 공부방에 방문해 주셔서 좀 더 자세한 상담 받아보세요.

어머님 : 네. 아이가 오면 시간 내서 한번 가겠습니다.

보미쌤 : 네. 어머님~ 오시기 전에 전화 연락이나 문자 메시지 부탁드립니다. 수업시간에는 상담이 진행되기 어렵기 때문에 미리 상담시간을 잡습니다. 이번주, 다음주는 오후 2시에서 4시 사이가 가능합니다. 어려우시면 문자나 전화를 주시면 상담시간을 다른 시간에 잡아보겠습니다.

(언제 올지 물어보지 않고, 가능하면 이번 주나 다음주, 상담이 가능한 오후 시간을 먼저 알려줘서 빠른 시일 내에 방문하도록 유도한다)

어머님 : 네. 알겠습니다. 나중에 다시 연락드릴게요.

보미쌤 : 네. 전화주셔서 감사합니다. 좋은 하루 되세요.

(마지막까지도 자신 있고, 밝은 목소리로 응대한다)

수업 중이거나 지칠 때도, 한참 수업준비에 열중할 때도 상담전화가 온다. 때로는 다른 경쟁학원에서 탐색하고자 걸려오는 전화일 수도 있다. 하지만 상담전화가 걸려온다는 건 기쁜 일이다. 그러니까 언제 어느 때든 상담전화는 반갑고 자신 있는 목소리로 친절하게 받아야 한다. 학생에 대해 질문하지 않고 어머님의 질문에만 친절히 대답하되, 수업시간표와 교재를 간략하게 설명하고, 가까운 시일 내의 상담시간을 제시해 아이와 함께 방문할 수 있도록 유도하는 것이다.

무엇보다 중요한 것은 이 상담내용을 혼자 꼭 연습, 또 연습해야 한다는 것이다. 혼자 전화연습을 한다는 게 어쩌면 우습고, 기막히게 들릴 수도 있다. 하지만 연습은 사람을 변화시킨다. 내성적이었던 마흔 중반의 한 선생님은 이 상담내용을 매일매일 녹음까지 하면서 연습한다고 나에게 직접 들려주기까지 했다. 한 달 후 그 선생님은 누구보다 자신 있고 노련하게 전화상담을 진행하고 입회에 성공, 현재 대기자가 줄을 서는 공부방을 운영하고 있다.

등록으로 연결되는 방문상담 노하우가 있나요?

방문상담에도 노하우가 있다. 만약 5학년 자녀를 둔 어머님과 방문상담 약속을 잡았다면 미팅 전에 5학년에 맞는 교재샘플을 준비하고 진단평가지를 출력해 놓는다. 그리고 학생이 공부방에 와서 진단평가를 바로 볼 수 있도록 연필과 지우개도 가져다 놓는다. 학부모 상담 중에 무언가를 가져오기 위해 자리를 자주 비우면 좋은 인상을 주지 못한다. 자칫 산만해 보일 수도 있다. 어머님에게 드릴 차와 음료수도 미리 준비해 둔다.

다음은 내가 실제로 상담했던 이야기이다. 수업시간을 피해 잡은 날짜와 시간에 어머님과 학생이 도착하자 밝게 인사를 하고 상담실 겸 수업 방으로 자리를 옮겼다.

학생에게 진단평가지를 주면서 "부담 갖지 말고 풀어 보렴. 선생님이 너에게 맞는 교재를 선택해 주려고 보는 간단한 시험이니까, 모르는 문제가 있으면 넘어가도 된다."라고 말하고 학생에게 15분 정도 문제 풀 시간을 줬다. 학생을 다른 방이나 거실로 안내해 평가지를 풀도록 해도 좋다. 학생이 문제를 푸는 동안 어머님과 학생에 대한 기본적인 정보를 파악하는 상담을 진행했다.

★ **방문상담, 이렇게 해보세요 1-1**

보미쌤 : 어머님, 지후가 그 동안 어떤 교재로 공부를 해 왔나요?
(학생이 진단평가지에 이름을 쓰는 것을 보고 이름을 파악해 이름을 부르도록 한다. 선생님의 세심함을 보여줄 수 있고, 친근하게 느껴지게 된다)

어머님 : 최상위 수학 교재로 문제를 풀었어요.

보미쌤 : 지후 기말고사 점수는 몇 점이었나요?

어머님 : 90점 정도 돼요.

보미쌤 : 지후가 그동안 어느 학원이나, 공부방을 다녔는지 알 수 있을까요?

어머님 : 상가에 있는 〈일등쌤 수학〉을 다녔어요.

보미쌤 : 지후는 숙제를 잘하는 편인가요?

어머님 : 학원 다니는 게 많아서 잘하지 못하는 편이에요. 영어랑 태권도도 다니거든요.

이렇게 학생에 대한 기본적인 정보를 파악하면서 학생이 문제 푸는 모습을 지켜보았다. 문제를 풀지 못하고 가만히 고민하는 부분이 있는지, 식과 풀이과정은 제대로 쓰고 있는지 확인했다. 다른 방에서 풀릴 경우에는 다 푼 평가지의 필적과 풀이과정을 보고 판단하면 된다. 그렇게 15분이 지나고 학생에게서 진단평가지를 받아 채점했는데 10문제 중 4개를 맞추고 6개를 틀렸다. 어머님이 기분 상하지 않도록 틀린 문제에는 따로 표시하지 않고 맞은 문제에만 동그라미를 쳤다.

★ 방문상담, 이렇게 해보세요 1-2

보미쌤 : 지후가 문제를 꼼꼼히 잘 읽고 푸는 편이네요. 여학생들도 이렇게 푸는 경우가 거의 없는데 지후는 참 꼼꼼하네요.
(어머님에게 진단평가지를 보여주면서 우선, 잘 푼 부분에 대해 설명한다)

어머님 : (어머님의 표정이 밝아졌다)
어머, 그래요? 전 그런 것까지는 몰랐네요.

보미쌤 : 어머님, 보세요. 문제마다 밑줄을 치면서 읽잖아요. 그렇게 읽고 푸는 습관이 학습에서는 아주 중요하거든요.
(우선 장점을 칭찬한 후 지후가 틀린 문제를 가리키며 설명한다)

어머님 : 근데 지후가 이번 테스트에서 왜 이렇게 틀렸지요?

보미쌤 : 지후가 틀린 문제들을 보면 주로 학교시험에서 많이 출제되는 문제들인데요, 지후가 많은 유형의 문제들을 다뤄보지 않은 것 같습니다. 맞은 문제들과 비교해보면 개념은 잘 되어 있는데, 이렇게 유형에 약한 학생들은 조금만 긴장하고, 문제가 조금만 바뀌어도 어려워합니다.

(테스트 상 나온 아이의 취약점을 중심으로 설명하되, 그 아이에게 지금 큰 잘못이 있다는 식으로 어머니를 불안하게 만들지 않는다)

어머님: 네. 맞아요. 이번 학교시험에서도 틀린 두 문제도 나중에 알고 보니 학원에서는 풀었던 유형이라고 하더라고요.

보미쌤: 지후도 시험이다 생각하고 어머님과 제 앞에서 풀자니 긴장해서 그런 것 같은데요. 하지만 학교시험도 같은 조건에서 보는 것이니, 첫째는 이런 분위기에 적응을 해서 문제를 잘 푸는 훈련이 필요합니다. 그리고 좀 더 많은 유형의 문제를 풀어보는 학습도 해야 할 듯하고요.

어머님: 그럼 선생님, 여기서는 우리 지후 어떻게 진행하게 되나요?

보미쌤: 지후가 푼 최상위 수학은 심화문제가 많은 편입니다. 평소에 지후가 학교시험보다 어려운 심화문제를 접하긴 했어도 학교시험과 비슷한 난이도의 문제들은 많이 풀어보지 못한 것 같습니다.
지후에게 맞는 맞춤교재로 특히 문제서 중심으로 진행하면 자신감 뿐 아니라 문제 해결력도 아주 좋아질 겁니다.

어머님: 아. 좋네요. 이번 주부터 다닐 수 있을까요?

보미쌤: 네. 감사합니다. 일단 시간표를 확인하고, 자세한 것은 지후를 일주일 정도 가르쳐 본 후에 맞춤교재를 선정해서 다시 한번 상담을 드리도록 하겠습니다.

상담이 끝난 후 지후의 첫 인상, 지후 어머님과 상담한 내용들을 입학원서에 꼼꼼히 기록한 후 지후가 푼 진단평가지와 입학원서를 학생 파일함에 넣었다. 일주일 후 지후 어머님께 상담전화를 드릴 때 오늘 상담내용과 연결해서 말씀드려야 한다. 오늘 지후 어머님이 부탁했던 부분을 신경 써서 관리한다는 것을 보여주기 위해서이다. 오늘 지후 어머님은 월요일과 금요일이 지후 스케줄이 많은 날이니 숙제를 내주지 말아 달라고 부탁하고 갔다. 그러니 이 부분은 놓치지 않고 기록해 두어야 한다. 그래야 내가 어머님의 말씀을 신경 써서 듣고 관리하고 있다는 것을 느낄 테니까 말이다.

입학상담의 핵심은 신뢰감 형성이다. 어떻게 하면 학부모에게 신뢰감을 심어줄 수 있을까? 내 경험으로는 노련한 말솜씨보다는 객관적인 자료 준비가 중요하다. 어머님과 말로만 상담을 진행하면 베테랑 선생님이 아닌 이상 상담이 매끄럽게 진행되지 않는다. 그래서 공부방 운영 자료, 교재, 테스트지 등을 보여주면서 상담을 진행하는 게 효과적이다. 눈에 보이는 만큼 어머님도 믿게 되고 학생을 보낼 확률이 높아진다.

★ 방문상담의 노하우 – 입학원서, 진단평가

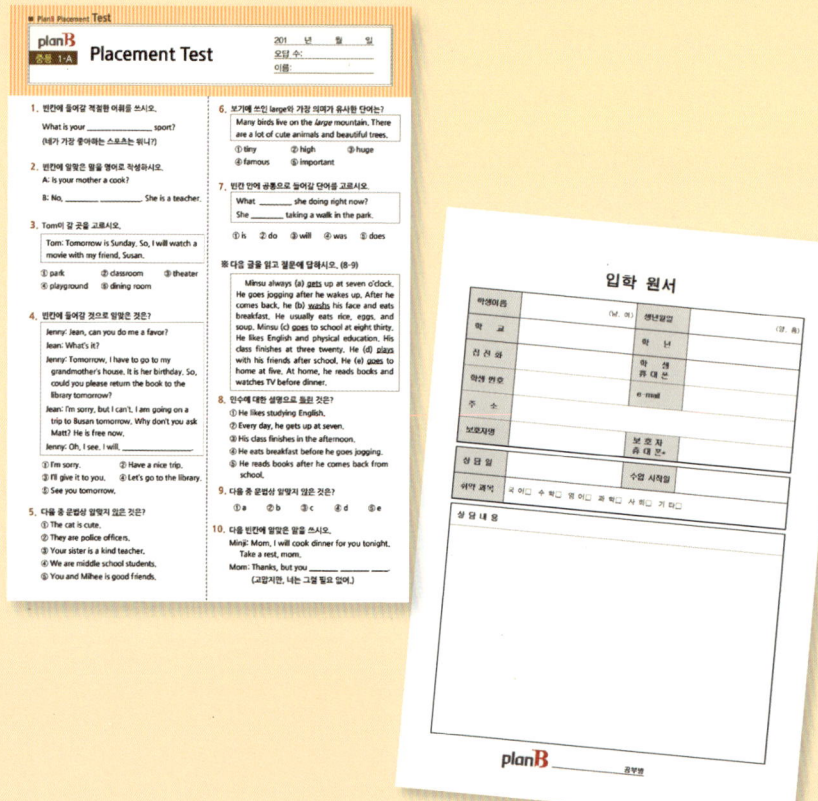

▲ 영어 테스트지는 해당 학년의 어휘 수준, 문법, 독해, 서술형 문제 중심으로 테스트를 진행합니다. 문제의 난이도는 '하, 중하, 중, 중상, 상' 다섯 단계로 구분해서 어떤 난이도의 문제를 틀리는 지도 살펴보고 상담을 진행합니다.

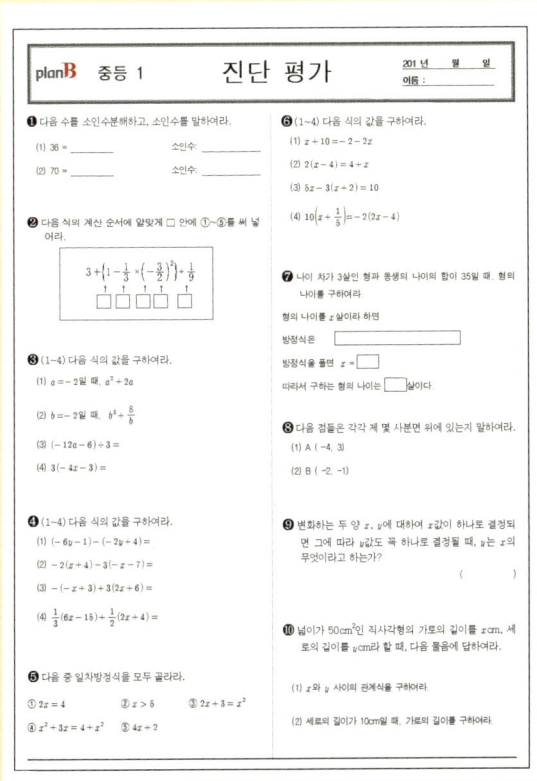

▲ 수학 테스트지는 배운 내용을 중심으로 계산력, 기본, 발전, 심화 문제를 골고루 출재해서 어떤 부분이 약한지를 파악합니다. 물론 테스트 문제 중 2~3문제는 학교 시험 서술형 유형으로 출제해 식과 풀이과정을 써 내려가는 것도 살펴보는 것이 좋습니다.

성적 향상과 교재 선정 어떻게 하나요?

공부방 선생님은 일 년 동안 학생들이 배우는 교재에 대해서 많이 고민하고 연구해야 한다. 교재를 학생의 수준에 잘 맞추어주면 학생이 공부를 어렵게 느끼지 않을 뿐더러 자신감이 생기기 때문이다.

나는 겨울방학 동안 진행할 공통교재와 개인별 맞춤교재를 선정하기 위해 1월에는 평소보다 더 꼼꼼하게 학생들의 오답 문제를 체크하고 학습 이해도를 점검한다. 학생마다 취약 부분이 다르기 때문에 개인별 맞춤교재는 학생 수준에 맞게 선정해야 한다.

우선 공통교재에 대해 알아보자. 상위권에서 하위권까지 학생의 수준에 관계없이 수업용으로 진행하는 공통교재는 학교의 교과서 같은 역할을 한다. 따라서 개념 설명, 개념 중심의 문제, 꼭 알아야 하는 대표 문제들이 골고루 구성되어 있는 교재를 공부방의 공통교재로 선정한다. 그 다음 공통교재를 푸는 것을 보면서 개인별 맞춤교재를 선정한다. (공통교재가 있으면 수업을 진행하기도 편하고, 상담 후 바로 수업을 진행하기도 좋다.)

개인별 맞춤교재는 말 그대로 학생의 수준에 맞춘 교재로서 개념 이해도가 낮은 학생은 공통교재보다 더 쉬운 교재로 복습을 진행하고, 실수가 많은 학생은 다지기 중심으로 공통교재와 난이도가 비슷한 교재나 약간 높은 교재로 복습을 진행한다. 중상위권과 상위권 학생들은 좀 더 난이도가 높은 서술형 문제나 창의력 문제 중심으로 구성된 교재(문제서)를 선정해서 개인의 학업 성취감을 높이고, 실력을 향상시키는

데 집중한다.

이렇게 학생별로 맞춤교재를 선정한 뒤 학생상담에 들어간다. 이번에 학생이 새롭게 풀게 될 교재가 무엇인지, 작년에 학생이 풀었던 개인 맞춤교재는 무엇인지, 두 교재의 차이점은 무엇인지, 학생이 어떤 부분이 좋아졌는지, 이번 새 학기 학습 내용 중 어느 부분이 취약한지를 교재를 보면서 설명해 준다. 물론 학생의 의견도 충분히 반영하면서 교재 권수와 난이도를 결정한다. 무조건 선생님의 생각대로 밀고 나가면 수업을 진행하고 교재를 풀리는 동안 마찰이 생길 수 있기 때문이다.

학생에 따라서 문제서 중심으로 더 풀고 싶어 하는 욕심 많은 학생도 있고, 심화 유형의 문제를 풀고 싶어 하는 학생도 있고, 최대한 조금만 공부하기를 원하는 학생들도 있다. 학생들은 자신이 싫어하는 문제 유형이 많을수록 엉터리로 문제를 풀고 교재를 일부러 가져오지 않는 일들이 잦아진다. 하지만 학생들의 의견을 충분히 들어보고 그에 최대한 맞추어 교재를 선정하면 달라진다. 학생들 본인이 결정한 것이기 때문에 교재풀이를 진행하는 동안 불만을 최소화할 수 있다.

이와 같이 학생의 의견을 물어보는 것은 중요하다. 의욕이 넘치던 내가 학생들과의 마찰로 힘든 시기를 겪으며 얻은 노하우이다. 공부방 운영 초기에는 많은 교재를 풀리는 것이 좋다고 생각했다. 그래서 내가 판단한 난이도로 교재를 정해서 학생들에게 풀렸다. 하지만 학생들마다 실력은 둘째 치고 문제 푸는 속도도 다르고, 하루 스케줄도 다르다는 걸 간과했다. 그 결과 어떤 학생은 숙제도 잘 해오지만 어떤 학생은 숙제를 해오지 않고, 해온 학생도 확인해보면 몇 문제만 풀고 나머지 문제들은 문제를 생각도 해보지 않고 무조건 별표를 해오는 일들이 많았다. 그걸 바로잡으려니 학생들에게 큰 소리를 치게 되고 화를 내게 되고, 하루에 4~5시간씩 남아서 나머지 공부를 시켰다.

시간이 지날수록 점점 지쳐가는 내 자신이 보였다. 물론 내가 지치는 속도보다 학생들이 지치는 속도가 훨씬 빨랐다. 결국 퇴원생이 늘어나고 공부방 운영에 슬럼프가 찾아왔다. 그 시절 그 경험 때문에 지금은 더욱 교재 선택에 공을 들인다. 내 입장이 아닌 학생의 입장에서 교재를 보려고 노력한다. 교재는 무조건 어려운 것을 많이 푸는 것보다 학생의 눈높이에 맞는 교재를 선정해 주는 것이 더욱 효과적이고 중요하다는 것을 여러 경험을 통해 배우게 되었다.

학생을 열심히 가르치는데도 성적이 오르지 않거나, 학생이 수업에 흥미를 느끼지 못하거나, 오답이 너무 많아서 오답을 고치는 데 시간을 소모하는 일들이 반복된다면 '학생이 푸는 교재가 잘못 선정된 것은 아닐까?'라는 의심을 한번쯤은 해봐야 한다. 많은 학부모들과 선생님들이 어른들의 눈높이로 교재를 선정하는 탓에 학생들은 공부가 어렵다고 느낀다. 점점 오답이 많아지고 공부는 어렵다는 생각을 하고 결국 그 과목에 대해서 흥미를 잃게 된다.

독서도 마찬가지이다. 6학년 필독서라고 해서 모든 학생들이 6학년 수준의 필독서를 읽고 내용을 이해하고 흥미를 느끼지는 않는다. 어떤 학생은 중학생 수준의 책을 재미있어하고 흥미를 느끼고, 어떤 학생은 초등학교 4학년 수준의 책을 더 재미있게 읽기도 한다. 그 눈높이를 파악하는 게 선생님이 해야 할 역할 중 하나이다.

그렇게 학생들과의 개별 면담이 끝난 후에는 어머님들과의 상담이 이루어진다. 다음 주부터 새로 진행되는 개인별 맞춤교재는 무엇인지,

★ 방학 중 초등 개념 추천 도서

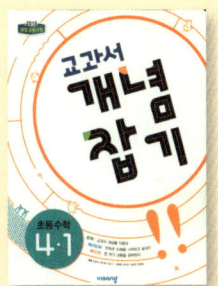
교과서개념잡기

고매쓰 Start

초등수학원리

수학리더

◀ 교재를 꼭 선생님 스스로 풀어봐야 합니다. 내가 가르치는 아이에 대한 교재는 내가 가장 딱 맞춰 정할 수 있어야 하니까요. 난이도별로 아이의 특성에 맞는 맞춤교재 선정이 차별화의 첫째 비결이기 때문입니다. 물론 방학 중과 학기 중의 교재도 구별되어야 합니다.

★ 방학 중 중등 개념 추천 도서

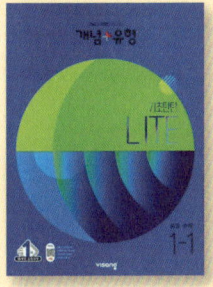
개념+유형

개념쎈

수학의 바이블

▲ 교재로 실제 공부하는 것은 학생이기 때문에 교재를 선정할 때는 학생과 먼저 개별상담을 합니다. 물론 맞춤교재가 정해지면 해당 학부모에게도 왜 그 교재를 선정했고 어떻게 진행될 것이고 예상효과는 무엇인지 상담의 시간을 꼭 가져야 하고요. 그것이 학부모들에게 신뢰감을 주는 공부방으로 입소문 나게 되는 결정적인 비결 중 하나입니다.

왜 그 교재를 선정했는지 등등 학생에게 말했던 부분을 포함해서 말씀 드린다. 추가적으로 학생과도 충분히 이야기를 나누었고 학생의 생각은 이러했다 등등 학생 개인별로 신경을 많이 써주고 있다는 것을 상담을 통해 알려드린다. 그럼 어머님들도 그에 만족하고 선생님을 더욱 의지하게 된다.

개인별 맞춤교재가 결정된 후에는 학생마다 오답이 다르기 때문에 오답 스티커를 많이 활용하자. 학생들이 같은 유형의 문제를 실수하지 않게 더욱 신경 써서 관리해야 한다. 내가 바쁠수록 학생들의 실력은 좋아지고 학생들도 학부모님들도 그 부분에 대해 믿음과 절대적인 신뢰를 보내준다. 그렇기 때문에 힘이 들어도 교재에 대한 공부와 관리는 지금까지도 가장 신경 쓰는 부분 중 하나이다.

잘 가르치는 것만큼 교재에 대한 정보가 많은 선생님이 되는 것도 중요하다. 총판 아저씨나 다른 선생님들, 그리고 인터넷을 통해서는 교재에 대한 기본적인 정보는 꼭 파악하자. 실제 학생을 가르치는 것은 선생님 본인이다. 내가 가르치는 학생에게 딱 맞는 교재는 내가 가장 정확하게 판단할 수 있어야 한다. 교재를 풀어봄으로써 교재 고수, 성공한 공부방의 길로 접어들 수 있다. 잘 가르치는 공부방으로 입소문이 나려면 교재를 보는 눈을 가진 선생님이 되어야 함을 명심하자.

새로운 학생들을 쉽게 적응시킬 수 있나요?

1월은 시험기간 못지않게 인내심이 많이 필요한 달이다. 새로 들어온 학생들과의 신경전이 시작되기 때문이다. 새로 들어온 학생들은 보통 1~2주 동안은 얌전한 모습을 보인다. 실제 성격이 드러나지 않기 때문에 큰 마찰이 없다. 하지만 2주 정도 지나고 나면 공부방에도 익숙해지고 선생님도 편해지기 때문에 본래의 성격이 나온다. 물론 그렇지 않은 학생들도 있지만 그런 학생들은 드물다.

기존 학생들은 선생님의 성격과 운영 지침을 알기 때문에 무엇을 해야 하는지 무엇을 하지 말아야 하는지를 구별한다. 다시 말해 공부방 규칙을 잘 이해하고 실천한다. 하지만 새로 들어온 학생들은 자기 고집을 내세우면서 선생님을 힘들게 한다. 이때 학생들에게 밀리는 모습을 보이면 공부방 운영은 시간이 갈수록 힘들어진다.

나는 지금까지 만만한 선생님이 아닌 착한 선생님이 되고자 노력해왔다. 착한 선생님과 만만한 선생님은 다르다. 착한 선생님은 공부 시간과 쉬는 시간을 구분하는 선생님이다. 공부 시간에는 학생이 집중하도록 수업에 집중하고 학습 분위기를 잘 잡아주지만 공부 시간 이외에는 학생들과 대화도 많이 하고 학생을 잘 이해해 주는 선생님을 말한다.

만만한 선생님은 어떻게 될까? 학생들이 너무 편하게 생각한 나머지 수업시간을 어기고 자기 마음대로 오거나 수업시간에도 계속 수업과는 상관없는 이야기를 하면서 수업 분위기를 흐려놓는다. 그러니 선생님은 계속 화를 내게 되고 수업 진도는 항상 계획대로 진행되지 않는다. 이것을 빨리 잡아야지 그렇지 않으면 공부방 학생 수가 늘어날수록 공부방 운영은 더욱 엉망이 된다. 아이들은 나쁜 행동을 금세 배우기 때문에 그렇게 행동하는 학생을 따라하고 함께 재미있어 한다. 물론 그 탓에 성적이 나쁘게 나왔다 해도 부모님들은 학생을 원망하지 않고 100% 선생님을 원망한다.

그렇기 때문에 새 학기에는 새로운 학생들과의 기싸움을 시작할 수 밖에 없다. 내 공부방에도 새로 들어온 학생 중 여러 학생들이 나를 힘들게 했다.

그 중 초등학교 3학년인 김영훈!! 정말 어디서부터 손을 대야 할지 답답한 마음이 드는 학생이었다. 처음 엄마 손을 잡고 공부방에 왔을 때는 수줍어하고 엄마 뒤로 숨던 학생이 일주일이 지난 후에는 공부방에 오자마자 문을 "쾅!!" 소리를 내며 열고 들어와서는 인사도 하지 않고 화장실로 직행한다. 그러고는 나에게 오자마자 하는 첫 마디가 "저 뭐해요?"이다. 수업시간에도 자기 이야기만 늘어놓아 이야기를 못하게 하고 수업을 진행하면 먼 산을 바라보고 수업에 집중하지 못했다. 그래서 나머지 공부를 시키면 문제집에 그림을 그리거나 잠을 잔다. 도저히 영훈이 앞에서는 미소를 지을 수가 없었다. 하나라도 마음에 드는 행동을 하지 않았기 때문이다. 그래서 그런지 다른 3학년 학생들도, 그 다음 시간에 오는 4학년 학생들도 영훈이를 문제아 취급하는 것이 눈에 보였다. 이래서는 영훈이의 행동이 좋아지지 않고 마음에 상처만 줄 수 있겠다는 생각이 들었다.

다음 날부터 3학년 학생이 오는 시간이 되면 현관문 앞에 기다리고 있다가 학생이 들어오면 인사를 했다. "어서 오렴. 자, 배꼽에 손!! 선생님께 인사!!"라는 말을 하면서 배꼽에 손을 올리고 예쁘게 인사를 하고 신발을 잘 정리하고 들어오게 했다. 물론 영훈이에게만 한 것은 아니다. 3학년 학생들 모두에게 같은 방법으로 지도했다. 다른 친구들이 하니 영훈이도 따라하기 시작했다. 그리고 수업시간에 학생들에게 칭찬 스티커 판을 나누어 주었다. "자! 이건 칭찬 스티커 판이야. 수업시간에 집중을 하거나 발표를 잘하고, 선생님의 질문에 대답을 잘하는 학생에게 스티커를 줄 거야. 물론 이 스티커를 다 모으면 선생님이 좋은 선물을 줄 거야. 어때 잘 할 수 있지?" 몇 명의 학생들은 신나하는 게 눈에 보이고 몇 명은 별 관심을 보이지 않았다. 그렇게 수업이 시작되었고 영훈이는 평소 행동대로 "선생님~ 저 오늘 학교에서요. 풍선불기…" 영훈이가 말을 하는 도중 나는 '쉿'이라는 행동을 취했다. 그리고 교실에 붙여놓은 공부방 규칙을 손가락으로 가리켰다.

'1. 수업시간에는 수업 외적인 이야기는 하지 않는다.'

영훈이는 입을 내밀고 가만히 자리에 앉았다. 그렇게 수업을 진행하면서 중간 점검 시간이 되자 학생들에게 칠판에 있는 대표 문제를 풀어보라고 했다. 한 명 한 명 학생들이 푸는 모습을 살펴보았다. 그리고 영훈이 옆으로 가서 조용히 엄지 손가락을 치켜세웠다. 그리고 조용한 목소리로 "영훈이 잘 푸네. 영훈이가 이따 나가서 이 문제 설명해 보자."라고 속삭였다. 영훈이는 갑자기 집중해서 문제를 보기 시작했다. (사실 특별히 잘 풀고 있지는 않았다. 그저 문제 풀이에 집중하도록 말 한마디를 했을 뿐이다. 영훈이는 주목받는 것을 좋아하기 때문에 나가서 설명하라면 분명 좋아할 테니 말이다.) 그리고 학생들 앞에서 문제에 대한 식과 풀이과정을 이야기하게 했고 중간 중간 부족한 부분은 내가 보충 설명을 하면서 도움을 주었다. 그리고 학생들에게 "박수!!"라고 외치자 학생들은 "와~" 소리를 내면서 박수를 쳐주었다. 영훈이의 입가에 미소가 번졌다. ('친구가 발표할 때는 집중해서 듣고 끝나면 크게 박수쳐 주기'는 공부방 규칙 중 하나였다.)

화를 내기보다는 단체 행동을 통해서 하나하나 잘못된 행동들을 교정해 주고 잘했을 경우에는 크게 칭찬해주었다. 영훈이의 행동은 조금씩 나아지기 시작했다. 물론 며칠 지나면 다시 본래의 모습으로 돌아가려는 행동들이 보였다. 하지만 그때마다 다시 강하게 잘못된 행동에 대해서 이야기해주었다. 잘했을 경우에는 꼭 안아주면서 "우리 영훈이 ~ 선생님 말씀 잘 듣는 착한 학생이네. 예쁘다."라고 이야기해 주었다. 그 후 영훈이는 공부방 모범생이 되었다. 지금도 나는 어떤 학생이든 장기적으로 지켜보면서 영훈이에게 했던 것처럼 좋은 습관을 길러줘야겠다고 마음속으로 다짐한다.

그리고 나를 힘들게 했던 또 다른 학생 박윤상! 중학교 1학년인 윤상이는 시간이 지날수록 꾀를 피우는 게 눈에 보였다. 지각은 기본이고 숙제도 전혀 해오지 않았다. 하루는 숙제를 해오지 않아서 '오늘은 따끔하게 혼을 내야겠다.'라고 마음 먹고 윤상이를 교실로 불렀다.

"윤상아. 숙제 어딨니?"
"문제집을 깜박 잊고 학교에 두고 왔어요."
"그럼 윤상이 너. 숙제는 정말 다 했니?"
"그럼요."

윤상이는 눈 한 번 깜박이지 않고 이야기한다.

"그럼 학교 가서 가지고 와. 수업 따로 보충해줄 테니 오늘은 숙제 확인 꼭 해보자."

"어떻게 지금 학교 들어가요? 문 잠겼어요."

"수위 아저씨께 문 열어 달라고 해. 중요한 걸 교실에 두고 왔다고"

"… 네."

마지못해 대답하던 윤상이는 그로부터 1시간이 지난 후 공부방에 다시 돌아왔다.

그런데 윤상이 손에 문제집이 보이질 않는 것이다.

"문제집은?"

"몰라요. 교실에 가니까 문제집이 없어졌어요."

"교실에 두고 온 건데 왜 없어지니?"

"모르죠."

머리가 아파오기 시작했다. 예전 같으면 벌써 소리를 지르고 화를 냈을 것이다. 하지만 이제는 내공이 어느 정도 쌓였기 때문에 당황하지 않고 조용히 윤상이에게 이야기했다. 마음 속으로는 참을 인(忍)자를 그려보면서. (그래서 선생님 똥은 개도 먹지 않는다고 하나 보다.)

"윤상아, 지금까지 계속 숙제를 해오지 않은 건 인정하지?"

"… 네."

"선생님은 너를 위해서 교재를 풀리지 않고 그냥 넘어 갈 수는 없어. 나는 윤상이가 공부를 잘할 수 있도록 진짜 도와주고 싶거든. 윤상아. 공부 힘드니?"

윤상이는 고개를 숙이고 그저 조그만 목소리로 "네." 하고 솔직한 심정을 표현했다.

"그럼 이렇게 해보는 건 어떨까. 선생님이 숙제 양을 너만 특별히 줄여줄게. 교재도 좀 더 쉬운 것으로 바꿔서 말야. 하지만 윤상이가 숙제를 집에서 하는 걸 힘들어하니까 수업 후 30분 정도 남아서 공부방에서 숙제를 하고 가도록 하자. 어때?"

그렇게 제안을 했는데도 윤상이는 이렇다 할 대답을 하지 않는다. 썩 맘에 안 드는 눈치다. 결국 나는 최후의 수단을 쓴다.

"윤상아. 그럼 선생님은 윤상이 어머님에게 도움을 청해봐야겠구나. 어떻게 하는 게 좋을지 말야."

그러자 윤상이는 나의 계획대로 하겠다고 대답을 했다. 그렇게 윤상이와 대화, 아니 협상(?)을 마쳤다.

다음 날부터 약속대로 교재는 좀더 쉬운 것으로, 숙제량은 4장에서 3장으로 줄여주었다. 물론 공부방에서 문제를 잘 풀고 간 날은 다음날 숙제를 2장 반으로 줄여준다 약속도 했다.

그러자 윤상이는 매일 3장의 숙제를 열심히 하고 집에 갔다. 물론 일주일에 한두 번 정도는 2장 반만 풀고 가기도 하고, 너무 피곤해 보이는 날은 1장만 하고 보내기도 했다. 게다가 점점 오답도 줄어들었다. 나도 모르게 기분이 좋아져 먼저 카톡을 보내기도 했다. '샘은~ 오늘 감동!! 오답도 없고 식도 잘 쓰고!! 글씨도 이쁘게 써서 채점하기 너무 쉬웠어. 윤상!굿!!!' 그리고 음료 기프트콘도 쏘아주었다. 그랬더니 예전에는 전화도 안 받던 녀석이 지금은 '학교 가는 길. 추움.'이라는 카톡도 보냈다. 이렇게 윤상이와의 거리를 좁혀가면서 학습 습관과 실력 향상에도 계속 신경을 썼다. 물론 어머님과도 윤상이에 대해 계속 상담을 나누었다. 드디어 "선생님 감사합니다. 윤상이가 가란 소리 안 해도 공부방은 정말 잘 챙겨 가요. 선생님 덕분입니다."라는 말씀을 듣게 되었다. 사실 어머님들의 이런 말씀 한마디보다 더 힘이 되는 보약은 없다.

누구나 새로운 학생과는 마찰이 생길 수 있다. 하지만 그런 일들이 생길 때마다 학생을 누르고 내가 이겨야겠다는 생각은 버리자. 공부방을 한두 해 정도만 운영할 선생님이라면 상관없다. 하지만 장기적으로 그 지역에서 내가 십 년 이상 공부방을 운영해 나가려면 학생들과의 관계가 좋아져야 한다. 학생들은 자기가 좋은 선생님은 다른 친한 친구들에게도 소개하고 싶어 한다. 물론 아주 상위권들은 그렇지 않다^^.

학생과의 신경전에서 이기는 방법은 학생의 입장에서 학생을 진정으로 위한다는 것을 학생이 느끼게 하는 것이다. 그 다음 잘못된 행동이 있을 경우에는 무시,포기하거나 화내기보다는 단호하게 잘못된 부분을 이야기해 주고 그 행동에 대해 생각할 시간을 주는 것이다. 그래서 학생 스스로 '내가 너무했구나. 고쳐야겠다.'라는 생각이 들 때 그 학생에게 나는 만만한 선생님이 아닌 착한 선생님, 기억에 오래 남는 선생님이 되는 것이다.

또 하나 효과적인 방법은 공부방 규칙을 만들어 학생들이 하는 잘못된 행동들을 하지 않도록 사전에 예방하는 것이다. 예를 들어,

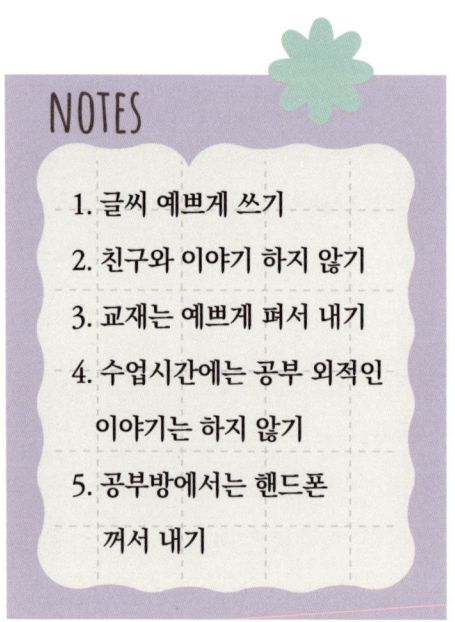

등을 정해서 모든 학생들에게 적용시키면 잘못된 행동을 하는 학생들을 좀 더 빨리 학습에 집중하게 할 수 있다. 이 규칙과 함께 칭찬 카드를 활용하면 그 효과는 더욱 커진다.

★ 칭찬 카드

1월 공부방 운영 체크리스트

	공부방 운영 업무	예	아니오	반성할 점
홍보	전단지 / 현수막 홍보를 진행하였나요?			
	블로그 또는 카톡, 인스타를 활용한 홍보를 진행하였나요?			
	공부방 이벤트 또는 설명회를 진행하였나요?			
	공부방 안내문(소식지)를 월 2회 이상 발송하였나요?			
상담 / 학습	학부모님과 월 2회 이상 상담을 진행하였나요?			
	학생들과의 친밀도를 높이기 위한 노력을 하였나요?			
	주 1회 이상 학생들을 위한 수업 프린트물을 제작하였나요?			
	교재를 직접 채점하고 학생의 취약 부분을 정리해 두었나요?			
	학생의 질문에 화를 내지 않고 설명을 잘 해주었나요?			
	학생들이 문제를 충분히 생각할 수 있게 시간을 주었나요?			
	숙제 검사를 철저히 하였나요?			
경영	연간 / 월간 목표와 계획을 확정하였나요?			
	사업장현황 신고를 하였나요?			
	공부방 매출·매입 영수증을 모두 챙겨 두었나요?			
	공부방 가계부를 작성하였나요?			
	월 입회 학생 목표를 달성하였나요?			
	밀린 회비 없이 교육비 입금을 모두 확인하였나요?			
자기 관리	교육 정보에 대해 주 1회 이상 찾아보고 자료를 수집했나요?			
	하루에 3시간 이상 교재를 직접 풀어 보았나요?			
	수업 준비를 위한 시간을 하루 1시간 이상 투자했나요?			

 성공하는 공부방 열두달 운영비법

2월

2월 핵심 요약

사업자등록 꼭 해야 하나요?
공연히 학파라치 걱정까지 하면서 운영하기보다는
사업자등록을 내고 공부방 운영에 집중하는 게 낫다.

세금(사업장현황) 신고 어떻게 하나요?
관할 세무서 직원이 알려준 방법대로 신고를 하자. 걱정과 달리
사업장현황 신고는 간단하고 쉽게 끝난다.

2월의 예비학습, 1학기 진도 어떻게 수업해야 하나요?
과목별로 학기의 3분의 2정도까지 진도를 나간다.
가능하면 2월 중순까지는 1학기 진도를 모두 끝내는 게 가장 좋다.

학부모와 진도상담, 꼭 해야 하나요?
어머니가 먼저 이야기하기 전에 진도 상담을 진행하는 것이
믿음과 신뢰를 높이는 최고의 방법이다.

시간표 변경, 남들보다 미리 해야 한다구요?
2월 둘째 주, 늦어도 셋째 주부터 미리 개학용 시간표로 변경한다.
시간표를 다른 학원보다 미리 옮겨두면 어머님들이 새학기
시간표를 내 공부방 중심으로 짜게 된다.

교육설명회, 공부방 초대파티 어떻게 하나요?
기존 학생들의 친구를 초대해서 공부방을 알리는 파티, 기존 학부모와
새로운 학부모들을 대상으로 한 교육 설명회 등을 진행하면
그 효과를 톡톡히 볼 수 있다.

2월
새 학기 준비와 겨울방학 수업 마무리

2월은 새 학기 시작 전 '적응 훈련'을 하는 달이다. 겨울방학을 마치고 학교로 돌아가는 아이들도 그렇고, 선생님도 수업을 진행하면서 새 학기 학습계획도 짜야 한다. 특히나 아이들의 컨디션 조절도 해줘야 하고, 틈틈이 새 학기를 맞이하는 마음가짐, 공부하는 목표나 동기 등등 많은 이야기도 나눠야 하니, 정말 2월은 꼼꼼히 챙기고 신경 써야 할 것들이 많기도 하다. 게다가 바짝 정신 차리지 않으면 후딱 지나가버리기 십상이다.

그럼 2월은 어떻게 해야 알차게 보낼 수 있을까? 먼저 선생님은 2월 말부터 시작할 새로운 교재를 선정해야 한다. 그리고 어머님과의 진도상담을 해야 한다. 또한 겨울방학 동안 변경되었던 시간표도 다시 바꿔놓아야 한다.

많은 선생님들이 교재선정이 가장 난감하다고 많이들 어려워한다. 특히나 개인별 맞춤교재는 더욱 그렇다고 한다. 이 교재가 이 학생의 수준에 맞을까? 공부의욕을 자극할 수 있을지, 학생이 흥미를 잃지는 않을까? 자신 없는 일이란다. 하지만 방법은 있다.

나는 2월이 시작되면 학기 중 교재선정을 위해 겨울방학 동안 풀었던 교재를 다시 점검한다. 학생별로 교재를 살펴본 후, 오답률, 서술형 문제 이해도, 연산 실수, 문제를 푸는 속도 등을 체크한다. 그리고 비슷한 수준의 학생들의 교재를 비교해본다.

'음… 준호는 좀더 개념을 잡으면서 수업을 진행해야겠구나… 수민이는 여러 유형의 문제를 많이 다뤄야겠네… 그럼 문제가 많은 교재가 필요하겠다…'

이렇게 교재 체크를 하면 좀더 디테일하게 학생에 맞는 교재를 선정할 수 있고, 당연히 수업방식에 대한 플랜도 세워진다. 학기 중 교재는 전체적으로 방학때 보다 난이도를 높이는 게 좋다. 다만 학생들이 너무 부담스러워하지 않는 수준까지 정한다. 어려운 교재를 주면 학생들은 풀기 싫어하고 흥미를 잃기 때문이다. 이렇게 학기 중 교재는 공통기본서 1권과 개인별 맞춤교재 1권 등 총 2권으로 2월 중순까지 선정을 마친다.

자, 이제 3월부터 시작할 교재와 수업 플랜을 세웠으니, 이것을 토대로 학부모님과 진도상담을 시작한다. 상담 때 빠트리지 않아야 할 것은 시간표 변경에 대해 꼭 알리는 것이다. 그래야만 3월부터 본격적으로 학기가 시작되었을 때 학생과 학부모님 모두 혼동이 없고 학생들도 원래 수업시간에 적응해서 수업에 집중할 수 있다.

사업자등록 꼭 해야 하나요?

공부방을 운영하면서 사업자등록을 내야 하는지 고민하는 선생님들이 많다. 공부방은 원칙적으로 사업적인 성격을 띠고 영업을 하는 경우이다. 따라서 규모에 상관없이 사업자등록을 반드시 해야 한다.

사업자등록을 하지 않고 운영하다 적발되면 매출 누락에 따른 세금 추징과 가산세(납부 불성실로 이자 추가)가 함께 부과될 수 있다. 공연히 학파라치 걱정까지 하면서 운영하기보다는 사업자등록을 내고 공부방 운영에 집중하는 게 낫다.

사업자등록 신고는 관할지역 세무서가 아닌 곳에서도 신청이 가능하다. 하지만 관할이 아닌 곳에서는 사업자등록이 즉시 발급되지 않으니 참고하도록 하자.

사업자등록 필요 서류

- 사업자등록 신청서 1부(세무서에 비치되어 있음)
- 임대차계약서 사본(본인 명의의 집일 경우 필요하지 않음)
- 개인과외 신고필증 사본
- 본인 신분증과 도장(서명도 가능함)

사업자등록 기재 사항

- 업태 : 교육 서비스
- 주 종목 : 공부방
- 부가세 : 면세사업자
- 업종 코드 : 940903

※ **주의할 점**

집이 전세나 월세일 경우 전세 계약자와 사업자등록 대표자명이 일치해야 한다.

현금영수증 발급 방법

- 신용카드 가맹점에 신규 가입한 후 신용카드 단말기 이용
- 아래의 인터넷PC 현금영수증 발급서비스 제공 사업자의 발급 사이트에 접속하여 현금영수증 가맹점으로 가입
  - (주)KT http://www.hellocash.co.kr
  - 한국정보통신(주) http://www.easycashbill.co.kr
  - 퍼스트데이타인터내셔날(유) http://www.moneyon.com
  - (사)금융결제원 http://cash.kftcvan.or.kr
  - (주)엘지유플러스 http://taxadmin.dacom.net
  - 나이스정보통신(주) http://taxsave.nicevan.co.kr
- 국세청 세미래콜센터 국번없이 ☎126(②현금영수증) 연결 후 자동으로 현금영수증가맹점에 가입 및 현금영수증 발급 가능

★ 사업자등록 신청서 작성해 보기

■ 부가가치세법 시행규칙 [별지 제4호서식]

홈택스(www.hometax.go.kr)에서도 신청할 수 있습니다.

사업자등록 신청서(개인사업자용)
(법인이 아닌 단체의 고유번호 신청서)

※ 귀하의 사업자등록 신청내용은 영구히 관리되며, 납세 성실도를 검증하는 기초자료로 활용됩니다. 아래 해당 사항을 사실대로 작성하시기 바라며, 신청서에 본인이 자필로 서명해 주시기 바랍니다.
※ [ ]에는 해당되는 곳에 √표를 합니다.

(앞쪽)

| 접수번호 | | 처리기간 | 3일(보정기간은 불산입) |

1. 인적사항

상호(단체명)		전화번호	(사업장)
성명(대표자)			(자택)
			(휴대전화)
주민등록번호		FAX번호	
사업장(단체) 소재지			

> 2. 사업장 현황 부분은 세무 담당자가 적기도 함. 주 업종 코드만 확인(940903)

2. 사업장 현황

업 종	주업태		주종목		주업종 코드 940903	개업일	종업원 수
	부업태		부종목		부업종 코드	2014.8.1	
사이버몰 명칭			사이버몰 도메인				

> 전세나 월세일 경우에만 해당 (계약서에 임대인 정보 참고)

사업장 구분	자가 면적	타가 면적	사업장을 빌려준 사람 (임 대 인)			임대차 명세		
			성 명 (법인명)	사업자 등록번호	주민(법인) 등록번호	임대차 계약기간	(전세) 보증금	월 세
	m²	m²				~	원	원

허 가 등 사업 여부	[ ]신고 [ ]허가	[ ]등록 [ ]해당 없음	주류면허	면허번호	면허신청 [ ]여 [ ]부

개별소비세 해 당 여 부	[ ]제조 [ ]판매 [ ]입장 [ ]유흥

사업자금 명세 (전세보증금 포함)	자기자금	원	타인자금	원

사업자 단위 과세 적용 신고 여부	[ ]여 [ ]부	간이과세 적용 신고 여부	[ ]여 [ ]부

전자 세금 계산서 (e세로)	회원가입 신청 여부	[ ]여 [ ]부	사용자아이디(ID)	(영어 또는 영어·숫자의 조합, 6~20자) * 온라인 신청 회원과 ID 중복방지를 위해 적으신 ID앞에 영문이 첨부되어 등록됩니다. qt[xxxxx] : 세무서 신청, qh[xxxxx] : 홈택스 신청
	전용메일 이용 동의	[ ]동의함 [ ]동의하지 않음	* e세로 회원가입을 신청한 경우에만 전용메일 이용 동의 여부 선택이 가능하며 동의한 경우 사업자등록증에 전용메일 주소가 표시됩니다. * 아래 전자우편주소로 초기 비밀번호가 발송되니 전자우편주소를 반드시 정확하게 적어야 합니다.	

전자우편주소		국세청이 제공하는 국세정보 수신동의 여부	[ ]동의함 [ ]동의하지 않음

그 밖의 신청사항	확정일자 신청 여부	공동사업자 신청 여부	사업장소 외 송달장소 신청 여부	양도자의 사업자등록번호 (사업양수의 경우에만 해당함)
	[ ]여 [ ]부	[ ]여 [ ]부	[ ]여 [ ]부	

210mm×297mm[백상지 80g/m² 또는 중질지 80g/m²]

(뒤쪽)

3. 사업자등록 신청 및 사업 시 유의사항 (아래 사항을 반드시 읽고 확인하시기 바랍니다)

가. 귀하가 다른 사람에게 사업명의를 빌려주는 경우 사업과 관련된 각종 세금이 명의를 빌려준 귀하에게 나오게 되어 다음과 같은 불이익이 있을 수 있습니다.
  1) 조세의 회피 및 강제집행의 면탈을 목적으로 자신의 성명을 사용하여 타인에게 사업자등록을 할 것을 허락한 사람은 「조세범 처벌법」 제11조제2항에 따라 1년 이하의 징역 또는 1천만원 이하의 벌금에 처해집니다.
  2) 소득이 늘어나 국민연금 및 건강보험료를 더 낼 수 있습니다.
  3) 명의를 빌려간 사람이 세금을 못 내게 되면 체납자가 되어 소유재산의 압류·공매처분, 체납명세의 금융회사 등 통보, 출국규제 등의 불이익을 받을 수 있습니다.

나. 귀하가 다른 사람의 명의로 사업자등록을 하고 실제 사업을 하는 것으로 확인되는 경우 다음과 같은 불이익이 있습니다.
  1) 조세의 회피 또는 강제집행의 면탈을 목적으로 타인의 성명을 사용하여 사업자등록을 한 사람은 「조세범 처벌법」 제11조제1항에 따라 2년 이하의 징역 또는 2천만원 이하의 벌금에 처해집니다.
  2) 「부가가치세법」 제60조제1항제2호에 따라 사업 개시일부터 실제 사업을 하는 것으로 확인되는 날의 직전일까지의 공급가액에 대하여 100분의 1에 해당하는 금액을 납부세액에 가산하여 납부하여야 합니다.
  3) 「주민등록법」 제37조제10호에 따라 다른 사람의 주민등록번호를 부정하게 사용한 자는 3년 이하의 징역 또는 1천만원 이하의 벌금에 처해집니다.

다. 귀하가 실물거래 없이 세금계산서 또는 계산서를 발급하거나 발급받은 경우 또는 이와 같은 행위를 알선·중개한 경우에는 「조세범 처벌법」 제10조제3항 또는 제4항에 따라 해당 법인 및 대표자 또는 관련인은 3년 이하의 징역이나 공급가액 및 그 부가가치세액의 3배 이하에 상당하는 벌금에 처해집니다.

라. 신용카드 가맹 및 이용은 반드시 사업자 본인명의로 하여야 하며 사업상 결제목적 외의 용도로 신용카드를 이용할 경우 「여신전문금융업법」 제70조제2항에 따라 3년 이하의 징역이나 2천만원 이하의 벌금에 처해집니다.

대리인이 사업자등록신청을 하는 경우에는 아래의 위임장을 작성하시기 바랍니다.

> 생가일 경우만 적음.
> 집은 임대차 계약서에 확정일자가 있으니 따로 하지 않아도 됩니다.

위 임 장	본인은 사업자등록 신청과 관련한 모든 사항을 아래의 대리인에게 위임합니다. 본 인:			
대리인 인적사항	성명	주민등록번호	전화번호	신청인과의 관계

위에서 작성한 내용과 실제 사업자 및 사업내용 등이 일치함을 확인하며, 「부가가치세법」 제8조제1항, 제61조제3항, 같은 법 시행령 제11조제1항·제2항, 제109조제4항, 같은 법 시행규칙 제9조제1항·제2항 및 「상가건물 임대차보호법」 제5조제2항에 따라 사업자등록([ ]일반과세자[ ]간이과세자[ ]면세사업자[ ]그 밖의 단체) 및 확정일자를 신청합니다.

년 월 일

신청인: (서명)
위 대리인: (서명)

세 무 서 장   귀하

신고인 제출서류	1. 사업허가증 사본, 사업등록증 사본 또는 신고확인증 사본 중 1부(법령에 따라 허가를 받거나 등록 또는 신고를 하여야 하는 사업의 경우에만 제출합니다) 2. 임대차계약서 사본(사업장을 임차한 경우에만 제출합니다) 1부 3. 「상가건물 임대차보호법」이 적용되는 상가건물의 일부분을 임차한 경우에는 해당 부분의 도면 1부 4. 자금출처명세서(금지금 도·소매업 및 과세유흥장소에서 영업을 하려는 경우에만 제출합니다) 1부	수수료 없음

※ 사업자등록을 신청할 때 다음과 같은 사유에 해당하는 경우 붙임의 서식 부표에 추가로 적습니다.
  ① 공동사업자에 해당하는 경우
  ② 종업원을 1명 이상 고용한 경우
  ③ 사업장 외의 장소에서 서류를 송달받으려는 경우
  ④ 사업자 단위 과세 적용을 신청한 경우(2010년 이후부터 적용)

세금(사업장현황) 신고 어떻게 하나요?

면세사업자인 공부방은 세금을 언제 어떻게 내야 할까? 매년 1월 1일부터 2월 10일까지 사업장현황 신고를 하면 된다. 사업장현황 신고란 지난 1년의 과세연도 기간 중 수입과 지출에 대하여 신고를 하는 것이다. 2월에는 사람이 많아서 오래 기다릴 수 있으니 1월에 신고를 마쳐두는 것이 좋다.

처음에는 나도 세무와 친하지 않았다. 그때는 영수증만 봐도 머리가 너무 아팠다. 차일피일하다 시한이 임박했다. 무엇을 어떻게 해야 하는지, 혹시 잘못해서 불이익을 당하면 어쩌나 등등 고민을 한가득 안고 세무서에 갔다. 한동안 살펴본 후 가장 친절해 보이는 창구 직원을 골랐다. 직원은 하나하나 꼼꼼히 설명해 주었고 나는 알려준 방법대로 신고를 시작했다. 내가 걱정한 것과는 달리 사업장현황 신고는 간단하고 쉽게 끝났다. 그럼 초기의 나처럼 세무와 친하지 않은 분들을 위해 사업장현황 신고 방법에 대해 알아보도록 하자. (사업장현황 신고를 하기 위해서는 사업자등록이 되어 있어야 한다.)

2월의 예비학습, 1학기 진도 어떻게 수업해야 하나요?

2월의 수업은 겨울방학부터 진행해온 새 학기 예비수업을 계속한

★ 사업장현황신고 해보기 양식

■ 소득세법 시행규칙 [별지 제19호서식] <개정 2014.3.14>

홈택스(www.hometax.go.kr)에서도 신청할 수 있습니다.

사업장현황신고서

(앞쪽)

※ 뒤쪽의 작성방법을 읽고 작성하시기 바라며, [ ]에는 해당되는 곳에 √표를 합니다.

관리번호							처리기간 즉시	
과세기간		년 월 일 ~ 년 월 일						
사업자	상호			사업자등록번호			공동사업 [ ]여 [ ]부	
	성명			주민등록번호				
	사업장 소재지					전화번호		
	전화번호			휴대전화		전자우편주소		

① 수입금액(매출액) 명세 (단위: 원)

업 태	종 목	업종코드	합 계	수입금액	수입금액 제외
(1)					
(2)					
(3)					
합 계					

② 수입금액(매출액) 결제수단별 구성 명세 (단위: 원)

합 계	신용카드 매출	현금영수증 매출	그 밖의 매출	
			계산서발행금액	기타매출

→ 국세청에 신고된 부분이기 때문에 정확하게 적음.

③ 적격증명(계산서·세금계산서·신용카드) 수취금액 (단위: 원)

합 계	매입 계산서		매입 세금계산서		신용카드·현금영수증 매입금액
	전자계산서	전자계산서 외	전자세금계산서	전자세금계산서 외	

→ 통장 거래 내역 부분을 합산하여 적음.

④ 기본사항(과세기간 종료일 현재) (단위: ㎡,원,대,명)

건물면적(전용면적)	시설 현황			종업원 수
	임차보증금	차량	그 밖의 시설	

⑤ 기본경비(연간금액) (단위: 원)

합 계	임차료	매입액	인건비	그 밖의 경비

⑥ 폐 업 신 고

폐업연월일		폐업사유	

첨부서류(해당 내용 표기)

매출처별계산서합계표
□ 전자신고   □ 전산매체
□ 서면   □ 해당없음

매입처별계산서합계표
□ 전자신고   □ 전산매체
□ 서면   □ 해당없음

매입처별세금계산서합계표
□ 전자신고   □ 전산매체
□ 서면   □ 해당없음

수입금액검토표 □

신고인은 「소득세법」 제78조 및 같은 법 시행령 제141조에 따라 신고하며, 위 내용을 충분히 검토하였고 신고인이 알고 있는 사실 그대로를 정확하게 작성하였음을 확인합니다.

년 월 일

신고인: (서명 또는 인)

세무대리인은 조세전문자격자로서 위 신고서를 성실하고 공정하게 작성하였음을 확인합니다.

세무대리인: (서명 또는 인)

세무서장 귀하

세무대리인	성 명		사업자등록번호		전화번호	

210mm×297mm(백상지 80g/㎡ 또는 중질지 80g/㎡)

다. 과목별로 학기의 3분의 2정도까지 진도를 나간다. 가능하면 2월 중순까지는 1학기 진도를 모두 끝내는 게 가장 좋다. 그동안 중간점검을 반드시 한다. 1월에 배웠던 개념에 대해서 어느 정도 이해하고 있는지, 각자 교재별로 오답률은 어느 정도인지 살펴본다. 이렇게 체크해보면 그동안 겉핥기식으로 공부한 학생은 개념 자체도 모르겠다고 속 터지게(?) 하는 경우도 있다.

그래서 복습이 반드시 필요하다. 그렇다면 3월부터 학교 진도를 맞춰나가면서 복습은 또 어느 정도 넣어가며 시간 배분을 해야 할까?

우선 수학을 살펴보자.

전체적으로 잘 이해하고 푼 편이지만 대부분 학생들은 도형 부분에서 힘들어한다. 이럴 경우 도형을 직접 그리거나 만들어보는 특별 활동을 해본다. 평소에는 학생별로 복습프린트를 수업 중 한 장씩만 풀게 한다. 문제는 개념 중심으로, 문제 양은 전혀 부담이 되지 않는 수준으로 뽑는다. 개념을 확실하게 이해해야 학생들은 흥미를 갖고 자신감이 팍팍 상승하기 때문이다. 마찬가지로 연산 실수가 많은 학생의 경우, 연산문제 프린트를 수업 중에 한 장씩 더 추가해 진행한다. 요즘은 서술형 문제도 많이 나오기 때문에 익숙하지 않는 학생들도 많다. 이 경우는 좀더 다양한 방법을 연구해봐야 한다. 워낙 사고력 향상이 교육 트렌드라 서술형 문제에 잘 대응할수록 앞서가는 공부방이 될 수 있다.

영어는 어떻게 해야 할까.

중간고사 범위까지 예비학습을 진행한다. 중간고사 범위까지 본문 해석을 하면서 내용을 이해하는 수업 위주로 진행한다. 물론 해당범위의 단어는 반드시 암기시킨다. 사실 영어는 학생별로 문법과 독해의 수

★ 1억 공부방의 비결 – 복습 특별활동

▲ 도형을 그림 또는 설명으로 이해하기 버거운 경우가 많죠. 다들 상자과자 1개씩 들고 오게 해서, 그걸로 11개의 직육면체 전개도를 만들었습니다. 또 평행한 면끼리 같은 색으로 색칠해서 평행개념도 한 번 더 짚고 넘어갔더니, 자기들이 만든 전개도는 신기하게도 잘도 기억하네요. 수업 후 과자를 다 뜯어 먹어치우는 즐거움까지. 아주 신나는 수업이었네요. ─엘리트 공부방

준 차이가 많이 나는 과목이라 좀더 세심하게 신경을 써야 한다. 학생별로 문법과 독해 교재의 수준을 개별 관리하는 것은 물론이다. 학년교과서 수준의 단어와 본문 해석이 끝났다면, 이제는 본격적인 문제 풀이(기초 문제)에 조금씩 들어간다.

참 이상하게도 영어는 학생들이 공통으로 꼭 틀리는 단어와 문제들이 있다. 그리고 꼭 한번 틀린 것을 두 번 세 번 틀리기도 한다. 그러니까 이런 단어와 문제들만을 뽑아서 매일 정해진 양만큼 문제를 풀게 한다. 중요한 것은 반복학습이 꼭 되야 한다는 점이고, 난이도는 학교시험 수준의 문제보다는 기본 문제 중심으로 풀려나가는 것이 좋다. 이유는 역시 예비학습이다 보니 그렇다. 기초가 다져지면 자신감이 생겨나고, 공부에 대한 흥미가 생겨나면 학생도 선생님도 모두 즐거운 공부방이 된다. 그것이 바로 차별화된 공부방의 첫 비결임을 선생님들도 눈치채셨으리라.

지금도 나는 강연에서 많은 공부방 선생님들과 만난다. 허심탄회하게 이야기하다 보면, 꼭 이런 이야기가 나온다. "꼭 그렇게 프린트까지 만들어서 해줘야 해요?" "처음엔 만들었는데… 지금은 솔직히 못 만들어요, 수업하기도 너무 바빠서요." "그냥 교재에 충실해서 반복해주는 게 더 낫지 않을까요?"

물론 나도 잘 안다. 결코 쉽지 않은 일이다. 예전에 나도 프린트 만드는 데 하루에 5~6시간을 보내야 했다. 하지만 생활의 달인이라는 말이 있듯이, 자주 하다 보니 경험이 생겨나면서 어느덧 하루에 2~3시간 정도면 가능해졌다. 또한 요즘에는 공부방 선생님들의 인터넷 카페를 통해서 서로 품앗이로 정보를 공유할 수도 있다.

의욕만으로 하기는 결코 쉬운 일은 아니지만, 이런 소소한 프린트 한 장이 내 공부방의 차별점이 된다고 생각해보라. 그 차별적인 관리로 아이들의 성적이 향상되고 결국 성적 많이 오르는 공부방이라는 입소문이 퍼져나갔다. 당연히 입소문은 많은 아이들의 입회로 이어진다. 이렇게 분명한 효과와 보상이 눈에 보이니까, 힘들어도 게으름을 피울 수는 없다.

학부모와 진도상담, 꼭 해야 하나요?

꼭 해야 한다. 특히나 2월의 진도상담은 1년을 진행하는데 있어 아주 중요한 상담이기 때문이다. 많은 선생님들도 경험했을 텐데, 겨울방학 수업을 진행하다 보면 항상 새로운 학생 어머님들 중에서 전화가 걸려온다. 다짜고자 예습수업(선행)의 진도가 너무 느리지 않냐, 너무 문제 푸는 양이 적은 거 아니냐, 적어도 두세 권은 떼고 가야지, 우리 아이는 개념보다는 응용을 해야 할 수준인 것 같다 등등 예습수업을 두고 입장이 엇갈릴 때가 참 많다.

예전에는 이런 어머님들을 보면 화가 나곤 했다. 믿고 보냈으면 내 방식을 따라야지. 왜 자꾸 다른 학원이나 공부방과 비교하면서 학습에 관여하는지 답답했다. 하지만 지금은 이런 어머님들을 이해한다. '나를 잘 아는 것도 아니고 교육비를 주고 맡겼는데 어머님의 의견은 말할 수 있지. 그건 당연한 거야. 궁금하니까 자주 물어볼 수 있지. 그런 부분을 상담해 드리는 게 선생님의 역할 중 하나이지. 당연한 일이다.'라고 말

★ 1억 공부방의 비결 – 진도상담

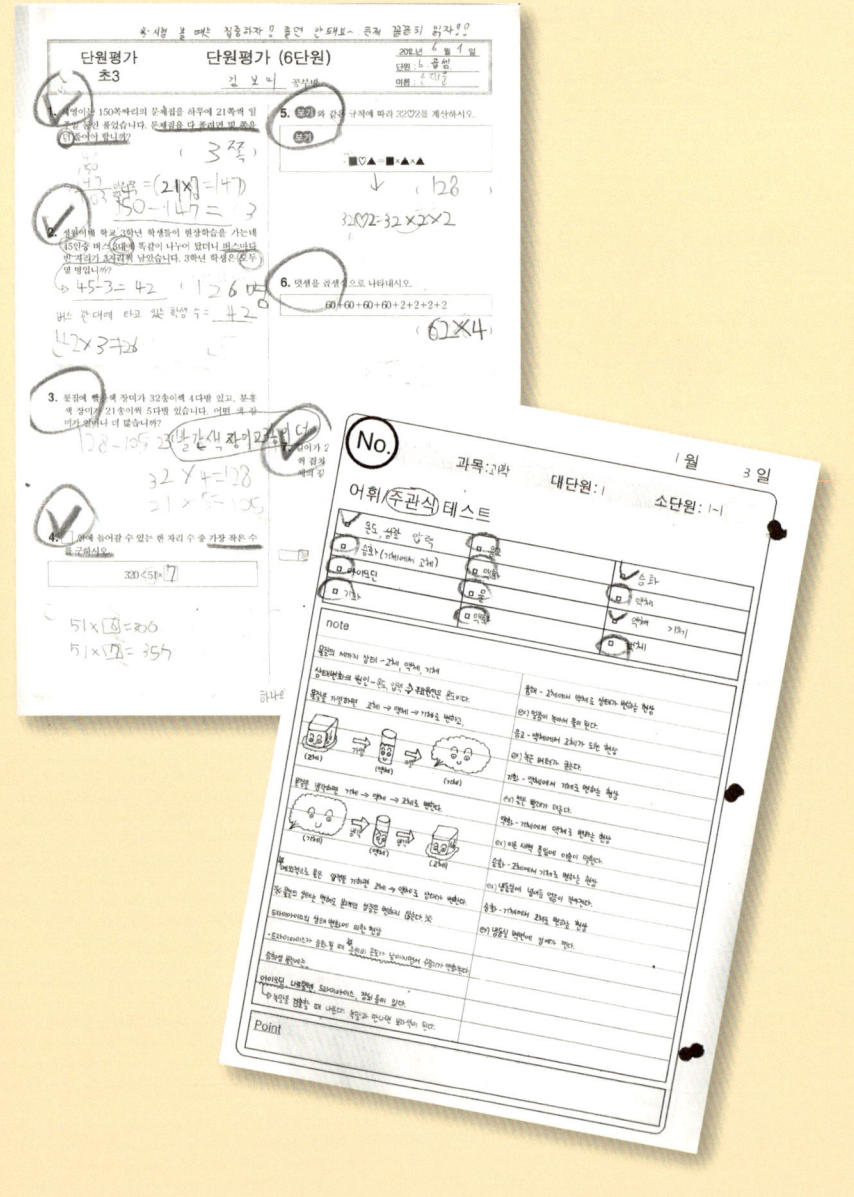

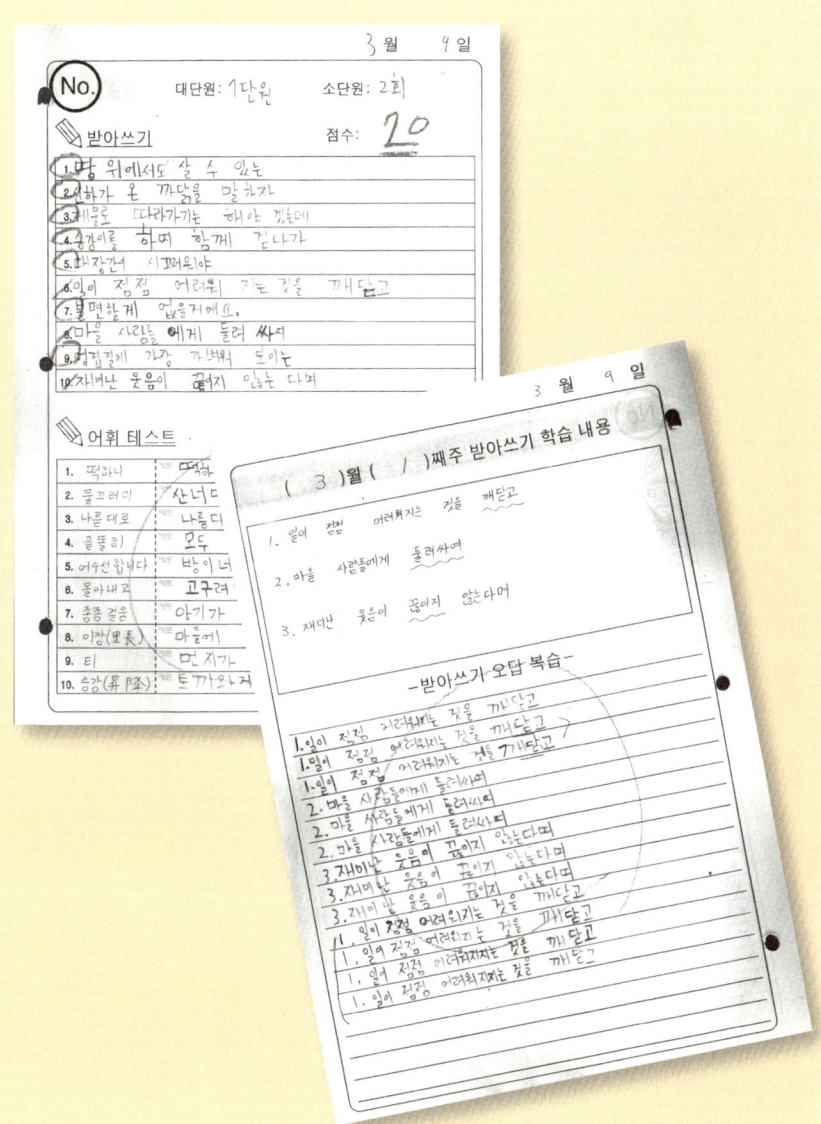

▲ 진도상담을 위해 준비할 것은 입학 때 풀었던 진단평가지, 교재 및 수업 계획표, 학생이 지금까지 풀었던 프린트 등입니다. 그리고 1억 공부방은 대부분 새로운 교육과정에 대한 정보, 그리고 그것에 어떻게 대응하고 있는지도 설명해줍니다.

이다. 이렇게 생각을 바꾸고 나니 운영에 대한 스트레스가 하나 줄었다. 물론 이렇게 마음먹는 데 시간이 좀 걸리긴 했다.

그래서 진도상담이 필요한 것이다. 매년 1월 말부터 2월 사이에 새로 들어온 학생들의 어머님들을 직접 뵙고 진도 상담을 진행한다. 어머님이 연락하기 전에 내가 먼저 지금까지의 진도와 앞으로의 계획에 대해 설명하는 것이다. 그렇지 않아도 아이가 잘 적응하나, 수업은 어떤가, 궁금하지만 어찌 물어보지도 못하고 있는 어머님에게, 선생님이 먼저 친절하게 세세한 부분까지 이야기해 준다면 얼마나 고맙고 안심되겠는가.

상담시간은 공부방 수업 전 오전 시간이나 토요일을 이용한다. 상담이 진행되기 일주일 전에 다시 한 번 상담일시를 확인한다. (입학상담 시 진도상담에 대해 말씀드리고 어머님이 편한 날짜와 시간을 미리 메모해두면 좋다.) 요즘은 일 때문에 직접 오기 힘든 어머님들도 많다. 이럴 땐 전화로 진행하지만 가능하면 2월 상담은 방문을 요청해본다.

진도상담을 위해 1억 공부방 선생님이라면 준비할 것들이 꼭 있다.

★ 진도 상담의 좋은 진행 순서

1. 현재 어디까지, 몇 학년 및 선행 수업을 진행하였다.
2. 진단평가 때 학생이 이런 부분을 힘들어했는데 지금은 이 정도로 좋아졌다.
3. 새 학기 선행 수업 내용 중 학생이 잘하는 부분, 오답이 많은 부분은 이곳이다.
4. 오답이 많은 부분은 보충하기 위해서 이런 프린트를 하루에 몇 장씩 따로 풀리고 있다. 이 프린트 보충을 언제까지 진행할 계획이며, 앞으로 어디까

지 학습 진도를 나갈 예정이다.
5. 수업태도는 어떤 부분이 좋은 편이라 잘 따라오고 있는데 집에서는 혹시 어떤 반응인가요 묻고, 학습 습관을 체크해본다.
6. 교육부의 개정 교육 과정도 설명하고 수업에 어떻게 반영되고 있는지도 설명한다.

이렇게 하면 어머님들은 안심한다. 다른 곳과 비교해 궁금해 하거나 불만을 갖지 않는다. 설사 나중에 성적이 많이 오르지 않아도 무조건 공부방 탓을 하지는 않는다. 어머니가 먼저 이야기하기 전에 진도상담을 진행하는 것이 믿음과 신뢰를 높이는 최고의 방법이다.

그런데 수업보다도 어머님과의 상담이 더 힘들고 부담스럽다는 선생님들이 계셨다. 피하고만 싶은 마음에 일부러 상담거리를 만들지 않는 분도 있다. 모임이나 강연, 〈성공운〉 카페에서 보면 의외로 그런 고민거리를 말 못하고 있는 분들이 많았다.

"보미 선생님, 사실 어머님과 무슨 이야기를 어떻게 해야 할지 막막하더라고요."

"혹시나 실수하게 되면 어떡하죠? 저는 그게 제일 걱정이에요."

"오히려 노련하지 못한 선생님이라고 책만 잡히는 게 아닐까요."

그런 심정은 충분히 이해가 된다. 대부분의 공부방 선생님들은 예전부터 학구열이 높고 교육에 대한 열정이 남다른 분들이 많다. 공부방을 운영하기 전, 낯선 사람들과 만나 이야기를 리드하는 사회경험이 많지 않던 분들이니 얼마나 긴장되고 어색하고 걱정이 앞설 것인가. 충분히 이해된다. 하지만 나는 꼭 이런 이야기를 여쭤본다.

"선생님 지역의 학원과 공부방이 몇 개나 되나요?"라고.

망설이고 피하고 싶을 때마다 꼭 생각해 보자. 내 지역의 학원과 공부방 수를. 내 경쟁 상대가 많다는 것은 그만큼 어머님들의 눈높이가 높아지고 있다는 뜻이다. 다른 곳은 어머님들의 만족도를 높이기 위해 열심히 노력하고 있다. 게다가 공부방에 대한 비교와 불만은 어머님들 사이에서는 그야말로 LTE 급으로 공유된다.

단순히 학생의 성적 향상으로 입소문 나길 기대하지 말자. 성적향상과 더불어 내 공부방이 얼마나 차별화되어 있는지, 내가 얼마나 신뢰를 줄 수 있는 선생님인지, 어필하라. 그러면 상상했던 것 이상으로 입소문은 퍼지고 1억 공부방으로 자리잡게 된다. 그 어필의 첫 번째 무기가 바로 진도상담이다. 이래도 망설이겠는가 말이다.

시간표 변경, 남들보다 미리 해야 한다고요?

개학, 다시 봄방학, 그러다 보면 3월 새 학기 시작. 그래서 2월은 참 정신없는 달이다. 특히나 시간표 짜기가 참 곤란해진다. 겨울방학 시간표는 사실 학기 중과 변함없이 진행하는 게 좋다. 왜냐면 겨울방학 동안 시간표를 변경했던 학원들이 모두 개학과 동시에 시간표를 또 변경한다. 이 과정에서 아이들도 정신없고, 특히나 내 공부방 시간표도 이렇게 저렇게 바꿔 달라는 요구가 많아진다. 그래서 학기 중과 동일하게 겨울방학도, 개학한 2월도 진행하는 게 좋지만 학부모님들의 요구가 많을 경우에는 아래와 같이 방학시간표를 변경하는 게 좋다.

★ 방학 중 시간표 예시

학기 중	방학 중
3시 - 3학년	1시 - 중학교 1학년
4시 - 4학년	2시 - 중학교 2학년
5시 - 5학년	3시 - 3학년
6시 - 6학년	4시 - 4학년
7시 - 중학교 1학년	5시 - 5학년
8시 - 중학교 2학년	6시 - 6학년

▲ 굳이 시간표를 변경해야 한다면 되도록 중학생을 대상으로 합니다. 그리고 변경했던 시간표는 늦어도 2월 셋째 주부터 미리 학기 중 시간표로 먼저 변경해놓습니다. 그렇게 해야 학생들이 새학기 학원시간표를 짤 때 우리 공부방이 유리해질 수 있답니다. 1억 공부방은 언제나 남들보다 한 발 더 빠르게 준비하고 시작합니다.

이렇게 변경했던 시간표는 2월 둘째 주, 늦어도 셋째 주부터 미리 개학용 시간표로 변경한다. 시간표를 다른 학원보다 미리 옮겨두면 어머님들이 아이의 새학기 시간표를 짤 때 내 공부방의 시간을 기준으로 정할 수 있게 된다. 만약 부득이하게 바꿔 달라는 어머님과도 유리한 입장에서 상담을 진행할 수 있다. 그러니까 남들보다 한 발 더 빠르게 준비하고 시작하는 것이 좋다. 그리고 '시간표 변경'보다 더 중요한 것은 '시간표 변경을 어머니에게 알리기'다. 아이를 통해 전달하거나, 공문을 보내는 것도 좋지만, 가능하면 직접 어머니께 알려드려야 한다. 진도상담을 할 때, 또는 상담전화를 걸어 시간표 변경에 대해 확실하게 전달한다.

간혹 어머님들 중에는 공문도 보내고 전화로 확답도 들었지만, 공문을 못 받았다, 기억이 나지 않는다면서 시간표를 바꿔 달라 고집하는 경우가 있다. 때론 분명히 3시라고 말씀드렸는데 어머님은 4시라고 기억하기도 한다. 이럴 때 어쩔 수 없이 초보 선생님들은 어머님들의 요구대로 시간표를 변경해드리곤 하는데, 이렇게 한두 명 바꾸다 보면 시간표가 서로 꼬여 난감한 상황이 되기도 한다. 문제는 이런 불상사가 종종 일어난다는 사실이다.

그렇다면 이런 불상사를 어떻게 예방해야 할까?

증거가 될 수 있도록 바로바로 기록을 남기는 게 최선의 방법이다. 상담전화를 통해 확실히 전달한 다음, 어머님과 학생 휴대폰에 변경시간표와 간략한 상담내용을 문자 메시지로 보낸다. 사소한 일 같아도 기록은 공부방 운영을 아주 원활하게 도와준다.

교육설명회, 공부방 초대파티 어떻게 하나요?

많은 초보 선생님들은 홍보! 홍보! 홍보! 아마 가장 신경 쓰고 있는 부분일 것이다. 보통 1년 중 가장 많은 홍보는 12월 기말고사 후에 집중적으로 한다. 그런데 알고 보면 2월 홍보가 황금알을 낳는 시기다.

방학이 끝나는 2월쯤 학부모들이 여기저기 다른 학원이나 공부방은 어떤지 가장 많이 알아보고 실제 이동도 많이 하기 때문이다. 또 방학 때는 쉬다가 개학이 다가오면 이제 공부 좀 시켜야겠다고 알아보는 분들도 생각보다 많다. 이런 학부모들과 학생들을 입회시키기 위해서는 2월도 12월 못지않게 열심히 홍보해야 하는 시기임을 잊지 말자.

2월은 진도상담도 하기 때문에 '학부모를 대상으로 한 교육설명회'를 자연스럽게 개최할 수 있는 좋은 달이다. 어머님들은 내 아이가 다니고 있는 좋은 공부방, 특히나 성적을 많이 올려주는 공부방은 서로 공유하지 않는다. 특히나 같은 학년 부모에게는 말이다. 하지만 형제자매들의 친구를 소개해준다든가, 아예 소그룹으로 짜서 수업하길 원할 경우는 단연코 입소문에 움직이게 된다. 그러니 2월 설명회는 기존 어머님들과 새로운 어머님들이 자연스럽게 공부방에 모일 수 있도록 "교육설명회"를 여는 것이 좋다. 설명회 주제는 '엄마가 챙겨주면 우등생 되는 노트 필기법' '집중력을 2배 이상 끌어올려주는 엄마표 학습법' '특목고 준비 언제부터 해야 하나요?' '변화하는 교육 과정에 대처하는 방법' 등이 좋다. 엄마도 쉽게 배우고 아이에게 바로 적용을 할 수 있는 내용으로 준비하는 게 효과적이다.

만약 교육열이 있는 곳이라면 '새학년 수행평가 & 지필 평가 대비법' '독서습관으로 성적까지 잡는 비밀의 학습법' 등 학교 성적과 연결되는 내용이 좋다. 설명회에 참석해 주신 어머님들에게는 소정의 선물을 드리는 것도 잊지 말자.

★ 1억 공부방의 비결 – 교육설명회

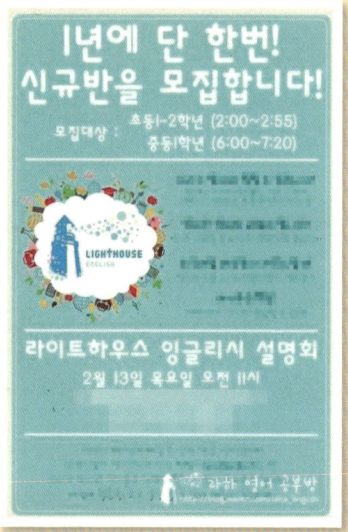

◀ 누구나 하는 전단지 광고. 이 전단지의 목적은 오로지 '교육설명회'로 유입시키자는 것이었습니다. 일단 튀는 색깔로 전단지를 눈에 띄게 만들어서 '우리 공부방으로 오게 하자!' 그렇게 '입회 및 교육설명회'를 시작했는데 결과는 2,3,4차 '교육설명회'로 이어져 한 달에 46명을 입회하게 되었답니다. 입회 및 교육설명회. 우리 선생님들 너무 겁내지 마세요. 한번 해보면 누구나 자신감과 요령이 생긴답니다.
— 데이빗 쌤 〈라하잉글리시〉 공부방

또 하나, 학생들을 대상으로 '공부방 초대파티'를 진행한다. 기존학생들의 친구를 초대해서 함께 파티를 가지면서 자연스럽게 공부방을 소개하는 것이다. 공부방에서 성적을 올려준 학생이 많다는 의미는 내 공부방을 궁금해 하고 오고 싶어 하는 학생들이 많다는 뜻도 된다. 공부방 초대파티를 통해서 자연스럽게 실력이 많이 향상된 친구들이 즐겁게 다니는 공부방임을 어필하도록 하자. 파티가 문화상품권보다 효과적이다. 학생들은 친구를 소개하는 대가로 받는 문화상품권보다는 일등그룹 공부방에 다닌다는 자부심이 더 중요하다. 공부방 이미지 형성에도 더 좋다.

2월 공부방 운영 체크리스트

	공부방 운영 업무	예	아니오	반성할 점
홍보	전단지 / 현수막 홍보를 진행하였나요?			
	블로그 또는 카톡, 인스타를 활용한 홍보를 진행하였나요?			
	공부방 이벤트 또는 설명회를 진행하였나요?			
	공부방 안내문(소식지)를 월 2회 이상 발송하였나요?			
상담 / 학습	개학 시간표 변경 상담을 완료하였나요?			
	1학기 예습 수업이 마무리 되었나요?			
	학부모님과 월 2회 이상 상담을 진행하였나요?			
	학생들과의 친밀도를 높이기 위한 노력을 하였나요?			
	1회 이상 학생들을 위한 수업 프린트물을 제작하였나요?			
	교재를 직접 채점하고 학생의 취약 부분을 정리해 두었나요?			
	학생의 질문에 화를 내지 않고 설명을 잘 해주었나요?			
	학생들이 문제를 충분히 생각할 수 있게 시간을 주었나요?			
	숙제 검사를 철저히 하였나요?			
경영	공부방 매출·매입 영수증을 모두 챙겨 두었나요?			
	공부방 가계부를 작성하였나요?			
	월 입회 학생 목표를 달성하였나요?			
	밀린 회비 없이 교육비 입금을 모두 확인하였나요?			
자기 관리	교육 정보에 대해 주 1회 이상 찾아보고 자료를 수집했나요?			
	하루에 3시간 이상 교재를 직접 풀어보았나요?			
	수업 준비를 위한 시간을 하루 1시간 이상 투자했나요?			

 성공하는 공부방 열두달 운영비법

3월

3월 핵심 요약

학교 진도보다 얼마나 앞서 가야 하나요?
학교 진도보다 1주일 정도 앞서는 것이 가장 좋다.
학생들에게는 학교에서 학습하기 전 예습이 되고 공부방 입장에서는
방학 때 선행 학습한 내용을 복습하게 된다.

단원평가 자료 무엇으로 만드나요?
학생들이 잘 틀리는 유형의 문제, 교과서 단원평가에 나오는 문제,
기출문제집에 나오는 문제들을 정리한 후 문제를 출제한다.
족보닷컴 같은 온라인 사이트도 적절히 활용한다.

학부모 총회와 면담 때 어떻게 홍보하나요?
학교 앞에서 직접 홍보 물품과 함께 전단지와 명함을 돌리자.
어머님을 상대로 하므로 홍보 효과가 피부로 느껴진다.

3월은 설레는 달이다. 학생들은 새학기 새로운 친구와 새로운 담임 선생님을 만나서 설레고, 공부방 선생님들은 다시 1년을 본격적으로 시작하는 달이라 설렌다. 그만큼 1년 중 가장 기대가 큰 달이기도 하다.

3월 첫 주부터 본격적으로 복습과 심화를 진행해야지, 교과서와 익힘책 유형을 파악해 프린트도 만들어놓아야지, 학생별 취약단원 표시 후 보충계획도 세워야지, 등등 정말 잘해보자는 의욕이 앞선다. 그런데 어라, 학생들은 그게 아니다. 갑자기 말수가 줄어드는 녀석이 생기질 않나, 작년에 비해 오히려 성적이 불안불안한 녀석도 생기고, 감기몸살로 결석생도 많아진다. 야단도 쳐보고 달래도 보지만 선생님과 학생들의 사이는 자꾸만 덜컹거리게 되는데. 과연 이 최악의 시기를 어떻게 헤쳐 나갈 수 있을까?

3월 학기가 시작되면 학생들은 들뜬 마음과 함께 많은 피로를 느낀다. 방학동안 늦잠 자고 그래도 여유 있게 보냈는데 다시 학교 다녀야지, 그리고 공부방 와야지, 학생들이 피곤할 만하다. 그래서 학교에서는 3월 첫 주는 공부보다는 가볍게 인사하고 새 담임에 적응하는 시간을 갖는다. 아마 눈치 빠른 우리 공부방 선생님들은 아셨으리라. 1억 공부방 선생님들이 어떻게 3월을 보내는지 말이다.

자, 기억하자. 1억 공부방 선생님들은 3월 첫째 주는 학생들의 컨디션 회복에 신경을 쓴다. 많은 양의 진도도 나가지 않고, 숙제도 없으며 나머지 공부도 시키지 않는다. 그렇다면 성적은 어떻게 하냐고? 해결책은 바로 학습 집중력에 있다.

숙제가 없는 대신 공부방에 있는 60분 동안 집중해서 공부하고 바로 집에 가서 쉬도록 한다. 그게 더욱 효율적인 학습이라는 것을 학생과 학부모님들에게도 미리 상담 때 알려야 하는 것은 당연한 얘기다.

학생에게만 집중력이 필요한 건 아니다. 선생님도 집중력이 필요한 3월. 어떻게 알차게 보낼 수 있을지 하나씩 살펴보자.

학교 진도보다 얼마나 앞서 가야 하나요?

공부방을 오픈한 초기에 있었던 일이다. 항상 단원평가 소식을 미리 전해주던 6학년 학생이 그 주에는 따로 이야기를 하지 않았다. 나도 수업 진도 나가기에 바빠서 단원평가에 대해 묻지 않은 채 넘어갔다. 일주일 뒤 어머님이 격앙된 목소리로 전화를 했다.

"선생님. 광훈이 수학 단원평가 시험지 보셨어요?"

"아니오. 광훈이가 시험 보았나요?"

당황한 바람에 나는 실수를 했다. 시험을 보았냐고 오히려 어머니께 반문을 한 것이었다.

"네! 60점 받아왔더라고요. 모르셨어요?"

"아. 네. 어머님. 광훈이한테 시험 보았다는 이야기를 못 들었습니다. 그런데 광훈이가 어머님께 시험지를 보여드렸나요?"

"아니오. 광훈이 가방 정리하다가 가방 속에서 구겨져 있는 걸 제가 발견했어요."

역시 그렇구나 싶었다. 시험을 못 보았으니 숨기다 딱 걸린 셈이다.

"어머니. 시험지를 광훈이 편에 보내주세요. 틀린 부분 제가 다시 가르치도록 하겠습니다"

그제서야 어머님이 한결 누그러진다. 하지만 섭섭한 마음은 감춰지질 않는가 보다.

"선생님. 섭섭하네요. 저는 선생님께서 우리 광훈이 신경 많이 써주시는 줄 알았는데… 어떻게 시험을 보는지도 모르시고…."

"죄송합니다. 제가 실수했네요. 광훈이에게 따로 물어보았어야 하는데… 어머님. 다음번에는 이런 일이 절대 없도록 하겠습니다."

이렇게 죄인이 된 입장에서 상담을 끝내니 하루 종일 기분이 좋지 않았다. 6학년이라 해도 아직 학생 스스로 모든 걸 챙기지는 못하는구나, 선생님이 좀더 세심하게 관리했어야 했는데 하고 뼈아픈 후회가 되는 날이었다. 지금도 그때를 생각하면 처음 공부방을 운영하는 초보 선생님들은 이런 가슴앓이를 겪지 않았으면 좋겠다는 마음이 간절하다.

그날 뒤, 나는 같은 실수를 반복하지 않기 위해 꼭 챙기는 것이 생겼다. 그것은 바로 학교마다 나눠주는 '학습계획표'이다.

'공부방 수업 진도는 어느 정도가 좋을까?'라고 많은 선생님들이 궁금해 하는데, 가장 좋은 진도는 학교 진도보다 일주일 정도 앞선 범위로 수업을 하는 것이다. 학생들에게는 학교에서 공부하기 전 예습이 되고 공부방 입장에서는 방학 때 선행 학습한 내용을 복습하게 되니 일석이조다. 이렇게 진도를 위해 꼭 필요한 것이 학습계획표다.

매주 금요일 학교에서는 다음주 학습계획표를 나누어 다. 나는 미리 각 학년별로 학생들에게 학습계획표를 가져오라고 일러둔다. 물론 학교마다, 학년마다 수업 진도에 차이가 있어 학습계획표를 따로 분류해 모아둔다.

방학 선행 후 학기 중 수업을 진행할 때 학교 진도는 살펴보지 않는 선생님들이 있다. 공부방과 학교 진도가 너무 차이가 나면 학생들은 학교 수업에 집중하기 어렵다. 또한 학생들이 공부방에서 배운 내용들을 꾸준히 복습하는 습관이 없다면 학교에서 여러 유형 문제를 풀 때 공부방에서 분명 배우고 푼 문제지만 기억하지 못하는 경우도 생긴다는 것을 기억하자.

학습계획표의 좋은 점은 또 있다. 학습계획표를 보고 공부방 수업 계획을 짜면 학교 상시평가와 단원평가를 자연스레 대비할 수 있다. 요즘은 학교에서 한 단원이 끝나면 학생들에게 예고하지 않고 바로 상시평가(단원평가)를 보는 일이 많다. 갑작스레 치르는 평가이다 보니 어이없는 실수도 생긴다. 지나치게 긴장을 하거나 공부한 내용이 잘 기억나지 않아 빚어지는 일이니 학생 탓만 할 수 없다.

학교의 학습계획표를 보고 한 단원이 끝나는 주에는 미리 움직이

자. 학생들이 상시평가를 잘 볼 수 있도록 지도해주고, 상시평가 대비에 관해 어머님과 상담을 진행해보라. 그러면 공부방 이미지가 높아지고 어머님의 믿음이 단단해진다. 한 발 앞서 학생의 내신 성적을 관리하고 어머님의 골치 아픈 문제를 해소해주는 공부방을 어찌 사랑하지 않을 수 있을까.

점수가 나오면 어머님이 연락하기 전에 메시지로 알려드리거나 전화상담을 한다. 이런 작은 정성과 노력은 어머님들의 신뢰를 무한 상승하게 만든다는 것을 잊지 말자.

단원평가 자료 무엇으로 만드나요?

학교에서 수업을 시작한 지 1주일이 지났다. 시험 볼 시기가 다가오고 있다는 뜻이다. 그렇다면 단원평가 준비를 어떻게 시작해야 할까?

우선 학생들이 잘 틀리는 유형의 문제, 교과서 단원평가에 나오는 문제, 기출문제집에 나오는 문제들을 정리한 후 단원평가 대비 프린트를 만든다. 요즘은 족보닷컴, 매쓰 플랫, 공방, ACA(천재교육), 매쓰 프로, 메타 수학, 수학 플러스 러닝 등 같은 온라인 사이트도 있으니 이런 사이트도 적절히 활용한다.

문항 수는 15~20문제(가급적 20문제)를 뽑는다. 학생의 수준에 따라 조금씩 다르게 해도 좋지만 기본적으로 70% 정도는 같은 문제로 한다. 학교시험이 학생별로 난이도가 다르지 않으므로 난이도가 높은 문항 몇 개를 제외하고 같은 문제로 만든다. 물론 이 시험 프린트는 이번

★ 단원평가 자료 만들기 – 수학　　★ 단원평가 자료 만들기 – 영어

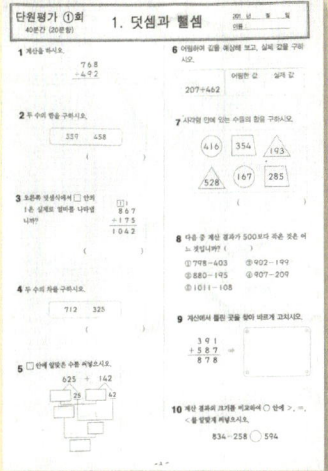　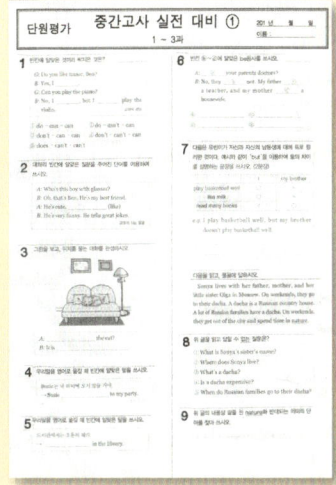

▲ 문항수는 가급적 20문제. 난이도는 중 ~ 중상 중심으로 학교 단원평가 수준으로 만듭니다.

▲ 온라인 사이트보다는 교과서와 학교별 수업프린트를 적절히 활용하는 것이 효과적입니다.

주에 풀리고 다시 한 번 오답 문제 복습을 시킨다.

　단원평가 시험 자료의 난이도는 중~중상 중심으로 출제하는 것이 좋다. 학교에서 보는 단원평가 수준으로 말이다. 너무 어렵게 출제하는 것은 학생들의 자신감에도 실제 단원평가 시험에도 도움이 되지 않는다.

　학생들의 성적을 관리한다는 것은 단순히 수업만 열심히 하면 되는 것이 아니다. 학습-시험 계획을 세우고 성적을 꼼꼼히 관리해 주는 일까지를 말한다. 한 달 잘 가르치고도 한 시간 시험을 망친다면 모든 게 허사가 된다. 학생은 떠나고 학부모님들은 실망감만 전파한다. 뼈아픈 경험은 한 번으로 족하다. 다시는 같은 실수를 하지 않는 것이 중요하

다. 학부모와 학생보다 한 발 앞서 계획하고 실천하자.

★ 단원 평가 대비 – 맞춤교육

전체적인 실수가 많은 학생 유형

시험 범위 단원평가를 매일 25~30문제 정도를 정해진 시간(초등 30분 / 중등 35분) 안에 정확히 풀도록 습관을 들여 준다. 주어진 시간 안에 다 했다고 해서 채점을 바로 하기보다는 검토하는 시간을 가질 수 있도록 지도해 주자.

특정 단원이 약한 학생 유형

시험 범위 단원평가 문제 중 중요 10~15문제 문제+학생이 취약한 단원 문제 10~15문제 정도로 문제를 만들어 풀린다. 학생이 잘하는 부분을 계속해서 풀려 주기보다는 자주 틀리는 단원과 문제 유형 중심으로만 집중 관리를 해주어야 한다.

본인 학년보다 실력이 떨어지는 학생 유형

기본 문제 중심으로만 모아서 반복적으로 풀려준다. 틀린 문제에 대해서는 왜 틀렸는지 설명을 해주고 본인이 문제 밑에 다시 한 번 틀린 이유를 정리해 보도록 하는 것도 좋다. 이런 학생들은 중~상위 난이도의 문제를 풀려 준다고 해서 실제 시험에서 효과를 보지는 못한다. 스스로 풀 수 있는 기본 난이도의 문제들을 풀게 해 자신감부터 심어주는 것이 무엇보다 중요하다. 공부의 흥미는 자신감에서부터 출발하기 때문이다.

학부모 총회와 면담 때 어떻게 홍보하나요?

초보 선생님들에게는 입회 한 명 한 명이 소중하다. 그런데 앉아서 입회전화만 기다릴 수도 없고, 이른바 '전단지 직투'도 어렵고, 2월 교육 설명회 개최는 더더욱 자신이 없다. 이럴 때 헤쳐 나갈 방법이 있다.

3월에는 대부분 초등학교에서 '학부모 총회 및 개별 학부모 면담'을 실시한다. 그냥 학부모 총회 날 학교 앞에 나가기만 하면 학부모를 만날 수 있는 기회인 셈이다. 특히 직장을 다니는 어머님들은 다른 학부모와 소통이 적기 때문에 공부방 정보를 주면 아주 반가워한다.

"저도 학교 앞에서 홍보 해봤어요. 학생들이 홍보 선물만 받고 전단지는 버리고 가요."

"맞아요. 제 경우도 그랬어요. 제 전단지도 거리에 쫙 버려져 밟히고 있는데 그걸 보니 제 자존심이 밟히는 것 같더라고요."

그래서 첫 홍보가 중요하다. 학생을 대상으로 홍보했던 선생님들은 학교 앞 홍보를 싫어하는 경우가 많았다. 반면 학부모님을 대상으로 홍보한 선생님들을 달랐다.

자, '학부모 총회날' 학교 앞에서 어머님을 상대로 홍보 물품과 함께 전단지를 돌리자. 홍보 물품을 받아 가면서 관심을 보이는 어머님을 만났을 때는 더욱 뿌듯해진다. 전에 학교 앞에서 홍보물을 나눠주는 선생님을 본 적이 있다. 그저 아무 말도 없이 전단지와 물티슈만 나눠주고 있었다. 나는 속으로 '아르바이트생인가?'라고 생각했다. 하지만 알고 보니 그 분은 바로 공부방 선생님이었다. 홍보효과는 태도가 반이다.

처음에는 누구나 창피하다. 나 역시 그랬다. "안녕하세요. LG 자이 아파트의 보미쌤 공부방입니다."라고 자주 하다 보니 점점 목소리가 커져갔다. 그러니까 학부모님들도 홍보물을 더 많이 받아가고, 눈인사를 해주는 분들까지 생겼다. 공부방 커뮤니티 카페에서 서로 품앗이해줄 선생님들이 있으면 더욱 좋다. 내 지역일 때보다는 다른 지역에서 더 목소리가 크게 나온다. 신입생 한 명은 거저 늘지 않는다.

"나는 내성적이라서 이런 거 잘 못해요."라고 말하기 전에 "난 변화할 수 있어. 성격을 바꾸어 볼 거야."라고 외쳐보자. 나도 예전에는 "어머님" 소리도 나오지 않았다. 하지만 자주 부르고, 자주 마주치다 보니 이제는 내 친구들보다 어머님들과 대화하는 것이 더 즐거울 때가 많다. "보미 선생님은 애를 한 백 명 키워본 사람 같아요."라고 들었을 때 '아, 내가 전문가의 느낌을 주고 있구나.'라고 참 뿌듯했다. 심지어 주위 사람들에게 이 이야기를 자랑하고 다닌 기억이 난다. 누구나 초보인 시절은 있다. 그 초보 시절을 누가 빨리 벗어나느냐는 나의 노력 여부임을 잊지 말자.

그럼 학부모님 대상 홍보 물품은 무엇이 좋은지 살펴보도록 하자. 홍보 물품으로는 어머님들이 필요한 물품들 중 무겁지 않게 집으로 가져갈 수 있는 품목이 좋다. 절대 1회성 물품은 선택하지 말자. 어머님들이 집에 두고 계속 사용할 수 있는 물품으로 준비하는 것이 좋다. 물품에 공부방 이름과 연락처가 함께 들어가면 더욱 좋다. 홍보 물품을 판매하는 곳에서 소량 구입 시 공부방 이름과 연락처를 넣어 주지 않는다고 타박 말자. 스티커를 활용해서 홍보 물품에 공부방 이름과 연락처를 넣으면 된다. (금액이 높긴 하지만, 소량 물품을 인쇄해주는 곳도 있다).

홍보 물품 비추천

캔 커피, 커피믹스, 사탕, 쿠키, 휴지, 물, 교재 프린트 등 .

홍보 물품 추천

주방 세제, 위생 장갑, 지퍼백, 냄비 받침, 우유 밀폐용기, 매직 행주, 휴대용 약상자, 수세미, 부직포 시장 가방, 손난로, 밥주걱 등.

★ 1억 공부방의 비결 – 좋은 홍보물품

▲ 사고력 공부방다운 홍보물로 '사과 메모지'입니다. 전단지 봉투에 사과모양 메모지를 함께 넣으니 빠짐없이 받아가더군요. 다른 과일도 많은데 사과가 제일 리얼해요.^^ —리베 쌤

▲ 자석이라 현관문이나 엘리베이터에 착 붙이면 되니까 전단지보다 쉽고 편한데, 센터로고도 넣으니까 뭔가 있어 보이고요, 100장에 24,000원 정도라 가격도 참 착하죠. —리베 쌤

◀ 천연비누 만들어서 전단지 한 장 넣고 포장했어요. "어머님. 천연비누예요. 세스토킹클래스입니다." 하고 나눠주는데 옆의 아이들이 더 좋아하더군요. "오! 세스토킹 공부방 쌤?" 하면서 서로 받아가서 입소문 효과 좀 봤죠. 직접 비누 만들고, 하나씩 랩핑하는 데 시간과 힘이 많이 들었지만 홍보선물로 효과는 가장 좋답니다. —봄초맘 쌤〈세스토킹 클래스 왕선캠퍼스〉

★ 홍보 물품 구입처

1. 홍보 판촉물 사이트 〈퍼줌〉
   http://www.perzoom.co.kr

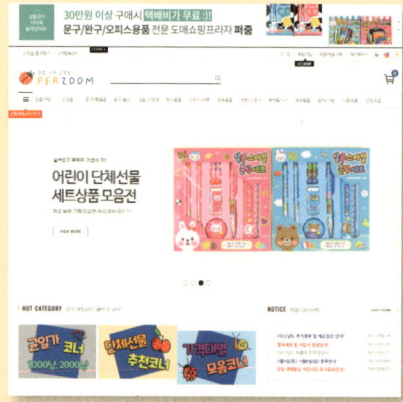

2. 홍보 판촉물 사이트 〈보물79〉
   http://www.bomul79.com

3. 홍보 판촉물 사이트 〈도매꾹〉
   http://domeggook.com

◀▲ 홍보는 지속적으로 꾸준히 해야 효과를 봅니다. 몇 번의 홍보로 연락이 폭주하면 이 세상에 망할 자영업자는 없겠지요. 얼마나 지속적으로 노출이 되느냐가 관건입니다. 해당지역과 계절에 맞는 새로운 홍보물품에 늘 관심을 갖고 효과적으로 활용해보자고요.

3월 공부방 운영 체크리스트

	공부방 운영 업무	예	아니오	반성할 점
홍보	학교 앞 직접 홍보를 진행하였나요? (홍보 물품 + 전단지 홍보)			
	전단지 / 현수막 홍보를 진행하였나요?			
	블로그 또는 카톡, 인스타를 활용한 홍보를 진행하였나요?			
	공부방 이벤트 또는 설명회를 진행하였나요?			
	공부방 안내문(소식지)를 월 2회 이상 발송하였나요?			
상담 / 학습	학부모님과 월 2회 이상 상담을 진행하였나요?			
	학교 진도 사항 & 시험 진행 내용을 체크하였나요?			
	학교 행사 등을 체크하였나요?			
	학생들과의 친밀도를 높이기 위한 노력을 하였나요?			
	주 1회 이상 학생들을 위한 수업 프린트물을 제작하였나요?			
	교재를 직접 채점하고 학생의 취약 부분을 정리해 두었나요?			
	학생의 질문에 화를 내지 않고 설명을 잘 해주었나요?			
	학생들이 문제를 충분히 생각할 수 있게 시간을 주었나요?			
	숙제 검사를 철저히 하였나요?			
경영	공부방 매출·매입 영수증을 모두 챙겨 두었나요?			
	공부방 가계부를 작성하였나요?			
	월 입회 학생 목표를 달성하였나요?			
	밀린 회비 없이 교육비 입금을 모두 확인하였나요?			
자기 관리	교육 정보에 대해 주 1회 이상 찾아보고 자료를 수집했나요?			
	하루에 3시간 이상 교재를 직접 풀어보았나요?			
	수업 준비를 위한 시간을 하루 1시간 이상 투자했나요?			

 성공하는 공부방 열두달 운영비법

4월

4월 핵심 요약

중간고사 준비와 자료 정리는 어떻게 하나요?
국어, 수학, 사회, 과학의 경우 한 학기 분량의 반 정도를, 영어는 1~3과 정도를 중간고사 범위로 예상하면 된다. 시험 범위를 정했으면 주차별로 복습 계획을 세워 진행해 나간다.

중간고사 2주 전 시험 대비는 어떻게 하나요?
우선 시험 2주 전까지 모든 시험 범위 공부를 끝낸다. 그리고 중간고사 전 2주는 총 복습 및 기출 문제 풀이 기간이다.

시험 결과에 어떻게 대응해야 할까요?
나의 작은 행동과 말이 학생들에게는 잊지 못할 상처가 될 수 있다. 특히 시험 전후에는 더욱 조심하도록 노력해 보자.

학습자료 준비 등 선생님들의 노력을 부모님들께 알려야 하나요?
처음이 어렵고 힘들지 계속 상담을 진행하면 노력하는 선생님의 모습으로 학부모님에게 비쳐질 수 있고, 학부모님들과의 관계도 훨씬 좋아진다.

4월
주간고사 미리미리 준비하기

4월은 5월 중간고사를 준비하는 달이다. 요즘 초등학교 중에는 수행평가와 상시평가를 보는 학교도 있지만 아직까지 중간고사와 기말고사를 보는 학교도 많다. 중·고등학교는 중간고사와 기말고사를 계속 본다.

새 학기 첫 시험이기 때문에 5월 중간고사의 결과는 아주 중요하다. 공부방의 기존학생들은 물론이고 겨울방학 때나 심지어 3월에 입회한 학생들도 중간고사에서 점수가 올라가길 바란다. 일주일을 다녔어도 성적이 오를 거라 믿는 학부모님들을 어찌 막으랴.

그래서 선생님들은 시험준비에 예민해져 살이 팍팍 찌거나, 쭉쭉 빠지거나 한다.

아. 정말 선생님들에게 4월은 잔인한 달이다.

나도 공부방 운영 초기에는 시험에 대한 스트레스가 엄청났다.
수업이 끝난 후에도 잠이 오지 않았다. 뜬눈으로 여러 교재들을 섞어 가면서 시험 대비 프린트를 만들고 (그때는 온라인으로 콘텐츠를 제공해주는 곳이 거의 없었다) 학생별로 교재를 살펴보면서 틀렸던 문제들을 모두 오려서 짜깁기한 후 오답 프린트를 제작했다. 신경이 곤두서 학생들에게도 날카로운 모습을 자주 보여주었다. 이렇게 30~45일 정도를 지나고 나니 기운도 쭉 빠지고 살도 쪽 빠져 있었다.

그런데 설상가상으로 중간고사 성적이 기대보다 낮게 나온 경우에는 표정관리가 안됐다. 실망감이 얼굴에 그대로 드러나니 가뜩이나 성적이 오르지 않아 속상한 학생에게는 얼마나 상처가 됐을까. 그러니 학생들도 공부방에 오는 것이 즐겁지 않고, 두 달에 한 번 시험 때마다 선생님의 날카로운 모습을 반복적으로 보게 되니, 분명 나는 최악의 선생님으로 여겨졌을 것이다. 게다가 시험기간이라도 공부방에 3~5시간씩 남겨 공부를 시키니 결국 학생은 이런 스케줄에 질려 퇴원을 하고 말았다.

그럼 어떻게 시험에 대한 스트레스를 줄일 수 있을까?

시행착오 끝에 알아낸 해답은 간단했다. 평소에 철저한 복습을 시키는 것이다. 물론 선생님과 학생과 어머님이 한마음이 되어 진행해야 하는데 과연 가능할까.

그래서 이번 이야기는 '중간고사에 현명하게 대처하는 법'이다. 그것도 주차별, 과목별로 알아보자.

중간고사 준비와 자료 정리는 어떻게 하나요?

중간고사 준비의 시작은 '시험범위 정하기'이다. 아직 학교에서 시험범위가 발표되지 않았다고 해서 걱정할 필요 없다. 국어, 수학, 사회, 과학의 경우 한 학기 분량의 반 정도를, 영어는 1~3과 정도를 중간고사 범위로 예상하면 된다. 반 정도로 예상해야지만 시험 직전 무리하게 공부시키지 않을 수 있다. 물론 시험범위가 예상보다 줄어들면 더욱 좋다.

시험 범위를 정했으면 3월까지 수업 진도 나간 부분에 대해서 주차별로 복습 계획을 세워 진행해 나간다. 학생들은 주기적으로 복습해주지 않으면 학습한 내용에 대해서 잊어버리는 습관(?)을 가지고 있기 때문이다. 에빙하우스의 망각곡선을 보듯이 말이다.

3월까지 수학은 2단원까지(2주에 한 단원 학습), 사회와 과학은 대단원 하나까지, 영어는 2과, 국어는 4단원까지 학습이 완료돼 있어야 한다. 이 선행 학습한 내용에 대해서 철저한 복습을 진행하면서 남은 시험 범위까지 학습을 마무리한다. 시험대비 2주를 목표로 수업을 진행한다.

사회와 과학은 암기 과목이라 같은 문제를 반복적으로 풀기보다는 중요 내용을 기억하고 있는지를 확인한다. 매주 이전 학습 내용까지 누적해서 주관식과 서술형으로 과목당 10~15문제 정도를 만들어 풀린다. 학습 내용을 기억할 수 있도록 복습 습관을 길러주는 것이 중요하다.

국어는 암기 과목이 아니다. 기존 교재와 다른 출판사에서 나오는 국어 교재 2~3개를 참고해 학습한 내용까지 문제를 반복해서 풀린다.

본문 내용 이해를 기본으로 말이다.

수학의 경우 수학 익힘책 수준으로 같은 유형의 문제를 배운 내용까지 매주 반복적으로 풀린다. 학교시험 수준이 수학 익힘책에서 크게 벗어나지 않고 학생들이 비슷한 문제의 유형을 반복적으로 풀어봐야 시험 때 당황하지 않고 실수 없이 문제를 해결할 힘이 생긴다. 만약 학교시험이 익힘책 수준보다 어렵게 나오는 학교라면 복습 프린트 문제 중에서 2~3문제 정도는 난이도를 높여서 풀린다. 그리고 프린트에서 틀리는 문제들은 반드시 오답 노트로 다시 한 번 복습시켜 학생의 실력을 다져주자. 또한 학교의 기출문제도 매주 프린트 학습을 진행하는 것이 좋다.

영어는 교과서 본문을 정확히 파악하는 게 가장 중요하다. 영어 시험 1~2주 전에 본문 암기를 열심히 하는 친구들이 있는데 이렇게 하면 일정 점수 이상을 받기는 힘들다. 이 습관이 장기화되면 학년이 올라갈수록 성적 유지와 향상에도 전혀 도움이 되지 않는다. 본문 내용 이해와 암기는 그 과를 학습하는 동안 마무리돼야 한다. 그리고 복습을 통해서 그 기억을 장기화할 수 있도록 도와주야 한다.

영어의 경우 매주 프린트를 통해서 영영 풀이 1~2문제, 본문 내용 빈칸 넣기 10~15문제, 문법을 활용한 서술형 문제 2~3문제 정도를 반복해서 풀린다. 문법에 대한 정확한 이해가 없으면 문제를 풀 때 확신 없이 답을 찍는 경우가 많다. 학생이 배운 내용을 정확히 이해하고 활용할 수 있는지를 세심하게 관찰하고 확인해야 한다. 배운 내용에 대한 종합 복습이니 4월에는 2과까지를 중심으로 3과를 10~20% 정도 출제해서 복습시킨다.

★ 초등 복습 프린트 만들기 – 사회

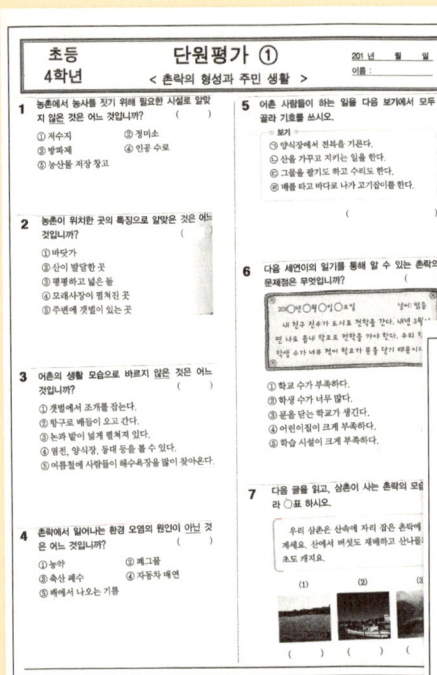

◀ 사회는 암기과목이라 반복적으로 풀기보다는 중요 내용을 기억하는지 확인하는 것이 목표입니다. 이전 학습 내용까지 계속 누적해가며 주관식과 서술형으로 10~15문제 정도를 매주 풀립니다.

★ 초등 복습 프린트 만들기 – 국어

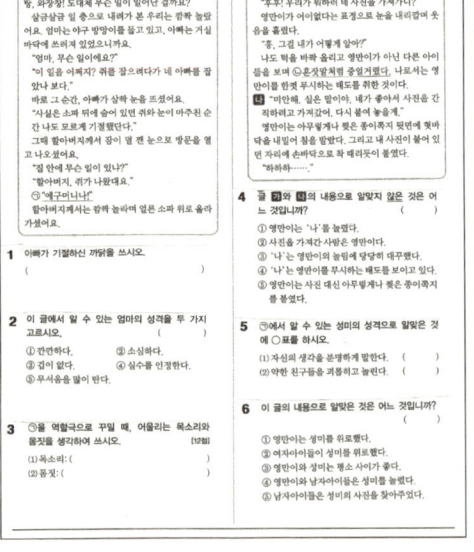

★ 초등 복습 프린트 만들기 – 과학

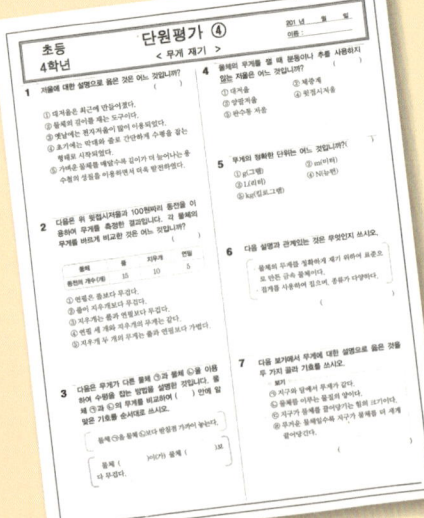

▲ 국어는 암기과목이 아니라 이해력을 높이는 게 중요합니다. 기존 교재와 다른 출판사에서 나오는 국어 교재 2~3개를 혼합하여 문제를 냅니다. 기본적인 독해력과 이해력을 높이는 게 주요 목표입니다.

◀ 과학도 암기과목이라 핵심 내용과 과학개념 정의 등을 기억하게 하는 것이 목표입니다.

★ 초등 복습 프린트 만들기 – 수학

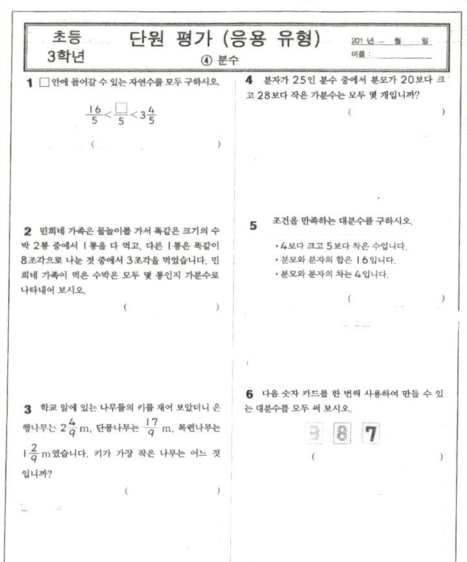

◀ 학교시험 수준이 수학 익힘책 수준이기 때문에 익힘책 수준의 유형문제를 매주 반복적으로 풀립니다. 만약 학교시험이 익힘책 수준보다 높다면 2-3개 문제는 난이도를 높이고, 틀리는 문제는 반드시 오답 노트로 복습해야 합니다.

★ 중등 복습 프린트 만들기 – 영어

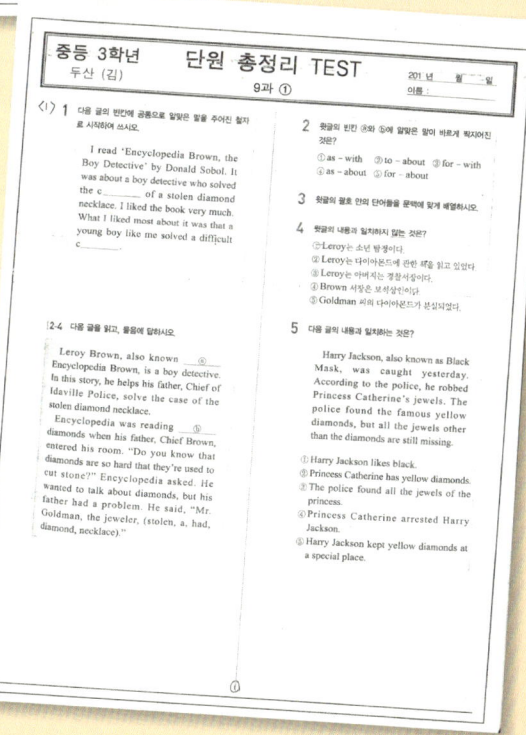

▶ 본문을 정확히 파악하는 것이 가장 중요합니다. 영영 풀이 1~2문제, 본문 빈칸 넣기 10~15 문제, 문법을 활용한 서술형 문제 2~3문제를 반복해서 풀립니다. 특히 문법에 대한 이해가 없으면 소위 찍어서 감으로 답을 쓰는 경우가 있는데 이것을 정확하게 체크하고 확인해야 합니다. 간혹 통으로 교과서를 외우는 경우가 있는데 이것은 단기간 성적을 올릴지는 몰라도 영어실력 향상은 제로일 경우가 많습니다. 본문에 대한 이해력을 높이는 훈련이 가장 중요하다는 것을 잊지 말고 지도해야 합니다.

학생의 성적을 단기에 향상시키는 것은 쉽다. 하루에 몇 시간씩 남겨서 많은 양의 문제를 풀리고 중요 문제를 찍어 기계적으로 암기시키면 된다. 하지만 이 학생이 내 손을 떠나 혼자서 공부할 때를 생각해보자. 보이지 않던 끈이 풀리면서 학생은 공부에 흥미를 잃게 되고 성적이 떨어지면서 좌절감을 맛보게 된다. 학포자(학습포기자)가 되지 않도록 학생을 돕고 싶은가? 그렇다면 벼락치기 학습만은 막아라. 복습 습관(자기주도학습)과 복습의 중요성에 대한 인식을 심어주어라. 학생 스스로 이런 습관과 생각을 가지도록 좀더 부지런하고 열정적인 선생님이 되자. 이 노력이 대기자를 만드는 공부방의 비법이다.

중간고사 2주전 시험 대비는 어떻게 하나요?

시험 2주전까지 일단 모든 시험범위 공부를 끝냈다. 남은 것은 중간고사 전 2주 동안 '어떻게 공부하느냐'이다.

그런데 이쯤 되면 선생님은 한편으로 불안해지기 시작한다.

"시험기간에 다른 공부방들은 어떻게 운영하고 있을까?"

"다른 공부방보다 어떻게 더 많이 공부를 시켜야 하지? 지금 내가 하고 있는 게 맞는 걸까?"

이런 고민들을 생각조차 나지 않게 만드는 가장 좋은 공부방 운영 방법이 있다. 자, 중간고사 전 2주의 기간은 '총 복습 및 기출 문제 풀이'에 전념하면 된다. 과목별로 선생님만의 특별한 기출문제 프린트 신공을 발휘할 때가 됐다.

수학의 경우를 보자.

1주일은 교과서와 익힘책 유형의 문제를 반복적으로 풀게 하면서 학생이 자주 실수하는 유형의 문제를 확인하고 개념을 다져주는 수업을 진행한다. 남은 1주일은 학교 기출문제 유형과 오답문제 유형의 문제를 뽑아 반복적으로 풀려준다. 문제 수는 25문제 정도로 문제 푸는 시간도 체크해 준다. 예를 들어 초등학생은 문제 푸는 시간을 학교 시간보다 5분 적은 35분을, 중학생은 40분을 준다. 그렇게 문제 푸는 훈련을 해두면 학교시험을 볼 때 시간이 부족해서 못 풀었다는 소리를 하지 않는다. 평소 이런 훈련이 되지 않은 학생들은 시간 배분법을 몰라 시험 중 막히는 한 문제에 너무 많은 시간을 소비한다. 그 탓에 뒷부분 문제를 못 풀거나 급하게 풀다가 실수하는 경우가 많다.

이번엔 영어를 어떻게 공략할까.

영어는 1주 동안 시험 범위까지의 단어와 본문 암기에 집중하면서 그 과에 해당하는 단원평가 문제를 풀어간다. 물론 본문에 대한 암기는 시험 대비 기간에 벼락치기로 하기보다는 학교 진도에 맞추어 미리 진행해둔다. 본문에 대한 학습이 마무리되면 남은 1주 동안에는 학교 기출 문제를 반복적으로 풀어보면서 시험에 나올 만한 유형의 서술형 문제를 푸는 데 집중한다. 특히나 영어는 서술형 문제에 대해 어려움을 가지고 있는 학생들이 많기 때문이다. 영어 성적을 상위권으로 올려놓기 위해서는 학생들이 서술형 문제에 자신감을 갖도록 지도하는 것이 무엇보다 중요하다.

암기 과목의 경우는 어떻게 할까

1주 동안에는 개념 학습을 총정리 하면서 문제 풀이를 반복한다. 남은 1주 동안에는 서술형 문제 유형을 많이 풀어보면서 개념을 학생의 것으로 만들어 주자. 눈으로 개념을 보는 것보다는 서술형 문제를 통해 개념을 직접 정리해 써내려가는 학습이 시험을 볼 때는 더 도움이 된다.

방금 전 과목별로 선생님만의 "특별한 기출문제 프린트 신공을 발휘할 때가 됐다."고 했다. 어떻게 선생님만의 시험 프린트를 만드는지 노하우를 공개해본다.

★ 교과서 시험문제 유형 만들기

1. 교과서에서 단원평가 유형의 문제를 복사한다.
2. 2~3권의 교재에서 교과서 & 익힘책 유형의 문제를 복사한다.
3. ②번과 ③번에서 복사한 문제 중 중요한 문제들을 오려서 시험지에 붙인다.
4. 학생들이 틀렸던 문제는 숫자를 바꾼다(학생들의 교재에서 문제를 뽑을 경우).
5. 만든 문제지를 복사해서 풀린다.

★ 시험 프린트 만드는 요령

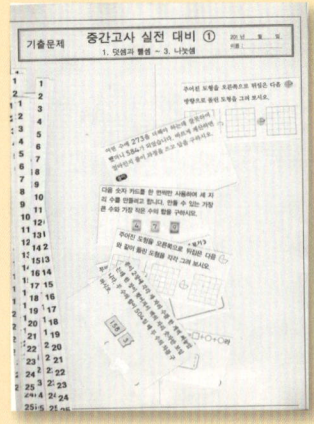 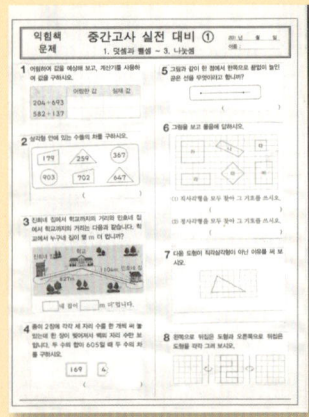

▲ 문제는 하나씩 프린트해 오려서 단원별 유형별로 묶음으로 갖고 있는 것이 편합니다. 번호 역시 여러 개를 프린트해서 묶음으로 갖고 있으면 프린트 만드는 시간을 많이 줄일 수 있답니다.

★ 기출 문제 시험지 만들기

문제은행 사이트를 이용한다.

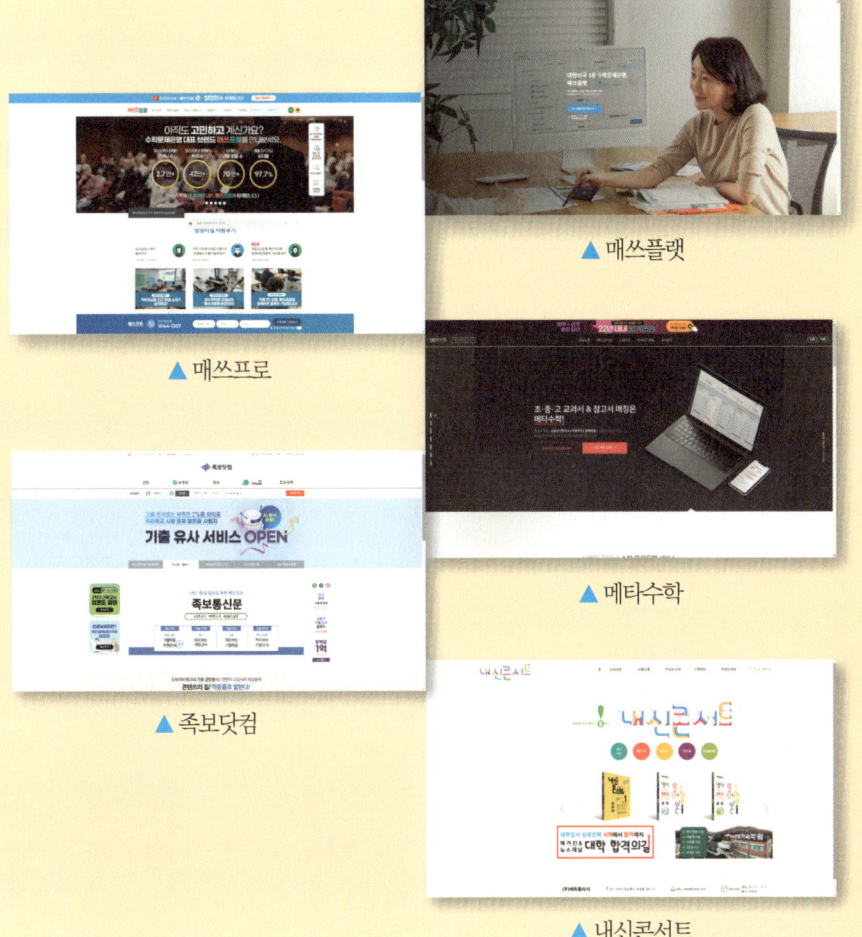

▲ 매쓰프로

▲ 매쓰플랫

▲ 메타수학

▲ 족보닷컴

▲ 내신콘서트

▲ 난이도는 학생의 수준에 따라 다르게 해도 좋지만 전체적으로 중위권-중상위권 중심의 문제로 출제합니다. 상위권 문제는 2~3문제만 출제합니다.

물론 서점에 나가보면 책들은 많다. 단원평가, 중간고사 예상 문제, 기출 문제 모음 등등. 하지만 1억 공부방의 선생님들은 내 아이들에게 딱 맞는 교재를 줄 수 있어야 한다고 한결같이 강조한다. 한 번을 풀어도 최고의 효과를 얻기 위해선 선생님의 노력이 들어가야 한다는 것이다. 지금 이 글을 읽는 선생님 중에서도 '그걸 어떻게 해?', '시간이 가능한가?' 등 의문을 제기하는 분들이 있다. 이런 평가 문제들을 만드는 선생님들은 한가해서 만들어 주는 게 아니다. 자는 시간을 쪼개가면서 만드는 것이다. 교육 사업을 하는 분이라면 당연히 투자해야 하는 시간이 아닐까.

시험 결과에 어떻게 대응해야 할까요?

시험 준비를 열심히 한 만큼 시험 결과에 대한 기대감은 커진다. 나도 공부방 운영 초기에는 학생들 시험 전날에 잠도 제대로 이루지 못했다. 내가 학창시절 시험 보았던 것보다 몇 배는 더 긴장되고 마음 졸이면서 학생들의 시험 결과를 기다렸다.

학생들에게는 "시험 결과 나오면 바로 전화해라." "침착하게 풀어라." "문제 꼼꼼히 읽어라." "실수하지 마라." 등등 잔소리꾼이 되어 버린다.

학생들이 공부방에 도착하면 제일 먼저 하는 소리도 "시험 잘 보았어? 쉬웠니, 어려웠니?" "점수는?" 등등 결과에 집착하는 모습을 보였다. 물론 학생들도 시험 당일에는 기분 좋게 대답한다. "잘 본 것 같아요." "정말 쉬웠어요." "100점 같아요." 등등 자신감이 넘치는 소리를 한다. 그 말을 믿고 있다가 막상 시험 점수가 나오는 날에는 실망감이 몇 배로 크게 다가온다.

100점을 예상한 학생이 80~90점대를 받아오면 미간에 주름이 잡히면서 땅이 꺼져라 한숨을 쉰다. "왜? 어려운 문제 있었니?"라고 짜증 섞인 말이 절로 이어진다. 학생들은 그런 내 모습에 의기소침해서는 "모르겠어요." "실수했어요." 등등 변명을 늘어놓는다. 변명 아닌 변명을 들으면서 그 날 공부방의 분위기는 초상집보다 더 무거워진다. 한쪽 구석에서 눈물을 흘리면서 문제집을 푸는 학생도 있다. 눈물 흘리는 학생보다 더 마음이 아프고 속상한 나는 학생을 달래줄 마음의 여유도 없었다.

그렇게 실망감에 사로잡힌 학생들은 공부에 대한 흥미와 자신감도 함께 잃어버린다. '나는 공부에 소질이 없나 보다' '나는 해도 안 되는가 보다' 등의 자괴감에 빠져든다.

성적이 잘 나온 학생은 그 이상으로 오버해서 자신의 높은 성적을 자랑한다. 바보같이 선생님은 중심을 잡지 못하고 그 학생에게는 더 오버해서 기뻐해 준다. 다른 학생의 마음을 살펴보지 못하고 말이다.

이런 일을 겪고 나면 몇 개월 안에 퇴원생이 반드시 나온다. 나에게 상처받은 학생은 더 이상 이 공부방이 싫은 것이다. 공부를 잘 가르쳐 주고 못 가르쳐 주는 것은 중요하지 않다. 자신을 예뻐해 주지 않는 선생님이 있는 이 공부방이 싫은 것이다.

물론 그냥 그만두지는 않는다. 어머님들은 선생님을 원망하면서, 섭섭함을 마음껏 표현하면서 그만둔다. "아이가 시험 점수에 많이 속상해

하더라고요. 좀 달래주지 그러셨어요." "점수보다 아이 마음에 상처가 생긴 것 같아 기분이 좋지 않네요. 선생님 섭섭합니다." 등 마음을 뜨끔거리게 하는 말들을 한다.

나를 포함한 여러 초보 선생님들은 이런 엄청난 실수를 꼭 경험을 통해서 배운다. 씁쓸한 일이지만 그래서 이 책을 쓰는 것인지도 모르겠다. 이 책을 읽는 모든 공부방 선생님들이 나와 같은 실수를 하지 않고 학생들도 내 제자가 겪었던 아픈 기억을 가지지 않기를 바라면서 말이다.

나의 작은 행동과 말이 학생들에게는 잊지 못할 상처가 될 수 있다. 특히 시험 전후에는 더욱 조심하도록 노력해 보자. 선생님 자신의 몸과 정신 건강을 위해서도 말이다.

★ **시험 결과 후 실망하는 학생들에게 해주면 좋은 말과 행동**
1. "열심히 노력한 과정이 너무 예쁘고 멋졌으니까 괜찮아. 다음에는 실수를 줄일 수 있는 방법을 알려 줄 테니 지금처럼만 열심히 따라오렴. 잘했어~."
2. "선생님 마음속으로 너는 100점 이상이야. 선생님이 ○○이가 얼마나 열심히 준비했는지 알고 있으니 속상해하지 마렴. 다음 기말고사 때는 ○○이가 1등일 꺼야. 샘은 확신해."
3. "○○ 이도 실수한 부분이 아쉽지? 이제는 빨리 풀려는 습관을 고치기만 하면 된다. 남은 학기 동안 노력해 보자. 그 외에는 너무 잘했어. 파이팅이다.^^"

학습자료 준비 등 선생님의 노력을 부모님들께 알려야 하나요?

예전에는 혼자서 프린트를 만들고 아이들을 하루에 몇 시간씩 잡고 공부를 가르치기도 했다. 학생들의 성적이 잘 나올 때는 덩달아 기분이 좋아졌다. 반대로 기대했던 성적 이하로 결과가 나올 때는 땅이 꺼져라 한숨을 쉬면서 우울했던 날들이 있었다.

그때 나를 더욱 힘들게 했던 것은 학부모님들이었다. 성적이 잘 나오면 당연하다는 듯이 연락이 없었다. 부모님이 성적 잘 나와서 수고했다고 옷을 사주었다, 게임기를 사주었다, 외식을 했다 등등의 말을 학생을 통해 전해들을 때는 '내가 얼마나 노력을 해서 성적을 올려주었는데 전화 한 통이 없나. 쳇!'이라고 생각하기도 했다. 물론 이 정도는 넘어갈 수 있다.

성적이 조금 올랐거나 떨어진 학생들은 지금껏 경험해 보지 못한 과도한 스트레스를 나에게 선사해 주었다. 시험 결과가 나온 날 바로 전화를 해서 아이의 성적이 마음에 들지 않는다고, 선생님 섭섭하다는 말씀들을 하실 때는 가슴이 막혀 죽을 것 같은 기분이 들었다. 더 심한 경우는 '오늘까지만 다니려고 합니다. 교재 챙겨서 보내주세요.'라고 문자 메시지로 통보하는 어머님들이었다. 학생이 와서 물어보면 "엄마가 점수가 그게 뭐냐고~ 다른 학원으로 옮긴데요."라고 어머님의 말을 전했다. 얼굴이 화끈거리고 자존심이 상하고 화도 치밀어 올랐다. '자기 아이의 상태는 전혀 모르고, 내가 그렇게 시간을 들여서 기본기를 잡아 놓았는데 한 번의 시험 결과를 보고 이렇게 나를 평가하다니…' 공부방 선생님이라는 직업 자체에 회의가 생겼다.

　50점대의 학생을 열심히 가르쳐서 80점대로 올려놓았는데 "그게 점수냐? 다른 곳으로 옮겨야겠다."라는 것은 자기의 아이가 천재라도 되는 줄 착각하는 말씀이다. 그 동안 내가 얼마나 학생의 수준에 맞추어서 문제집을 고민하고 프린트를 뽑고 개별 지도를 하면서 실수를 잡아 주었는데. 그런 노력은 생각지도 않고 학생의 성적이 마음에 들지 않는다는 이유로 다른 공부방으로 옮기다니. 이것은 학생을 망치는 결과만 가져올 뿐이라고 마음속으로 강하게 외쳤다. (공부방이라는 직업이 1인 운영체재이다 보니 딱히 누군가에게 이야기하기는 어려운 구조이다).

　이런 일이 반복되다 보니 점점 공부방 운영에 대해 지쳐가는 나를 발견하게 되었다. 그래서 내 스트레스라도 풀자는 마음으로 매주 학생의 학습 상황과 내가 프린트해 주고 티칭해 주는 부분에 대해서 자세하게 어머님들께 말씀드리기 시작하였다. 물론 학생들에게도 생색을 많이 내면서 프린트를 나누어 주었다.

"어머님~ 이번 주에 혼합계산 부분을 공부하는데 승훈이가 계산 실수가 많이 나와서요. 서술형 문제 유형을 많이 풀기 전에 매주 승훈이한테 맞춘 혼합계산 계산력 향상 프린트를 매일 풀릴 계획입니다. 만약 공부방에서 다 하고 가지 못한 날은 남겨서 시키거나 숙제로 내 줄 계획이니 집에서도 꼭 체크해 주세요."

"어머님. 진주가 빈칸 추론하기 문제를 몇 주 동안 반복을 하고 있는데 아직도 오답이 생기고 있습니다. 지문을 정확히 파악한 후 답을 결정해야 하는데 문제를 급하게 보고 결정하는 습관이 아직도 있습니다. 만약 이번 주도 실수가 나올 경우에는 나머지 학습이 들어갈 수 있으니 협조 부탁드립니다."

"얘들아~ 샘이 다른 학교에서 자주 출제되는 중요한 유형 문제를 어제 새벽 4시까지 모으고 정리해서 만들었다. 다른 친구들에게는 절대 보여주지 마라. 정말 샘이 어렵게 구한 거다."

등등 내 노력에 대해서 자랑 같은 생색을 냈다.

이렇게 학습 내용, 보충 내용, 공부방에서 진행하고 있는 프린트에 대해서 설명을 하니 시험 때는 수고한다면서 간식거리도 사다주는 분들이 늘어났다. 그리고 시험을 보고 난 후에는 어머님이 전화하기 전에 미리 전화를 했다. 점수가 잘 나온 학생 어머님에게는 학생이 그 동안 어떻게 노력을 했으니 많이 칭찬해 주시라고 먼저 말씀을 드리고, 점수가 생각만큼 오르지 않거나 점수가 떨어진 학생은 왜 그런 결과가 나왔는지 원인에 대하여 설명하고 다음 시험에서는 어떤 부분을 신경 써서 진행할 것인지에 대한 대략적인 학습 계획에 대해서 상담해 드렸다. 그렇게 선 상담(어머님이 전화를 주시기 전에 먼저 상담을 진행)을 하고 나니 퇴원생도 줄어들고, 오히려 입소문이 나기 시작하였다.

자랑을 하라는 게 아니다.

선생님의 노력과 정성은 알려야 한다. 알려야 알게 된다.

★ 1억 공부방의 비결 – 어머니들의 적극적 신뢰

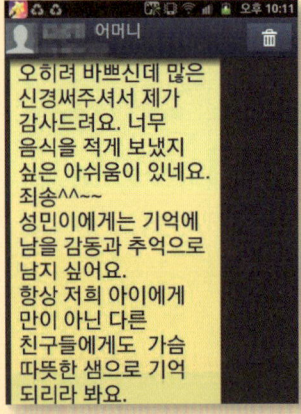 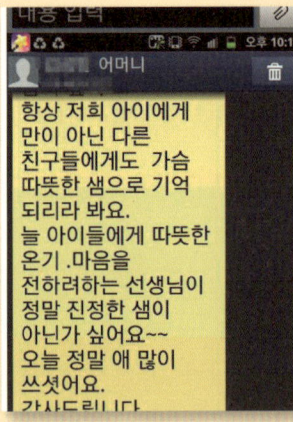

◀ 아침에 전화 한 통이 왔어요. 아이가 올백 맞았다고 선생님 감사합니다고 하시네요. 그리고 공부방 아이들에게 피자와 치킨을 모두 쏘고 싶은데 애들이 모두 몇 명이냐고요^^." 맛있고 즐겁게 파티하고 사진과 문자 보내드렸더니, 어머니로부터 감사 답장이 왔습니다. 너무 감동 받아 눈물이 나오더라고요. 어머님의 믿음에 보답하려면 더 힘을 내야겠죠. ─ 친쌤〈내공스터디〉

★ 1억 공부방의 비결 – 학생, 부모, 선생님이 함께하는 올백파티

▲ 전교1등과 올백 몇 명이 나오니 이번에도 파티를 했어요. 제가 물론 음식준비를 하는데, 역시나 감사하다고 어머니들로부터 피자 등 파티선물이 도착합니다. 서로서로 감사하고 신뢰를 주고받으니 더욱 힘이 납니다. ─ 주디 쌤〈조이홈스쿨〉

4월 공부방 운영 체크리스트

	공부방 운영 업무	예	아니오	반성할 점
홍보	전단지 / 현수막 홍보를 진행하였나요?			
	블로그 또는 카톡, 인스타를 활용한 홍보를 진행하였나요?			
	공부방 이벤트 또는 설명회를 진행하였나요?			
	공부방 안내문(소식지)를 월 2회 이상 발송하였나요?			
상담 / 학습	학부모님과 월 2회 이상 상담을 진행하였나요?			
	시험 대비 상담을 진행하였나요?			
	학교 진도 사항 & 시험 진행 내용을 체크하였나요?			
	학교 행사 등을 체크 하였나요?			
	시험 대비 보충을 진행하였나요?			
	학생들과의 친밀도를 높이기 위한 노력을 하였나요?			
	주 1회 이상 학생들을 위한 수업 프린트물을 제작하였나요?			
	교재를 직접 채점하고 학생의 취약 부분을 정리해 두었나요?			
	학생의 질문에 화를 내지 않고 설명을 잘 해주었나요?			
	학생들이 문제를 충분히 생각할 수 있게 시간을 주었나요?			
	숙제 검사를 철저히 하였나요?			
경영	공부방 매출·매입 영수증을 모두 챙겨 두었나요?			
	공부방 가계부를 작성하였나요?			
	월 입회 학생 목표를 달성하였나요?			
	밀린 회비 없이 교육비 입금을 모두 확인하였나요?			
자기 관리	교육 정보에 대해 주 1회 이상 찾아보고 자료를 수집했나요?			
	하루에 3시간 이상 교재를 직접 풀어보았나요?			
	수업 준비를 위한 시간을 하루 1시간 이상 투자했나요?			

 성공하는 공부방 열두달 운영비법

5월

5월 핵심 요약

어린이날 파티, 어떻게 하면 친해질까요?
파티 날짜는 평일보다는 어린이날 전주 토요일이 좋다.
아이들과 이야기를 하면서 함께 음식을 준비한다.

스승의 날 어떻게 맞이하나요?
학생들은 스승의 날을 핑계로 수업을 쉬고 함께 놀자고 조르는 경우가 있다.
이때 선생님의 올바른 선택은 중심을 잘 잡는 것이다.

보강 수업 할까? 말까?
정당한 이유가 있어서 빠지는 경우는 보강을 해주는 것이 맞다.
하지만 습관처럼 지각하고 결석하는 학생에 대한 보강은 해주지 않는 게 좋다.

5월 종합소득세 신고하기
종합소득세는 1년 수입과 지출에 대한 사업장현황신고(매년 2월 신고)를
바탕으로 종합소득세 신고 및 납부를 5월 31일까지 해야 한다.
세무서에 직접 가서 해도 되고, 홈택스로 할 수도 있다.

5월 ― 가정의 달 5월 설레는 마음

　　5월은 즐거운 가정의 달이다. 하지만 선생님들에게는 종합소득세를 신고해야 하는 달이고, 어린이날을 챙겨야 하며, 기말고사 대비 상담도 진행해야 하는 달이다.

　　종합소득세는 2월 사업자현황신고를 바탕으로 우편물이 집(공부방)으로 오면 그 내용을 가지고 진행하면 된다. 평소 영수증을 잘 모아두는 습관이나, 공부방 가계부를 작성하면 바쁘지 않게 신고를 마칠 수 있다. 공부방용으로 사용한 모든 비용 영수증을 따로 모아두거나 공부방용 사업자카드를 만들어서 그 카드로만 비용을 사용하면 따로 영수증을 모아두지 않아도 편하게 지출내역을 정리할 수 있다.

　　세금 신고보다 더 선생님을 지치게 하는 건 학생들의 들뜬 마음이다. 5월은 날씨도 좋고 여러 행사들도 많다. 때문에 학생들은 들뜬 마음을 주체하지 못한다. 초등학생들은 5월 5일 어린이날에 대한 기대감에 흥분을 감추지 못한다. 그래서 선생님들은 더 부담을 가지게 된다. 어떤 선물과 파티가 좋을지 혹시 내가 놓친 핫한 아이템은 없을까 싶어 매일 인터넷 서핑을 하고 다른 선생님들은 어떤 파티를 할까 은근히 신경(?) 많이 쓰인다.

또 5월은 학생들의 지각 횟수도 가장 많은 달이다. 특히 남학생들은 친구들과 축구나 운동을 하면 시간가는 줄도 모른다. 운동을 하고 온 아이들은 온몸의 땀이 마르면서 피곤해지기 때문에 당연히 공부방에서 집중하지 못한다. 그렇기 때문에 선생님들은 더 다독여줘야 하고 그만큼 스트레스도 많이 받는다. 아마도 그 스트레스를 날려 보내라고 5월에 스승의 날이 있는가 보다.

학생들이 풀어지는 것을 막으면서 공부에 집중할 수 있도록 평소보다 자주 대화하고 학생들을 더욱 반갑게 맞이하도록 하자. 행복하고 즐거운 기억을 많이 만들 수 있도록, 선생님도 5월을 오히려 즐긴다는 마음으로 출발해보자.

어린이날 파티, 어떻게 하면 친해질까요?

초등학생들이 1년 중 가장 기다리는 어린이날은 공부방 선생님에게도 의미 있는 날이다. 이날을 어떻게 보내느냐에 따라서 5월이 행복한 달이 될 수도 괴로운 달이 될 수도 있기 때문이다.

우선 어린이날 파티 준비를 해야 한다. 파티 날짜는 평일보다는 어린이날 전주 토요일이 좋다. 평일에 수업을 하지 않고 어린이날 파티를 하는 과감한 선생님들도 있다. 이렇게 학부모님들이 싫어하는 평일에 파티를 할 수 있는 선생님은 중간고사에서 학생들의 성적을 모두 올려준 당당한 분들이다. 그렇다 해도 평일 수업을 빠지면 보충을 해야 하니, 여러모로 토요일에 파티하는 것이 좋다.

파티 준비는 먹을 것 중심으로 한다. 학생들이 좋아하는 음식을 직접 만드는 분들도 있고 음식을 사서 준비하는 분들도 있다. 나는 아예 음식을 만드는 것부터 아이들과 함께 하는 것을 좋아한다. 준비과정 자체가 하나하나 잊지 못할 추억이 되고 특히 이런저런 이야기들을 속닥속닥 많이 할 수 있어 좋다.

파티 시작 2시간 전쯤 음식을 함께 만들 학생들을 부른다. 음식은 간편하게 먹을 수 있는 햄버거, 김밥, 미니 피자가 좋다. 햄버거는 마트에서 손쉽게 재료를 구입할 수 있어서 공부방에서는 원하는 재료를 잘 골라 넣어 만들기만 하면 된다. 김밥도 원하는 재료를 듬뿍 넣어서 재미있게 만들어 볼 수 있다. 마지막으로 피자는 인터넷에 '또띠아 피자 만들기'를 치면 간편하게 집에서 원하는 피자를 만들어 볼 수 있다.

중요한 건 이렇게 함께 음식을 만들고 파티를 하는 동안 아이들과 진심어린 대화가 이뤄져야 한다는 것이다.

★ 칭찬과 격려로 대화하기

보미쌤 : 지혜야 이번 중간고사 때 열심히 준비했으니 오늘 특별히 더 많이 먹어~.

오지혜 : 네~ 저 햄버거 두 개 먹을 거예요.

보미쌤 : 그래. 햄버거도 두 개 먹고, 피자도 두 개 먹고, 김밥도 먹어. 그래야 더 힘내서 열심히 하지.

오지혜 : 쌤~ 오늘은 공부 이야기 그만해요~아~~~~~.

보미쌤 : 공부 이야기 절~대 안해요. 오늘 공부 이야기는 하지 않고 재밌는 이야기 하고 게임할 거야.

오지혜 : 와~~ 재미있는 게임이요?

보미쌤 : 보드 게임 몇 가지 준비해 보았다. 하하하 일등 하면 상품도 있다. 이따 많이 먹고 힘내서 게임 도전해 보아라.

오지혜 : 넵!!

보미쌤 : 암튼 지혜 너무 이뻐~ 샘이 2장씩 하라고 했는데 매일 1장씩 더 하고 가고~ 그래서 평균도 많이 오르고^^

오지혜 : 근데 국어는 떨어졌어요.

보미쌤 : 괜찮아. 그럴 수도 있지. 대신 넌 열심히 했잖아. 이번에 노력한 것이 누적되어서 기말고사 때는 더 좋은 결과 있을 거니. 두고 봐라~

오지혜 : 진짜요? 와~~ 그럼 좋겠다.

보미쌤 : 샘이 보장한다. 그러니 홧팅!!!

오지혜 : 넵!!!

보미쌤 : 근데 이번에 너희 학교에서 수련회 어디로 간다고 하니?

오지혜 : 양평으로 간데요.

보미쌤 : 그래? 이번에 준비해 갈 것 많겠다.

오지혜 : 옷 사려고요. 나중에 봐 주세요.

보미쌤 : 물론 봐야지. 예쁘게 하고 가야지. 누구 제자인데~~

오지혜 : 하하하 네~

위와 같이 학생들의 노력에 대한 칭찬과 격려를 아끼지 않는다. 그리고 일상적인 대화를 통해 친밀감을 높인다. 음식을 함께 만들지 않는 다른 학생들도 파티 시작 1시간 전에 불러서 보드 게임을 하며 놀도록 하는 것이 좋다. 음식을 만들면서 바로바로 함께 먹어야 더 맛있고 즐겹게 서로 어울릴 수 있기 때문이다.

파티 후에는 모든 학생들에게 선물을 주면서 마무리한다. 어떤 선물을 줄 것인가? 선생님들은 매년 고민이 된다. 전에는 선물에 대해서 많이 고민했는데 학생들이 모두 다 만족하는 선물이란 세상 어디에도 없는 것 같다. 그 이후로는 학생들이 좋아하는 사탕, 초콜릿, 쿠키 등 여러 종류의 간식거리들을 모아서 예쁘게 포장해 주니 모든 학생들이 감사히 받아갔다. 역시 아이들은 먹는 것이 가장 좋은가 보다.

하지만 잊지 말자. 파티라고 해서 먹을 것만 후루룩 먹고 선물 주어 보내는 것이 아니라 평소 공부방에서 힘들었던 부분들, 학교 생활 등 마음속 이야기를 학생들과 나누자. 이렇게 함께 이야기했던 시간들은

★ 1억 공부방의 비결 – 어린이날 파티

▲ 어린이날 파티로 '2차 보드게임 페스티벌'을 펼쳤네요. 등수에 따라 선물도 준비하니 보드 게임에 쏟는 집중력이 놀랄 정도입니다.
— 주디 쌤〈조이홈스쿨〉

나중에 큰 힘을 발휘한다. 학생이 슬럼프에 빠졌을 때 현명하게 지나갈 수 있는 버팀목이 되고 슬기로운 해결책도 만들어준다.

★ 1억 공부방의 비결 – 어린이날 요리파티

▲ 어린이날 파티는 아무래도 아이들과 함께 요리 만들기가 가장 행복한 시간인 것 같아요. 또띠아 피자 등 요리하면서 친구들끼리도 또 선생님과도 아주 속닥속닥 평소에 못했던 이야기들을 많이 나눌 수 있으니까요.
— 민 쌤 〈민쌤 공부방〉

★ 1억 공부방의 비결 – 정성과 사랑의 선물

◀ 어린이날을 맞아 아이들 이름을 각각 새겨 넣은 머그컵에 간식거리를 포장해서 선물했더니 좋아하네요. 자신의 이름이 새겨져 있으니까 더욱 남다르게 느껴지나 봅니다.
— 해밀 쌤 〈해밀수학교실〉

스승의 날 어떻게 맞이하나요?

스승의 날에는 학생들이 어린이날 느끼는 기분을 선생님도 느낄 수 있다. 선생님도 스승의 날 전날 밤에는 살짝 마음이 들뜨기 마련이다. 선물을 바라서가 아니라, 정말 학생을 가르치는 선생님으로서 존경받는(?) 선생님들만의 날을 맞이하는 두근거림이라고나 할까.

평소 감수성이 예민하지 않은 나도 눈가에 눈물이 촉촉이 젖어들 때가 있었다. 학생들이 스승의 날 노래를 불러준 것이었다. 그 동안 학생들과 있었던 힘든 일들, 공부방을 운영하면서 속앓이했던 일들이 파노라마처럼 머릿속을 지나가며 나도 모르게 눈물이 났다. 그래서 나는 지금도 스승의 날 최고의 선물은 학생들이 불러주는 '스승의 날' 노래라고 생각한다.

그런데 이렇게 선생님이 감성적이 되면 학생들까지 들떠서 비상 상황이 발생한다.

"선생님, 오늘은 이야기하고 놀아요. 스승의 날이잖아요."

"쌤도 오늘 하루만큼은 쉬셔야 되요." 등등.

이때 선생님은 흔들리면 안된다.

"오늘은 스승의 날이니 선생님이 원하는 대로 예쁘게 공부하는 모습을 보이자. 평소보다 몇 배로 수업에 집중하고, 실수하지 않고 문제 꼼꼼히 푸는 거야. 그러면 선생님은 오늘 눈물 나게 기쁠 것 같아."

처음에는 "에이~그래도 놀아요." 등의 반발도 있지만 곧 분위기가 가라앉고 수업에 집중한다. 이렇게 선생님이 중심을 잘 잡아야 한다. 만약 학생들에게 끌려다니다가는 6월에 몇 배로 힘든 상황을 겪어야만 한다.

간혹 선생님들과의 모임에서 스승의 날 이야기가 나오면 우울해지는 분들이 있다. 화장품 등 선물과 감사의 편지를 건네시는 학부모님들이 있는 반면, 유난히 신경을 많이 써줬다 싶은 학생의 부모님들이 감사의 문자 한 통 보내지 않는 경우가 있기 때문이다.

나에게도 정말 잊지 못할 경험이 있다. 성실한 학생이라 신경 많이 써주지 못했는데 스승의 날, 어머님이 감사의 편지와 선물을 보내주셨다. 편지에는 너무나 감동스럽게도 어머님의 진심이 녹아 있었다. 그런데 그날 저녁, 이 학생으로부터 카톡이 왔다.

스승의 날 노래를 부른 동영상을 보내온 것이다. 게다가 "선생님. 저를 열심히 가르쳐 주셔서 감사합니다. 앞으로 더 열심히 공부할게요. 저 대학교 갈 때까지 가르쳐 주세요." 하면서 하트 모양의 손을 하는데 웃음과 눈물이 왈칵 솟았다.

내가 열정을 쏟은 만큼 학부모님들이 모두 알아주기를 바라는 것은 아니다. 하지만 이 날만큼은 감동과 서운함이 공존하는 날이기는 하다. 내가 신경 써주고 열심히 한 만큼 학부모님들이 알아줄 때 선생님들은 더욱 힘을 얻기 때문이다.

공부방을 운영하면서 깨닫게 된 것 중 하나가 마음을 비워야 한다는 것이다. 애정을 갖고 가르친 학생이 갑자기 퇴원을 할 때도 있고, 속 썩이던 녀석이 훌륭하게 성장해 학생들의 온 가족으로부터 감사의 인사를 받을 때도 있으니 말이다. 내가 정한 공부방의 원칙과 마음가짐에 집중하도록 하자. 그럼 뭉클해지는 스승의 날을 많이 맞이하게 될 것이다.

보강 수업 할까? 말까?

공부방 선생님들의 운영 고민 중 하나가 보강 수업을 해야 하는가, 하지 말아야 하는가이다. 물론 정당한 이유가 있어서 빠지는 경우(수련회, 소풍, 병원 입원 등) 보강을 해주는 것이 맞다. 하지만 습관처럼 지각하고 결석하는 학생의 보강 여부는 고민이 될 수밖에 없다.

여러 선생님들을 대신해서 내가 결론을 내려준다면 '보강 하지 말라.'이다. 습관이 무섭다고 했던가. 학부모님들은 처음에 수업에 지각하고 빠지는 것에 대해 굉장히 죄송해 하고, 선생님의 보강 수업에 감사해 한다. 하지만 시간이 지날수록 이런 죄송함과 감사함은 슬그머니 사라지고 만다.

이제는 공부방에 지각하면 선생님 탓을 하는 분들도 있고, 결석하는 것에 대해 문자 메시지 한 통으로 통보하는 경우가 늘어난다. 물론 이에 대한 보강 수업도 당연한 것이 되어 버린다. 이때 보강 수업을 해주지 않으면 학부모님들은 서운해 하고 심지어 따지면서 수강료 환불까지 이야기하는 경우가 있다.

이때는 어머님에게 서운해할 필요가 없다. 내가 그렇게 습관을 길러 주었으니 말이다. 보강 여부에 대해서 처음부터 확실히 말씀을 드리거나, 따로 시간을 잡지 말고 학생이 공부방에 와서 스스로 60분 정도 자습할 수 있도록 유도하는 것이 좋다. (주말은 제외한다.)

그렇게 해놓아야 원래 수업에 늦지 않고 빠지지 않는 습관을 길러 줄 수 있다. 지각하고 결석해 봐야 학생이 손해를 본다는 생각이 들어야 더욱 공부방 시간을 잘 지키기 때문이다.

전화상담 후에는 학생 휴대폰으로 '외할머님과 오랜만에 외식한다

★ 보강 상담 – 전화 통화 상담

어머님 : 안녕하세요. 선생님.

보미쌤 : 네. 어머님~ 무슨 일 있으세요?

어머님 : 다름이 아니라 준호가 오늘 공부방 못 가요.

보미쌤 : 아니. 왜요? 무슨 일 있으세요?

어머님 : 오늘 외할머님이 오셔서 가족끼리 저녁 먹으러 나가거든요.

보미쌤 : 아. 그러시군요. 오늘 진도 나가는 날이라서 수업에 오는 게 좋기는 한데요. 그래도 외할머님과의 오랜만의 외식이니 빠질 수 없겠지요.

어머님 : 네. 죄송해요. 선생님. 오늘 많이 중요한 수업인가요?

보미쌤 : 새로운 단원에 대해서 배우는 날이라서요. 그래도 할 수 없지요. 대신 어머님 이번 주는 30분씩 수업 후 남아서 공부를 해야 할 것 같아요. 오늘 배운 내용을 쫓아가야 하니까요.

어머님 : 이번 주 토요일로 하면 안 될까요? 늦게 하라고 하면 준호가 싫어할 것 같아서요.

보미쌤 : 주말에는 학생별 문제를 만들고 정리하는 날이어서 수업 진행이 힘듭니다. 예전에 상담 시 말씀드렸듯이 보강은 평일로 이루어집니다. 따로 보강 날짜를 잡을 수 없어서 가급적 결석 없이 보내달라고 말씀드린 거거든요.

어머님 : 네… 알겠습니다. 할 수 없지요. 그럼 그렇게 하겠습니다.

보미쌤 : 네. 어머님~ 저녁 맛있게 드세요^^

고 엄마께 연락 받았다. 저녁 맛있게 먹고~내일부터는 더욱 열심히 하자.^^ 맛있는 거 먹으면 사진 찍어서 나중에 보여주렴 ^^ '이라고 문자 메시지를 한 번 보내둔다. 학생과의 친밀감도 높이고 내일부터 조금씩 공부를 더 해야 한다는 것을 미리 알리기 위해서 말이다.

보강 수업에 대해 입회 상담 시, 처음 지각했을 때, 결석했을 때 다시 한 번 확실히 상담해둔다. 공부방의 운영 규칙은 선생님이 정하는 것이다. 운영 규칙을 잘 정하고, 잘 지키는 선생님이 결국에는 성공한 선생님이 된다.

5월 종합소득세 신고하기

종합소득세는 1년 동안의 수입과 지출에 대한 사업장현황신고(매년 2월 신고)를 바탕으로 종합소득세 신고 및 납부를 5월 31일까지 해야 한다. 세금과 친하지 않은 선생님들은 할 때마다 어렵고 머리 아픈 일이기도 하다.

종합소득세 신고는 세무서에 직접 가서 해도 되고, 인터넷으로 할 수도 있다. 인터넷으로 하는 것이 걱정되거나 어려운 분들은 어떻게 할까? 세무서에 가면 신고를 도와주는 분들이 있으니 영수증을 잘 챙겨서 세무서에 방문하면 된다. 다만 그분들은 정리해 온 매출 총액과 지출 총액을 입력만 해줄 뿐 세금을 줄일 수 있는 방법을 제시해 주지 않기 때문에 선생님 스스로 이 부분을 꼼꼼히 챙겨야 한다.

지출 증빙 영수증을 제출하는 방법은 카드 결제 시에는 카드전표를, 현금으로 구입 시에는 현금영수증(지출증빙용)을 다 정리해서 가져가면 된다.

세무가 너무 복잡하고 챙겨할 부분이 많은 선생님들은 세무사를 통해 진행하면 된다. 지레 세무적인 부분에 대해서 너무 걱정하지 말자. 그렇지만 스스로 자꾸 해보아야 세금 처리에도 자신감이 생기고 더 꼼꼼히 영수증을 챙기는 습관이 든다. 그래서 처음 1년은 매출이 높지 않기 때문에 스스로 진행을 해보고 매출이 높아지는 2~3년 차부터는 세무사님께 맡겨서 세금을 줄일 수 있는 절세의 방법을 미리미리 체크해 놓는 것이 좋다.

★ **홈택스로 종합소득세 신고하는 방법**

1. 홈택스 홈페이지(http://www.hometax.go.kr) 접속 후, 공인인증서 로그인합니다.
2. 메인의 '종합소득세 신고하러 가기' 클릭 후, '나에게 맞는 신고서 선택하기'를 클릭합니다.
3. 본인에게 해당되는 소득을 모두 체크 후 '다음'을 누르고 종합소득세 신고를 시작합니다.
4. 본인에게 해당되는 사항을 체크하며 '다음'으로 넘어가면, 계산된 종합소득세가 나옵니다. 환급금 계좌 신고란에 본인명의 은행, 계좌번호를 입력한 후 '신고하기'를 클릭합니다.

★ 간편 장부 샘플

★ 총수입금액 표 샘플

★ 간편장부 서식

◀ 홈택스를 이용하든 세무사를 이용하든 평소 자신이 노트나 파일형식으로 간편장부를 만들어 수입과 비용 등을 꼼꼼히 적어놓습니다. 특히 비용은 영수증이나 증빙이 될 수 있는 형태로 많이 보관하고 있어야 5월 종합소득세 신고 때 비용처리를 할 수 있습니다. 습관처럼 간편장부를 작성하는 것이 좋습니다.

5월 공부방 운영 체크리스트

	공부방 운영 업무	예	아니오	반성할 점
홍보	전단지 / 현수막 홍보를 진행하였나요?			
	블로그 또는 카톡, 인스타를 활용한 홍보를 진행하였나요?			
	공부방 이벤트 또는 설명회를 진행하였나요?			
	공부방 안내문(소식지)를 월 2회 이상 발송하였나요?			
상담 / 학습	학부모님과 월 2회 이상 상담을 진행하였나요?			
	시험 결과 상담을 진행하였나요?			
	학교 진도 사항 & 시험 진행 내용을 체크하였나요?			
	학교 행사 등을 체크 하였나요?			
	여름방학 특강 계획을 세웠나요?			
	학생들과의 친밀도를 높이기 위한 노력을 하였나요?			
	주 1회 이상 학생들을 위한 수업 프린트물을 제작하였나요?			
	교재를 직접 채점하고 학생의 취약 부분을 정리해 두었나요?			
	학생의 질문에 화를 내지 않고 설명을 잘 해주었나요?			
	학생들이 문제를 충분히 생각할 수 있게 시간을 주었나요?			
	숙제 검사를 철저히 하였나요?			
경영	종합소득세 신고를 하였나요?			
	공부방 매출·매입 영수증을 모두 챙겨 두었나요?			
	공부방 가계부를 작성하였나요?			
	월 입회 학생 목표를 달성하였나요?			
	밀린 회비 없이 교육비 입금을 모두 확인하였나요?			
자기 관리	교육 정보에 대해 주 1회 이상 찾아보고 자료를 수집했나요?			
	하루에 3시간 이상 교재를 직접 풀어 보았나요?			
	수업 준비를 위한 시간을 하루 1시간 이상 투자했나요?			

 성공하는 공부방 열두달 운영비법

6월

6월 핵심 요약

1학기 기말고사 준비는 어떻게 하나요?
지역적으로 시험 범위와 난이도, 문제 유형에 차이가 있기 때문에 내 지역 학교의 시험 유형을 파악하는 것이 첫 번째 일이다.

욕심이 없는 학생들! 속이 탑니다
나는 시험 기간은 물론 다른 때에도 학생들에게 왜 공부가 중요한지에 대해서 지속적으로 말해준다. 다시 말해 세뇌 시킨다.

여름방학 교재 선택과 특강 수업은?
여름방학은 겨울방학에 비해서 기간이 짧고 여름 휴가철이 있기 때문에 교재를 너무 어렵거나 두껍지 않은 선행교재 중에서 선택한다.

교육청 점검 어떻게 대비하나요?
교육청 방문에 대비하여 필요 서류를 꼼꼼히 챙겨두는 것이 좋다. 그렇지 않으면 벌금 및 공부방 운영 정지 등의 피해를 볼 수 있다.

6월
전략적 차별화의 필요성

 공부방 선생님으로 성공하는 방법!! 누구나 궁금해 하고 고민하는 부분일 것이다. 정답은 차별화이다. 남보다 하나라도 더 해주는 곳, 남들과는 다른 것을 해주는 곳이 결국 학부모님들의 관심을 받고 대기자를 만든다. 매일 공부방에 가서 문제집만 풀고 오는 곳이라면 학부모님들이 이 공부방의 매력을 무엇이라고 하겠는가. 다른 어머님들에게 소개를 해주고 싶어도 딱히 이야기할 부분이 없을 것이다.

 하지만 만약 선생님의 공부방에 특별한 무엇인가가 있다면 어떨까? 학부모님들은 그 부분에 대해서 만족하고 다른 학부모님들에게 자랑할 것이다.

 그럼 이런 차별화는 어떻게 하면 가능할까? 바로 고민과 실천이다. 무엇이 학생들의 학습에 플러스가 될 것인지, 무엇을 잘 적용해야 학생들이 공부에 더 흥미를 느낄 것인지 등을 고민해라. 그리고 내가 고민한 것들에 대한 조그만 힌트라도 발견되면 망설이지 말고 실천해라. 모방도 좋다. 최고의 작품은 모방에서부터 시작되니 말이다.

 내가 처음에 시작했던 학습법들도 새롭게 창조된 것들이 아니었다. 책에서 보고, 세미나에서 듣고, 다른 학원의 차별화 노트를 보면서 모방하기 시작했다. 그렇게 내 학생들에게 맞게 좀 더 아이디어를 보태어 지금의 학습법을 완성한 것이다. 남이 하는 것을 보고 '와~~ 좋다.'라고 생각만 하지 말자. 남의 차별화를 보고 '멋진걸~ 그럼 이 걸 어떻게 나에게 맞게 바꾸고, 어떻게 활용할까?'를 고민해라. 이번 달은 차별화에 대한 비결이다.

1학기 기말고사 준비는 어떻게 하나요?

이제 곧 있으면 기말고사가 다가온다. 기말고사는 범위도 넓어지고 내용도 어려워진다. 학교에 따라서 중간고사 범위를 기말고사 범위에 포함시키는 경우도 있다. 그래서 더욱 신경 써서 준비해야 한다. 중간고사를 잘 보았어도 기말고사에서 좋은 성적을 거두지 못하면 어머님들은 1학기 성적이 떨어졌다고 생각하기 때문이다. 중간고사 때 성적표를 복사해 두었다가 비교해서 보여드려도 어머님들은 떨어진 기말고사 성적이 더 크게 보이나 보다. 그래서 기말고사 후에 학원이나 공부방을 옮기는 학생들이 늘어난다.

지역적으로 시험 범위와 난이도, 문제 유형에 차이가 있기 때문에 내 지역 학교의 시험 유형을 파악하는 것이 첫 번째 일이다. 그리고 시험 범위까지 진도가 마무리되어야 한다. 기말고사는 범위가 크기 때문에 중간고사보다 시험 준비 기간을 1~2주 정도 더 앞서 잡고 계획하는 것이 좋다. 만약 중간고사와 범위가 비슷하다면 중간고사와 비슷하게 시험 준비 기간을 잡으면 된다.

그리고 시험 범위에 맞추어 문제를 뽑아 '시험대비용 문제집'을 만들어놓자. 5월말에서 6월초부터는 이 작업에 많은 시간을 투자해 학생들이 자주 틀리는 문제, 자주 출제된 시험문제 유형, 학생들이 어려워해서 선생님이 많이 설명해줬던 문제 등을 모두 모아 놓는다. 그리고 이것으로 시험대비용 문제집을 만든다. 하루에 10~20문제씩 꾸준히 만들어 놓으면 기말고사 2주 전에는 훌륭한 기말고사 대비 문제집이 완성된다.

간혹 서점에서 판매하고 있는 기말고사용 문제집을 사서 시험 준비를 하는 선생님들도 있다. 하지만 나는 이런 방법을 추천하지 않는다.

내가 공부방을 오픈한 지 얼마 되지 않았을 때이다. 그때는 시험 대비 준비를 어떻게 하는 것이 효율적인지 모를 때라서 총판에서 추천해준 기말고사 대비 교재를 구입해 학생들에게 풀어주었다. 물론 시험 범위에 들어가지 않는 문제를 빼놓고 풀어주다 보니 시험 후에 남은 문제들을 다시 풀어줘야 하는 번거로움도 있었다. 풀지 않은 문제들이 교재에 남아 있으면 어머님들이 좋아하지 않으니 말이다.

문제를 풀어주면서도 학생들이 틀린 문제들은 계속 반복 설명을 하고 오답 노트를 쓰게 했다. 틀린 문제 대부분이 중상위, 상위 유형의 문제여서 학생들은 어려워하고 힘들어했다. 하지만 그래도 그렇게 해야 시험을 잘 볼 수 있을 것 같아서 시험 전날에는 학생들이 썼던 오답 문제들을 쭉 다시 풀어보게 하였다. 하지만 오답 노트에 썼던 유형의 문제들은 출제되지 않았다. 학생들은 학교에서 돌아오자마자 "쌤께서 중요하다고 했던 문제는 시험에 하나도 나오지 않았어요."라고 원망했다. 이 말을 듣자 솔직히 자존심도 상하고 내가 무능력해 보여서 자신감도 떨어졌다.

그래서 더 열심히 중요한 문제들이 무엇인지 고민하고 만들어보고 문제들을 뽑기 시작했는지도 모르겠다. 이때는 주위에 알고 지내던 학원 원장님께 부탁하고 원장님들 모임에도 참석하여 시험 대비 노하우 등을 배우기도 했다. 그 노하우들의 결론은 문제를 많이 다루어볼수록 어떤 유형의 문제가 중요하고 시험에 출제되는지 알 수 있다는 것이었다.

아직 경험이 많지 않은 선생님들은 그래서 이런 '시험대비 교재 만들기' 모임을 적극 활용하는 것도 좋은 방법이다. 각자 내가 많이 가르치는 학년을 맡아서 시험문제를 만들고 그것을 공유하면 시간도 절약되고 좀 더 알찬 문제들을 만들 수 있기 때문이다.

이런 문제집은 공부방 홍보에도 많은 도움이 된다. 학생들이 이 교재를 가지고 공부하는 모습을 보면 다른 학생들이 관심을 가진다. 또한 이 문제집에서 시험문제와 비슷한 유형의 문제들이 많이 출제된 경우에는 그 입소문이 무섭게 퍼져 나간다.

★ 시험대비용 교재 만들기

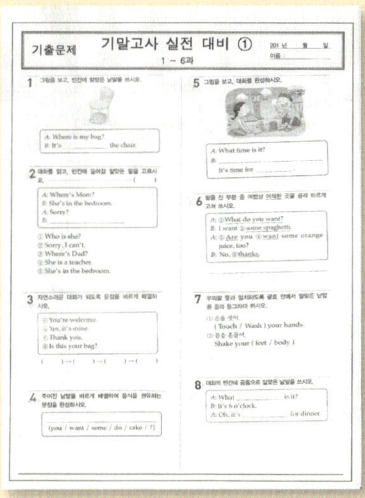

◀ 그 동안 자주 출제된 문제 유형, 특히 선생님이 많이 설명해야 했던 문제들을 하루에 10~20문제씩 꾸준히 만들어 기말고사 2주 전에 완성해놓습니다. 이런 '시험대비 교재'는 공부방 홍보에도 큰 역할을 합니다. 학생들이 이 교재를 가지고 공부하면, 다른 학생들이 아주 궁금해하며 흥미를 갖는 것은 당연한 일이죠. 게다가 이 교재에서 학교 시험에 한 문제라도 나오게 되면 입소문은 걷잡을 수 없이 퍼지니 일석이조랍니다.

욕심이 없는 학생들! 속이 탑니다

전국의 모든 선생님들의 고민은 바로 욕심 없는 학생들이다. 학생들이 열심히 하려고만 한다면 내가 적극적으로 가르쳐서 성적을 확 올려줄 수 있다. 하지만 학생들이 따라와 주지 않으니 성적의 변화가 보이지 않는다고 말이다.

사실 공부가 좋아서 공부하는 학생이 얼마나 있겠는가? 초등학교 때는 부모님과 선생님이 무서워서 또는 시키니까 하는 학생들이 많다. 하지만 선생님과 부모님께 잡히지 않는 중학생들은 "공부를 왜 해요?", "저는 대학 가지 않을 건데요." 등의 말을 하면서 공부와는 담을 쌓기도 한다. 그래서 어른들이 가장 무서워하는 것도 중2들이다. 다른 말로 중2병이라고도 하는 반항의 최고봉 중2들 말이다.

그렇게 공부의 중요성을 모르고 시간을 보내다가 고등학생이 되면서 뒤늦게 공부의 필요성을 깨닫고 다시 공부를 시작하려는 친구들이 생긴다. 하지만 이 시기에는 학생이 결심을 해도 공부를 따라 잡기가 매우 힘들어진다. 왜냐하면 그 동안 공부를 너무 멀리했기 때문에 기초가 부족해 어려움을 많이 느끼기 때문이다.

그럼 이런 안타까운 일이 발생하지 않게 하려면 어떻게 해야 할까? 바로 공부의 필요성을 꾸준히 학생들에게 말해주는 것이다. 나는 시험기간은 물론 평소에도 학생들에게 왜 공부가 중요한지에 대해서 지속적으로 말해준다. 다시 말해 세뇌 시킨다고 할 수 있다. 특히 시험기간이 되면 학생들은 어쩔 수 없이 공부를 하면서도 불만이 생긴다. 그러면 그 화풀이를 부모님이나 선생님에게 하는데 이를 어느 정도 받아주는 것도 선생님의 역할이다. 불만을 표출하는 학생들에게 화를 낸다고 그 문제가 해결되지는 않는다. 화를 내면 그 순간 해결되는 것처럼 보이지만 결국 더 심해지거나 제자리일 뿐이다.

단기간에 이런 문제들이 해결될 것이라는 생각을 버려라. 만약 이런 문제들이 단기간에 해결될 수 있다면 또는 화를 내어서 해결될 수 있다면 이 세상에 교육 문제로 고민하는 사람은 없을 것이다. 이 시기를 얼마나 인내심을 가지고 꾸준히 노력하느냐에 따라서 학생의 미래가 달라질 수 있으니 마음속에 참을 인忍자를 새기면서 평온하게 수양해 보자.

★ 학생들의 공부에 대한 불만 대처법 1

학생들 : 아~~ 공부하기 싫어요. 누가 공부 만들었어요. 가만 안 둘 거예요.
보미쌤 : 난 아니다. (단호하게.)

★ 학생들의 공부에 대한 불만 대처법 2

학생들 : 공부 왜 해요? 난 대학 안 갈 껀데요.
보미쌤 : 대학 안 가도 사회 생활은 해야 하니까~ 직업이 있어야 하잖니.
학생들 : 직업 필요 없는데요.
보미쌤 : 그 말에 대해서 부모님께서도 동의하시면 그때 다시 이야기하고 지금은 공부하자.

한 번은 한 학생이 정말 집에 가서 어머님에게 동의서 써달라고 떼쓴 적이 있었다. 공부방을 그만두고 싶다고 말이다. 어머님은 내게 전화를 걸어서 어찌된 일인지 물어보았고, 나는 앞뒤 사정을 설명 드린 후 어머님에게 협조를 구했다. 어머님은 나의 부탁대로 해주셨다. 먼저 학생에게 집안의 경제 사정(대출, 아빠 월급 등)에 대해서 이야기한 후 "내가 물려줄 재산도 하나 없고, 나중에 돈 들어갈 일들이 너무 많아서 너의 미래를 책임질 수 없다. 엄마, 아빠의 미래도 불안하다. 그래서 지금 너에게 해 줄 수 있는 일이 공부 시켜 주는 것밖에 없다. 대학은 가지 않아도 고등학교는 나와야 오토바이 배달 아르바이트라도 할 수 있다. 그래서 힘들어도 공부방에 보내는 것인데, 네가 3개월만 더 생각해보고 그래도 싫으면 공부방 그만두게 해주마."라고 타일렀다.

그 후 〈동행〉, 〈극한 직업〉 등의 프로그램을 학생과 함께 꾸준히 보면서 직업의 필요성과 공부의 필요성 등에 대해서 대화를 많이 했다고 한다. (물론 나도 중간 중간 공부의 필요성에 대해 이야기해 주었다.) 그렇게 부모님과 내가 꾸준히 학생과 대화를 시도한 지 3개월 후 학생은 별 말이 없었고, 조금씩 공부하기 싫다는 말도 하지 않게 되었다.

그때의 경험 이후로 나는 학생의 공부는 선생님과 학부모의 협조에 달려있다고 생각한다. 지금도 학생의 학습에 어떠한 문제가 있을 때는 적극적으로 학부모님과 상담하고 협조를 요청한다. 간혹 협조해 주지 않는 학부모님들도 있다. 하지만 협조하지 않은 사실을 알고 계시는 학부모님들은 나중에 그만두더라도 내 원망은 하지 않는다.

학생들과의 입씨름에서 꺾이거나 학생에게 사정하면서 공부시키는 것은 좋지 않다. 학생들은 선생님이 사정할수록 본인들이 위에 있다 생각하고 더 심하게 짜증 내고 말대답을 많이 한다. (그래서 나는 학생들을 청개구리라고 표현하기도 한다).

공부는 학생 자신을 위해 하는 것이지 부모님이나 선생님을 위한 것이 아님을 확실히 말해 주자. 가급적 '시험 점수를 잘 받아오면 무엇을 주겠다.'라는 약속보다는 열심히 노력한 과정에 대해 칭찬해주고 파티를 통해 스트레스를 풀어주면서 대화를 많이 하는 선생님이 되도록 하자.

★ 학생들의 공부에 대한 불만 대처법 3

학생들 : 아~~ 짜증 나요. 공부 완전 싫어요.
보미쌤 : 짜증 난다는 말은 어른에게 하는 말이 아니야.
학생들 : 공부하기 싫어요. 집에 가고 싶어요.
보미쌤 : 그래? 그럼 그만 마무리하고 집에 가자. 대신 남은 것은 모두 숙제고 내일 제대로 안 해오면 어머님 오셔서 어머님 보시는 앞에서 다 마무리하고 가야 하는 거야.
학생들 : 그게 모에요?
보미쌤 : 선택권!! 둘 중 하나를 선택할 수 있는 선택권을 주는 거야. 선택은 네가 하는 거야. 선생님은 강요해서 공부하는 것은 좋지 않다고 봐요.

여름방학 교재 선택과 특강 수업은?

6월에는 기말고사 준비와 함께 여름방학 교재를 선택해야 하는 시기이다. 특히 교사용 교재는 수량이 부족하기 때문에 공부방 교재를 7월이 아닌 6월에 미리 준비하면서 교사용 교재도 함께 확보해 두는 것이 좋다.

여름방학은 겨울방학에 비해서 기간이 짧고 휴가철이 있기 때문에 교재를 너무 어렵거나 두껍지 않은 선행교재 중에서 선택한다. 간혹 수학 선행교재를 두 권 주문해서 수업을 진행하는 선생님들이 있는데 선행교재 한 권과 계산력교재 한 권으로 병행하여 진행한다.

수학은 선행교재로 개념을 확실히 공부하고 계산력교재로는 기초 계산력 다지기용으로 활용한다. 영어의 경우에는 1학기에 배운 내용을 종합 복습하면서 2학기 교과서 단어를 암기시킨다. 무조건 문법, 리딩, 리스닝 교재의 난이도를 올려가면서 진도를 계속 나가는 것보다는 복습을 통해서 배운 내용을 확실히 학생의 것으로 만들어주는 것이 중요하다.

또한 여름방학에는 특강 수업을 다양하게 진행해보는 것이 좋다. 무더위에 지친 아이들에게 활력이 되고 특히 내 공부방이 차별화됐다는 입소문이 나는 데 아주 효과적이기 때문이다.

여러 가지 방학 특강을 미리 계획하고 난 후에는 어머니들께 특강 수업에 대한 상담전화를 해야 한다. 이렇게 6월에 미리 계획을 하는 이유는 참석 인원, 특강에 대한 호응도 등을 미리 파악하기 위해서다. 그

NOTES

★ **특강 수업으로 좋은 것**

1. 한국사 능력시험 준비 특강
2. 영어/수학 보드 게임 수업(초등 저학년 수업)
3. 영어 말하기 대회 준비 특강
4. 초등/중등/고등 교과서 필수 어휘 잡기
5. 수행평가 대표 유형 문제 풀이반
6. 서술형평가 대표 유형 문제 풀이반
7. 필독서 토론방
8. 한자검정 능력 시험 준비반
9. 예비 초등/중등/고등 준비반
10. 창의 수학 영재반
11. 문법 총정리 특강반
12. 대표 기출문제 풀이반
13. 연산 특강반

렇게 해야 7월이 되었을 때 당황하지 않고 플랜을 차질 없이 진행할 수 있다. 좀 전에도 말했듯이 여름방학은 짧기 때문에 너무 무리한 계획을 세우지 말자.

휴회도 날 수 있으니, 복습의 시간을 가지면서 특별한 방학특강 활동으로 수업을 진행한다. 작은 변화 같지만, 그것을 체험하는 학생과 부모에게는 변화가 확실하게 느껴지는 생동감!

그것이 사랑받는 1억 공부방의 차별화 전략 중 하나다.

★ 1억 공부방의 비결 – 방학특강 〈영문법 총정리 특강〉

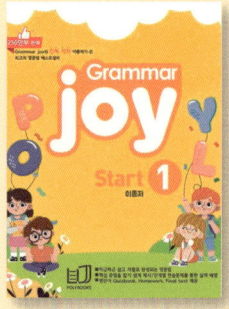 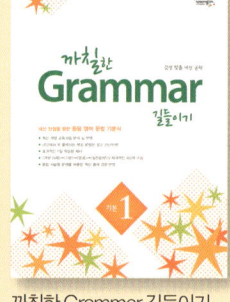 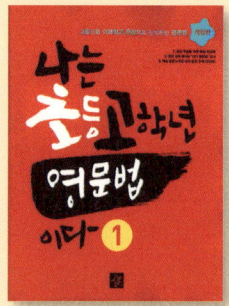

그래머 조이   까칠한 Grammer 길들이기   나는 초등 고학년 영문법이다

▲ 여름방학은 짧기 때문에 그 동안 진행했던 문법, 리딩, 리스닝 교재 등을 다시 한 번 복습해서 확실히 학생의 것으로 만들어주는 것이 좋습니다. 또는 영어 방학특강으로 '문법 총정리 특강반'은 학부모들에게 인기가 높습니다.

★ 1억 공부방의 비결 – 방학특강 〈역사체험답사〉

 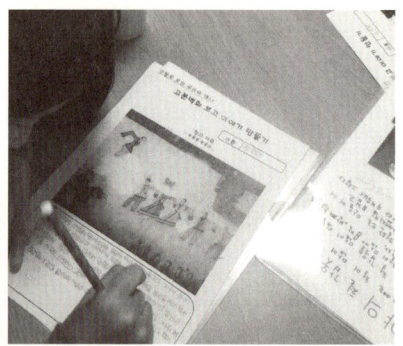

▲ 한국사에 대한 관심이 높아진 만큼 역사체험답사나 동영상, 체험 학습지 등을 활용합니다. 게다가 역사토론까지 겸하게 되면, 외우지 않고 즐겁게 역사와 논술을 함께 익힐 수 있어요. ─민 쌤〈민쌤 공부방〉

★ 1억 공부방의 비결 - 방학특강 〈사자성어 특강〉

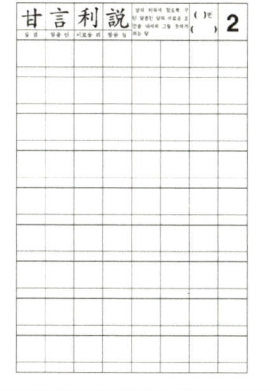
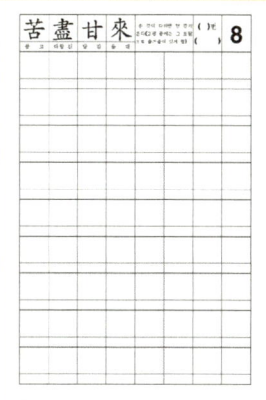

◀ 한자에 대한 학부모들의 요구는 언제나 계속됩니다. 한자 중에서도 사자성어를 매일 한 장씩 지도하면 시간 대비 효율이 아주 높습니다.

★ 방학특강 상담전화

보미쌤 : 안녕하세요. 어머님. 공부방입니다. 통화가능하세요?

어머님 : 네~ 선생님. 잘 지내셨지요?

보미쌤 : 네^^ 다름이 아니라 이제 기말고사도 얼마 남지 않았고 기말고사 후에는 바로 방학이 시작돼서 미리 상담전화 드렸어요.

어머님 : 네~.

보미쌤 : 다음 주부터 기말고사 대비 수업이 시작됩니다. 평소보다 20~30분씩 늦는 날도 있을 듯합니다. 물론 늦어질 때는 문자 메시지 발송되오니 확인 부탁드려요. 그리고 기말고사가 마무리되면 그 다음주 월요일 17일부터 특강 수업이 시작됩니다.

어머님 : 특강 수업이요?

보미쌤 : 네. 이번에 서술형 문제 유형이 확대되면서 서술형 문제도 늘어났지만, 서술형 문제에 대한 난이도도 점점 높아지고 있어서요. 이번 여름

방학 때는 1학기와 2학기 내용에 대해서 복습 및 선행을 하면서 서술형 대표 유형 문제를 풀어보고 부족한 부분에 대한 개별 지도가 들어갈 예정입니다. 물론 그에 대한 결과물도 함께 나가고요.

어머님 : 아~ 그러시군요. 그렇잖아도 서술형이 늘어난다는 소리 듣고 걱정이 많았는데 미리 신경 써주셔서 감사하네요.

보미쌤 : 아닙니다. 이번 여름방학에는 결석 없이 공부방에 꼭 보내주실 수 있도록 협조 부탁드려요. 호호호.

어머님 : 그럼요. 그렇게 해야지요. 방학 때 외할머니 댁에 보내려 했는데 취소해야겠네요. 미리 알려주셔서 감사해요. 애들에게 아직 이야기하지 않아서 다행이네요.

보미쌤 : 네~ 이번 여름휴가 날짜만 알려주세요. 공부방 여름방학과 겹칠 수 있도록 계획해 보려고요. 그래야 모든 학생들이 결석하지 않고 수업이 진행될 수 있어서요.

어머님 : 네. 7월말에 갑니다. 3일 정도요. 월, 화, 수로요.

보미쌤 : 네. 알겠습니다. 어머님. 기말고사 끝날 때쯤 특강 수업 안내문이 미리 발송될 예정이오니 확인해 주시고 그 전에도 궁금하신 부분이 있으시면 언제든 연락주세요.

어머님 : 네. 감사합니다. 선생님.

교육청 점검 어떻게 대비하나요?

공부방을 운영하면서 한 번쯤은 겪어야 하는 것이 교육청 점검이다.

교육청에 개인과외 신고를 하고 나면 교육청에서 공부방을 방문해 공부방의 운영 사항을 체크한다.

교육청에서 선생님에게 미리 연락(전화나 공문 발송)하고 방문하는 경우도 있고 사전 연락 없이 방문하는 경우도 있다. 따라서 교육청 방문에 대비하여 필요 서류를 꼼꼼히 챙겨두는 것이 좋다. 그렇지 않으면 벌금 및 공부방 운영 정지 등의 피해를 볼 수 있기 때문이다. 그럼 교육청 방문에 대비하여 어떤 것들을 지켜서 운영하고 챙겨야 하는지 알아보도록 하자.

교육청 점검 대비 요령

1. 개인과외신고필증을 수업하는 곳에 걸어두기

교육청 신고 후에 받은 개인과외신고필증을 서랍 속에 넣어두면 안 된다. 간혹 그런 분들이 있는데 개인과외신고필증은 상담 오는 어머님들도 잘 볼 수 있도록 액자에 넣어서 공부방 수업하는 곳에 걸어두도록 하자.

2. 수강료 영수증을 챙겨 놓기

어머님들에게 매달 교육비를 받고 수강료 영수증을 챙겨드려야 한다. 물론 영수증 내용은 교육청에 신고한 수강료와 과목이 맞아야 하니 이 부분도 놓치지 말고 챙기도록 하자.

- 일련번호 : 영수증이 나간 순서
- 등록번호 : 학생의 고유 번호

3. 선생님 고용 여부 확인

공부방은 1인 운영이 원칙이기 때문에 강사를 고용할 수 없다. 하지만 이런 부분을 지키지 않고 여러 선생님들이 함께 또는 강사를 고용해서 운영하는 분들이 있다. 이는 교육청 점검 시 적발되면 공부방 영업정지 및 취소 사유가 될 수 있으니 반드시 지켜서 운영하도록 하자.

4. 수강생관리 대장 및 출석부 확인

현재 공부방에 다니는 학생들을 알아보기 위해서 점검하는 내용이다. 공부방에 다니고 있는 학생들의 이름을 적어서 관리해 놓으면 된다.

5. 수강생 인원 점검(9명 이하)

공부방에서 공부하는 학생 수가 한 타임에 9명이 넘으면 안 된다. 교육청 직원이 방문하였을 때 실제 수업을 받고 있는 학생 수가 5명이고 거실에서 책을 보고 있는 학생 수가 5명이라고 가정해 보자. 그러면 공부방에 안에 있는 학생 수가 9명이 넘기 때문에 이 부분은 주의 대상이 된다. 그러니 수업 후에는 학생들이 바로 귀가하도록 지도하자.

6. 사업자등록 확인

공부방에 사업자등록을 내고 운영하고 있는지를 확인한다. 교육청에 개인과외신고를 하러 갔을 때 교육청 직원이 "사업자등록도 하셔야 합니다."라는 말을 했는데도 사업자를 내지 않고 있다면 주의 대상이 될 수 있다. 그러므로 개인과외 신고 후 개인과외신고필증이 나오면 개인과외신고필증과 함께 사업자등록을 꼭 내고 운영하도록 하자.

공부방을 운영하면 누구나가 교육청 점검 대상이 될 수 있고, 누군가(학파라치)가 내 공부방을 교육청에 신고할 수도 있다. 불안해하면서 공부방을 운영하고, 교육청에서 나온다고 연락이 왔을 때 걱정을 한가득 하고 있기보다는 미리 지켜야 할 부분들을 체크하고 꼼꼼히 지켜나

가면서 당당히 공부방을 운영하도록 하자.

★ 수강료 영수증 예시

▲ 수강료 영수증 견본

▲ 수강료 영수증 예시

★ 수강생 관리대장 예시

수 강 생 대 장

등록번호	성 명	주 소	전화번호	입 원 년월일	퇴 원 년월일

6월 공부방 운영 체크리스트

	공부방 운영 업무	예	아니오	반성할 점
홍보	전단지 / 현수막 홍보를 진행하였나요?			
	블로그 또는 카톡, 인스타를 활용한 홍보를 진행하였나요?			
	공부방 이벤트 또는 설명회를 진행하였나요?			
	공부방 안내문(소식지)를 월 2회 이상 발송하였나요?			
상담 / 학습	학부모님과 월 2회 이상 상담을 진행하였나요?			
	시험 대비 상담을 진행하였나요?			
	여름방학 시간표 변경 상담을 완료하였나요? (휴회 학생 파악)			
	여름방학 특강 상담을 진행하였나요? (휴회 학생 대비 상담)			
	학교 진도 사항 & 시험 진행 내용을 체크하였나요?			
	학교 행사 등을 체크하였나요?			
	시험 대비 보충을 진행하였나요?			
	학생들과의 친밀도를 높이기 위한 노력을 하였나요?			
	주 1회 이상 학생들을 위한 수업 프린트물을 제작하였나요?			
	교재를 직접 채점하고 학생의 취약 부분을 정리해 두었나요?			
	학생의 질문에 화를 내지 않고 설명을 잘 해주었나요?			
	학생들이 문제를 충분히 생각할 수 있게 시간을 주었나요?			
	숙제 검사를 철저히 하였나요?			
경영	공부방 매출·매입 영수증을 모두 챙겨 두었나요?			
	공부방 가계부를 작성하였나요?			
	월 입회 학생 목표를 달성하였나요?			
	밀린 회비 없이 교육비 입금을 모두 확인하였나요?			
자기 관리	교육 정보에 대해 주 1회 이상 찾아보고 자료를 수집했나요?			
	하루에 3시간 이상 교재를 직접 풀어보았나요?			
	수업 준비를 위한 시간을 하루 1시간 이상 투자했나요?			

 성공하는 공부방 열두달 운영비법

7월

7월 핵심 요약

퇴원생 없는 공부방의 비결은 뭔가요?
성적향상에만 집중해 학생들을 몰아부칠 것이 아니라, 학생의 눈높이에 나를 맞춘다. 진심으로 학생들과 소통을 하는 것이다. 그렇게 수업을 하다보면 어느새 즐거운 공부방, 친구를 데리고 오고 싶은 공부방이 되는 것이다.

7월 신규 학생 모집은 어떻게 하나요?
학생들을 대상으로 한 홍보를 할 때는 여름방학식 때 학교 앞에서 홍보물품을 나누어 주는 것이 좋다. 장기적으로 학생들이 가지고 다닐 수 있는 물품으로 홍보하는 것이 좋다.

기말고사 성적으로 상담하는 노하우는?
기말고사 성적이 나오면 선생님이 해야 할 첫 번째 일은 바로 학부모 상담이다. 기말고사 결과 상담과 여름방학 수업 상담이 함께 진행되는 것이다.

하위권 학생들을 보물로 만드는 방법은?
하위권 학생들의 매력은 무엇일까? 하위권 학생들이 중위권이나 상위권으로 올라갔을 때는 입소문이 빠르게 퍼지는 효과가 있다.

받기 싫은 회원 거절하는 방법이 있나요?
입회상담 시 예의 없고 공부의지도 없는 학생이라면 팀이 만들어지지 않았으니 나중에 연락드리겠다고 돌려서 입회를 거절한다.

7월
학생들은 선생님 마음을 너무 모른다

7월은 기말고사가 마무리되면서 여름방학이 시작되는 달이다.

여름방학!! 좋기도 하지만 공부방 선생님은 두렵기도 하다. 기말고사 성적에 따라 이동하는 퇴원생도 있고, 방학이다 보니 잠시 쉬는 휴회생도 많아진다. 하지만 제일 힘든 것은 학생들이 무더위에 지쳐 공부 의욕을 상실하는 것이다. 게다가 피서 갈 생각으로만 가득하다. 선생님 마음은 짧은 여름방학 동안에 2학기를 준비하느라 까맣게 타들어가고 있는데 말이다.

하지만 이럴 때 필요한 것이 바로 발상의 전환이다.

퇴원과 휴회가 생긴다는 것은 역으로 기회란 얘기다. 다시 말해 내 공부방의 학생들을 단단히 잡아두면서 다른 공부방에서 이동하는 학생들을 우리 공부방으로 끌어 모을 수 있다는 말이다. 물론 말처럼 쉬운 일은 아니다. 어떻게 하면 위기를 기회로 역전시킬 수 있을까?

먼저 7월의 필수상담을 진행한다. 특강수업 상담 시 신경 쓰였던 학부모, 기말고사 때 학습태도나 성적이 불안했던 학생, 곧 중학생이나

고등학생이 되는 학생, 이들이 주요대상이다.

어떤 문제가 있는지, 혹시 불만은 없는지 상담을 해서 예상치 못한 퇴원을 막아야 한다. 그런 다음 여름 방학 시작 전 열정적으로 홍보를 해서 신규회원 모집에 최선을 다해본다.

여름방학은 선행도 하지만 학생들의 취약점을 집중적으로 잡아주는 시기가 되어야 한다. 1학기에 부족했던 것을 하나씩 깨우쳐 나가면 집중력이 높아진다. 그 집중력이 즐거운 공부방, 신나는 여름방학을 보내는 원동력이다.

도전하자! 무더위 따위가 문제가 아니다. 선생님 자신이 얼마나 신경을 쓰고 시간을 투자하느냐에 따라 위기는 기회로 반드시 역전된다.

퇴원생 없는 공부방의 비결은 뭔가요?

'나에게 오면 성적 확실히 올려 줄 수 있는데!!!'

공부방을 오픈해 한동안 학생들이 들어오지 않을 때 지나가는 학생들을 보면서 마음속으로 외쳤던 말이다. 그때는 그 많은 학생들이 다 어디서 공부하는 것인지 정말 궁금했다. 드디어 첫 학생들이 들어왔고, 나는 이 학생들을 스타로 만들고 싶었다. 점수를 올려 다른 학생과 학부모님들을 깜짝 놀라게 하고 그렇게 내 공부방 입소문을 내고 싶었다.

나는 매일 학생들을 붙잡아서 공부 시켰다. 하루 60분 수업을 넘겨 90분 100분 수업을 해주고, 문제집을 추가로 구입하고 복사해 반복적으로 풀렸다. 이것저것 해주고 싶은 욕심에 국어 어휘 공부를 시키면서 한자 공부도 겸하게 했고 영어 일기도 매일 써야만 집에 가게 하였다. 학생들에게 내가 알고 있는 모든 지식을 넣어주고 싶은 마음에 하루하루를 열정적으로 수업에 임했다.

당연히 어머님들의 반응은 최고였다. "선생님이 욕심 있게 잘 가르쳐 준다.", "선생님이 꼼꼼하다." 등등 칭찬을 들을 때마다 나는 더 분발해 학생들의 학습에 투자했다. 반면 학생들은 투덜대는 모습을 보였다. 이런 학생들을 더욱 공부시키기 위해서 갈수록 엄하고 무섭게 대했다. 카리스마 넘치는 무서운 선생님이 최고라고 생각했다.

결과는 대박이었다. 다른 학원이나 공부방보다 몇 배로 공부시켰으니 당연한 결과였다. 학생은 물론 어머니들은 감사의 인사를 전해 주었다. 그때 나는 이 직업을 선택한 나 자신이 너무 자랑스러웠다. 하지만 문제는 시험 결과가 나온 다음에 발생했다. 어머니들의 만족도와는 달리 회원소개도 거의 없고 오히려 퇴원생이 생겨났다. 너무나 어이없었고 속이 상했다. 도대체 이유가 뭘까…?

하지만 얼마 지나지 않아 그 이유를 알게 되었다. 바로 학생들의 입소문 탓이었다.

"저 공부방에 가면 집에 가지도 못하고 공부만 죽어라 해야 한다. 절대 가지 마라."

"선생님도 장난 아니게 무섭다."

이처럼 좋지 않은 소문이 학생들 사이에서 돌고 있었다. 어머님들이 소개를 해도 학생이 죽어도 가기 싫다고 우겨대니 상담 문의조차 없었던 것이다. 자신들을 위해 열심히 지도해 주었던 나의 마음도 몰라주고 그렇게 이야기한 학생들이 야속하고 미웠다.

나는 너무 속상한 나머지 울면서 친구들에게 하소연했다. 내 딴은 열심히 해준 것인데 어째서 학생들이 그런 뒷담화를 하는지 이해가 되지 않는다고 말이다. 그런 나에게 친구는 "공부 많이 시키고 무서운 선생님을 누가 좋아하겠냐? 우리도 예전에 학원 다니면서 나머지 공부 시키는 학원 선생님 싫다고 학원 끊고 싶다고 한 적 있잖아."라고 한마디 했다. 그 말을 듣고서야 나는 머리에 종이 울리는 느낌이 들었다.

내가 결과에 집착한 부작용이었다. 정작 학생들의 마음에는 신경 쓰지 않고 무섭게만 공부시키면서 내 스스로 학생들과 거리를 만든 것이다. 내 딴에는 공부방을 보내는 것은 어머니들이니까 어머니들의 만족도만 높이면 된다고 생각했다. 물론 잘못된 생각이었다. 학생들은 성적만 잘 나오는 곳보다는 학생을 이해해주고 재미있게 공부를 가르쳐주는 곳을 좋아했다.

이유를 깨닫고 난 뒤 나는 생각을 바꿨다. 학생들의 눈높이에 나를 맞췄다. 내가 학생들과 자주 대화하고 친해지니까 학생들은 공부방을 좋아하게 되었다. 학교에는 가기 싫다고 해도 공부방에는 올 정도로 말이다. 당연히 퇴원생은 생기지 않고 오히려 소개가 늘었다.

학생들이 선생님의 마음을 헤아리고 열심히 해준다면 얼마나 좋겠는가. 속상한 얘기지만 그런 경우는 거의 없다고 생각하는 게 좋다. 그렇기 때문에 내가 더 학생들을 이해하고 속상한 상황이라도 언제나 긍정적으로 생각해보자. 그렇게 학생의 진정한 멘토가 되도록 노력해보자. 장담하건데 그 노력을 언젠가는 꼭 알아준다. 그럼 선생님이라는 직업이 얼마나 보람된 것인지, 내 공부방이 얼마나 행복한 공간인가를 가슴 벅차게 느끼는 날이 온다.

7월 신규 학생 모집은 어떻게 하나요?

7월에는 기말고사가 끝나면서 방학이 시작된다. 여름방학이기 때문에 여름휴가와 맞물려 휴회가 생기기도 하지만 새롭게 공부방과 학원을 알아보는 학부모님들도 생기는 시기이다. 따라서 7월에는 본격적인 홍보를 해야 하는 시기 중 하나이다. 무더운 여름을 이길 수 있을 만큼 열심히 홍보에 열을 올려 보도록 하자.

★ 1억 공부방의 비결 – 친구와 함께하는 방학숙제

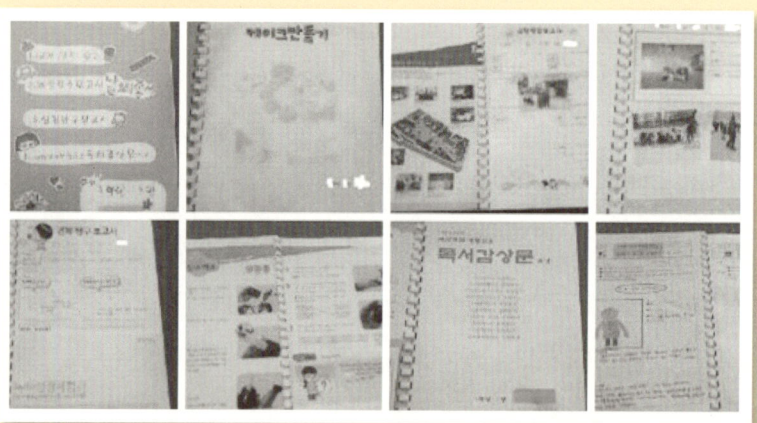

▲ '여름방학 특강 보고서'. 다른 공부방과 차별화를 생각하다가, 여름방학에 체험활동 방학숙제를 해주기로 했어요. 한자문제집 만들기, 독서록 쓰기, 실험특강 보고서, 여행책자 만들기, 요리수업 레시피북 만들기 등등. 모두 책으로 만들어 개학 후 학교숙제로 제출하게 했습니다. 친구들과 함께하니까 더욱 즐겁게 합니다. 방학도 알차게, 숙제도 해결. 일석이조였네요. 특히나 결과물을 집으로 보내면 학부모님들이 매우 좋아하십니다.
— 홀홀 쌤〈두스터디도희쌤교실〉

학생들을 대상으로 한 홍보를 할 때는 여름방학식 때 학교 앞에서 홍보물품을 나누어 주는 것이 좋다. 이때도 일회성 물품보다는 장기적으로 학생들이 가지고 다닐 수 있는 물품으로 홍보하는 것이 좋다. 물품을 나누어 주면서 "예쁘게 사용하렴. 보미쌤 공부방 선생님이야~"라고 친근감 있게 말을 건네면서 학생들과 눈을 마주쳐 보도록 하자. 함께 준 전단지는 버리는 경우가 많으니 홍보물품에 공부방의 연락처를 넣어서 홍보를 진행하는 것이 더 효과적이다. 자기 눈앞에서 전단지가 버려지면 홍보할 열정이 식어버릴 수 있으니 단단히 마음먹고 임해야 한다.

또한 평소 걸어두던 현수막을 여름방학 대비용 현수막(할인 이벤트나 특강 수업 관련)으로 바꾸어 걸어서 새로운 모습을 보여주는 것도 좋다. 이벤트 형식으로 말이다. 좀 더 공격적으로 홍보하기 위해서는 1회성 특강 무료 이벤트를 주말이나 평일 오전시간에 진행해 보는 것도 좋다. 1회성 특강 수업은 방학 숙제 중심(독서 활동이나 체험 활동)으로 계획해 보는 것이 좋다. 1회성 특강 무료 이벤트는 학교 앞 홍보나 공부방 학생들에게 알려서 사전 접수를 받아 진행하면 좋다. '친구와 함께하는 방학 숙제'라는 제목으로 말이다. 공부방에 단짝 친구와 함께 오기를 희망하는 학생들은 많으니까 말이다.

간혹 홍보를 하면서 효과가 없다고 속상해 하는 선생님들을 많이 본다. 물론 시간과 비용을 들여서 홍보했는데 연락이 전혀 없으면 기운이 빠진다. 하지만 홍보는 일회성으로 끝나는 것이 아니다. 지금 당장 효과를 보지 못해도 몇 개월 후에 결과가 나타날 수도 있다. 그렇기 때문에 두 달에 한 번씩이라도 꾸준히 홍보를 진행하자. 지속적으로 공부방이 노출되는 만큼 신규 회원 문의 전화가 오고 그 지역에서 많이 들어본 공부방의 이미지를 만들 수 있다.

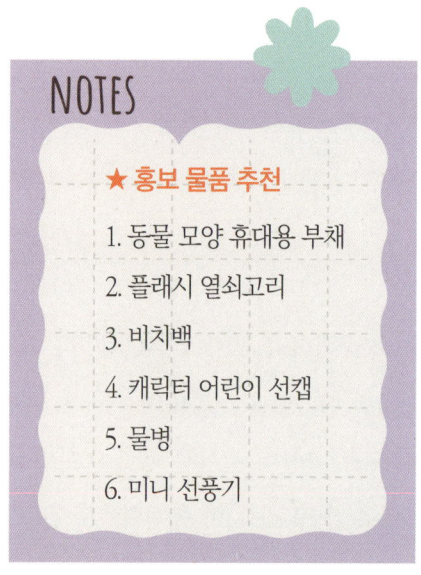

NOTES

★ 홍보 물품 추천

1. 동물 모양 휴대용 부채
2. 플래시 열쇠고리
3. 비치백
4. 캐릭터 어린이 선캡
5. 물병
6. 미니 선풍기

기말고사 성적으로 상담하는 노하우는?

기말고사를 보고 나면 이제 성적이 나온다. 중등은 일주일 정도 후에는 나온다. 기말고사 성적이 나오면 선생님이 해야 할 첫 번째 일은 학부모 상담이다.

기말고사 결과에 대한 상담과 여름방학 수업에 대해 함께 설명하도록 한다. 물론 6월에도 방학계획에 대해 상담을 했지만 7월에는 기말고사 성적에 대한 상담이 있기 때문에 더욱 중요하다. 그런데 시험 결과 상담이야말로 선생님들에게는 참 어려운 일이다. 성적이 잘 나온 경우야 당연히 신바람이 나지만 예상과 다른 점수가 나온 학생의 경우는 학부모 앞에서 입이 떨어지지 않는다. 그래서 기말고사 성적으로 상담하는 데에는 특별한 노하우가 필요한 것이다. 특히나 시험 당일 학생들이 얘기하는 결과만 믿고 섣부르게 상담을 진행해서는 안된다.

먼저 성적이 잘 나온 학생의 경우부터 살펴보자.

이런 학생의 어머니와의 상담에서는 특별히 준비해야 할 것이 많지 않다. 먼저 어머니에게 그 동안 학생이 얼마나 열심히 노력했는지, 어느 부분이 좋아졌는지에 대해 가볍게 칭찬한다. 이어서 여름방학 동안에는 1학기 심화 및 경시 문제를 풀고 더불어 2학기 선행이 병행될 것이라고 이야기한다. 왜냐하면 상위권 학생의 어머니들은 좀 더 높은 난이도의 문제를 풀기 원하기 때문이다. 은근히 자녀에 대한 기대감도 무한상승(?)되면서 팔랑귀가 되기 십상이다. 주위에서 더 수준 높은 영재학원으로 가야 하는 것 아니냐고 부채질하기 때문이다. 그래서 우리 공부방에서 충분히 심화 경시에 대한 대비가 된다고 강조해놓아야 상위권 학생들이 대형학원으로 빠지는 일을 막을 수 있다.

중상위권에서 하위권 학생의 경우는 어떻게 상담을 진행해야 할까.

우선 오답이 나온 원인을 정확히 분석해 주는 것이 좋다. 그리고 앞으로 그 단점을 어떻게 보강해 나갈 것인지 해결 방안을 제시해 준다. 무조건 점수가 낮게 나와서 또는 점수가 만족스럽지 않아서 속상하다고 말하는 것은 책임감 없는 태도로 비칠 수 있다. 선생님과 학생이 충분히 노력했지만, 결과적으로 어떤 부분에서 학생의 실수가 발생한 것인지 당당히 얘기하자. 그리고 방학 동안 어떻게 그 부분을 바로잡을 것인지 학습 계획도 정확하게 전달하자. 만약 그래도 퇴원하겠다는 경우가 생긴다면 학생의 취약점에 대해 정확한 정보와 진심어린 충고를 덧붙이는 게 좋다. 그 학생이 다른 곳에 가서도 그곳의 선생님이 학생의 취약 부분을 파악하고 잘 해결해 나갈 수 있도록 말이다. 그것이 학생을 위한 진정한 선생님의 역할 중 하나이다.

기말고사 후 상담전화 드리는 것에 대해 망설이지 말다. 어머님의 입장에서는 자녀의 성적이 마음에 들지 않는데 선생님은 이렇다 저렇다 말이 없고, 다음 달 교육비 안내문자만 날아온다면 어떤 기분이 들까? 내가 학부모의 입장이 되었다고 생각해 보면 바로 답이 나올 것이다. 어머님들이 물어보기 전에 먼저 고민을 해소해 주는 것이 프로의 대처법이다. 반드시 실천하자.

★ 기말고사 후 상담

보미쌤 : 안녕하세요. 어머님, 공부방입니다. 통화 가능하세요?

어머님 : 네. 선생님. 안녕하세요.

보미쌤 : 네. 다름이 아니라 어제 서진이 기말고사 성적이 나와서요. 꼬리표로 받아와서 확인했습니다.

어머님 : 그래요? 저에게는 보여주지 않더라고요. 잘 보았나요?

보미쌤 : 네. 서진이가 어제 학교 숙제가 많다고 하더니 깜박했나 보네요. 서진이 점수를 보면 영어가 중간고사에 비해 5점이 올랐습니다. 특히나 칭찬해 주어야 할 부분이 문법에 대한 오답이 계속 줄어들고 있다는 점입니다. 예전에는 문법 부분에서 오답이 많이 나오고 문법 관련 서술형은 손을 대려고 하지 않았는데 지금은 문법 문제에 대한 자신감

이 많이 생겼습니다. 이번 기말고사에는 문법 관련 문제는 오답이 하나도 없고 추론 문제에서 오답이 생겼습니다.

어머님 : 어머, 그래요?

보미쌤 : 네. 문법 부분에 대해서는 어머님께서도 많이 칭찬해 주세요. 그래야 더 자신감이 생기고 공부에 재미가 붙거든요. 주위의 격려와 칭찬이 특히나 필요한 시기입니다. 서진이의 경우 이번 여름방학에는 1학기 문법을 총 정리함과 동시에 추론 문제에 대한 집중 학습을 할 계획입니다. 지금처럼 자신감이 많이 생겼을 때 더욱 집중해서 취약 부분을 잡아간다면 학년이 올라갈수록 성적의 흔들림 없이 상위권을 유지할 수 있거든요.

어머님 : 너무 감사해요. 항상 신경 많이 써주셔서.

보미쌤 : 아닙니다. 오늘 서진이 집에 가면 칭찬 많이 해주세요. 서진이가 이번 기말고사 성적 정말 많이 기대했거든요.

어머님 : 네. 그럴게요. 감사합니다.

하위권 학생들을 보물로 만드는 방법은?

공부방을 처음 시작할 때 가장 먼저 만나는 것은 상위권 학생이 아닌 하위권 학생들이다. 슬픈 이야기지만 이것이 현실이다. 내 상상과는 전혀 다른 학생들을 만났을 때 선생님은 당황한다. 이런 학생을 받아야 하는지 고민에 빠지게 된다. 하지만 고민하지 말자. 내가 부족해서가 아니라 입소문이 나지 않은 공부방에 상위권 학생이 먼저 오는 확률은 지극히 낮기 때문이다. 상위권 학생을 받으려면 하위권 학생들의 성적을 올리면 된다. 상위권 학생들이 상위권을 유지하는 것은 입소문이 나지 않는다. 하지만 하위권 학생들이 중위권이나 상위권으로 올라갔을 때는 입소문이 정말 빠르게 퍼진다. 효과 최고다.

또한 학생들의 경우에도 상위권 학생들은 친구를 잘 소개하지 않는다. 하지만 하위권 학생들의 경우 친구를 소개해 주는 경우가 많다. 그렇기 때문에 하위권 학생들을 기쁜 마음으로 받아들이고 수업을 진행하자.

그런데 하위권 학생들은 어떻게 가르쳐 나가야 할까?

우선 하위권 학생들은 기초가 많이 부족하고, 공부에 재미를 느끼지 못하는 학생들이 대부분이다. 공부를 잘 못하기 때문에 학교에서도 지적을 많이 당하고, 선생님의 관심을 받지 못한다. 다시 말해 애정이 부족하다는 뜻이다.

그렇기 때문에 애정을 가지고 기초부터 학습해 나간다. 우선 교재에 대한 욕심을 버려야 한다. 수학의 경우 다른 학생들이 진행하는 개념서, 유형서, 문제서 등은 하위권 학생들이 보기에는 어렵고 풀기 싫은 문제들로 가득하기 때문이다. 계산력 다지기, 개념 반복 학습 같은 쉬운 문제들로만 구성된 문제(필요하다면 직접 만든 문제)들을 풀게 하면서 매일 연산 학습을 병행해 주는 것이 무엇보다 중요하다.

영어의 경우에는 단어 읽는 방법과 함께 어휘 학습을 반복적으로 해주는 것이 좋다. 기초가 부족한 학생에게 문법을 설명한다고 해서 이해를 하거나 재미를 느끼는 일은 없다. 기초 어휘부터 차근차근 학습해

나가보자. 그 후에 리딩 수업 그리고 문법 수업 순으로 진행하면 좋다. 초등 고학년과 중등은 문법과 리딩 수업을 병행하자.

하위권 학생들의 수업을 진행하면서 무엇보다 필요한 것은 인내심이다. 학생이 너무나도 기초적인 문제를 몰랐을 때 당황하지 말자. 더 쉽게 설명해 주거나 더 쉬운 문제를 먼저 풀도록 대처하는 것이 중요하다. 물론 이 인내심은 선생님뿐만 아니라 학부모에게도 요구되는 항목이다. 어머님이 빠른 변화를 요구하더라도 단호하게 대처해야 한다. 빨리 성과가 나길 바라는 마음이 결국 기초를 부실하게 만들고, 학생이 공부에 질리게 하는 지름길이다. 어머님이 빠른 변화를 요구하는 만큼 선생님의 마음은 급해질 수밖에 없고, 그러면 기초를 확실히 다지기 전에 다음 단계로 계속 진행해 나갈 수밖에 없다. 이 악순환에 대해서는 입회 당시에 차분히 설명을 드린다. 6개월에서 1년 동안에는 성적의 변화가 없을 거라고 말이다. 물론 6개월에서 1년 동안 학생의 성적 변화가 없는 경우는 거의 없다. 조금이라도 오르는 모습이 보이지만 이렇게 상담을 해야 학생에 대한 섣부른 기대감을 갖지 않고 여유 있게 학생의 성장을 기다려 주기 때문이다. 대신 3개월 단위로 어떻게 학습이 진행되고 있는지, 어떤 부분이 좋아지고 있는지 꼭 학습 상담을 진행한다. 그래야만 학부모는 믿고 기다릴 인내심이 생기기 때문이다.

마지막으로 다시 한 번 강조하고 싶은 것은 '하위권 학생들에 대한 선생님의 무한 애정'이다. 아니, 학생에 대한 애정은 당연한 것인데 왜 이렇게 강조하느냐, 묻고 싶은 선생님도 있을 것이다.

내가 말하는 애정은 보통의 애정이 아닌 과한 애정이자 분에 넘치는 애정을 말한다.

학생이 오면 관심 있게 인사를 건네주고, 스킨십도 자주 해주도록 하자. 문제를 설명할 때도 평소보다 느리게 말해주면서 중간중간 학생의 눈치를 살피는 것이 좋다. 이 학생이 제대로 이해하고 있는 것인지 눈을 보면서 "알겠니? 다시 설명할까?"라고 반복적으로 물어보는 것이 좋다. 하위권 학생들은 질문이 익숙한 학생들이 아니다. 자신이 다른 학생들보다 공부를 못하고 이해력이 부족하다는 것을 잘 알기에 먼저 모르겠다고 밝히는 것을 꺼린다. 이러한 심리를 선생님이 먼저 알고 해결해 주는 것이 중요하다.

문제를 푸는 중간중간 학생이 오답 없이 잘 풀었을 때나 가르쳐 준 방법으로 잘 풀어 나갈 때는 과장해서 칭찬해 주는 것도 좋다. "와우~ 역시 잘~~했어!! 최고! 최고!" 이런 식으로 칭찬해 주면 학생은 쑥스러워하면서도 공부에 대한 자신감이 높아진다. 지금 당장 목소리 크고 닭살 돋게 하는 선생님이 되어 보자. 그래야 하위권 학생들이 진짜 보물이 된다.

받기 싫은 회원 거절하는 방법이 있나요?

공부방을 운영하다 보면 정말 받기 싫은 학생이 들어오는 경우가 생긴다. "교육자로서 어떻게 학생을 거절해?"라고 말하는 선생님들도 있다. 하지만 나와 정말 맞지 않는 학생, 내가 생각하는 공부 자세가 되어 있지 않은 학생은 다른 선생님을 만날 수 있도록 거절하는 게 좋다.

그것이 나를 위해서도 그 학생을 위해서도 탁월한 선택일 수 있다.

받지 않는 게 좋은 학생도 유형이 있다. 공부를 잘하고 못하고는 학생을 선택하는 기준이 될 수 없다. 앞서 말한 바와 같이 하위권 학생들은 하위권 학생들의 매력이 있다. 때문에 기쁘고 즐거운 마음으로 학생이 성장하도록 이끌어 나가는 것이 좋다.

하지만 정말 공부하기 싫고 더 나아가 선생님에 대한 예의가 없는 학생은 받지 않는 것이 좋다. 비록 학원, 공부방, 교습소 선생님들이 교육비를 받고 학생을 가르쳐주는 서비스업을 하고 있다 해도 한 학생의 중요한 학습을 책임지는 선생님이다. 옛말에 '스승의 그림자는 밟지 않는다.'라는 말이 있듯이 선생님에 대한 존경심이 있는 학생을 가르치는 것이 학생을 위해서도 선생님을 위해서도 좋다.

간혹 선생님을 친구보다도 우습게 여기고 무시하는 학생들이 있다. 이런 학생들은 선생님을 신뢰하기보다는 떠보려는 행동과 말을 자주 한다. 이런 학생들의 특징은 "선생님, 이거 모르지요?", "선생님이 말한 답 틀린 것 같은데…", "이걸 왜 해요? 왜 매일 쓸데없는 문제만 시켜요?", "이런 거 시험문제에 하나도 나오지 않는데.", "학교 선생님이 이런 문제 시험에 나오지 않는다고 했어요.", "아~짜증 나. 하기 싫다.", "모르겠어." 등의 반말 섞인 무례한 말과 행동을 서슴지 않는다.

이런 학생은 태도를 고쳐가는 과정에서 어머니가 협조를 해줘도 선생님을 힘들게 한다. 심지어 협조조차 안 해주는 학부모도 있다. 그렇기 때문에 처음 입회 상담 시 이런 행동과 말이 보인다면 아직 학생이 들어갈 수 있는 팀이 만들어지지 않았으니 바로 수업이 힘들고, 후에 팀 정원이 모이게 되면 바로 연락드리겠다고 돌려서 입회를 거절하는 것이 좋다. 무조건 우리 공부방과 맞지 않는다고 말씀드리면 자존심이 상해서 도리어 공부방 선생님을 나쁘게 말하고 화를 내는 경우가 많으니 말이다.

★ 실제 거절 상담

학생은 공부방에 들어올 때부터 화가 잔뜩 난 표정이었다. 진단테스트를 푸는 동안 계속해서 엎드려 있으면서 중간에 계속 "짜증나~"를 반복했다.

보미쌤 : 찬호 다 풀었니?

찬 호 : (대답이 없다.)

보미쌤 : 평가지 선생님이 좀 볼게.

찬 호 : (여전히 입만 내밀고 말이 없다. 계속 화가 난 표정이다.)

보미쌤 : (맞은 문제가 없다.) 찬호가 수학을 많이 힘들어하나 보내요.

어머님 : 수학을 싫어해요. 그래서 걱정이에요.

보미쌤 : 찬호가 전 학년에 대해서 얼마나 이해하고 있는지 평가를 해보아야 정확한 진단이 나올 것 같은데요.

찬 호 : 아~ 또 시험 봐요? 하기 싫은데… (짜증이 가득 섞인 말투다.)

어머님 : 그래도 봐야지. (학생의 반말과 자세에 대해서는 전혀 주의를 주지 않으신다.)

찬 호 : 싫다고~ 아~ 나 바쁘다고.

어머님 : 그럼 어떻게 할 거야. 그냥 다닐까? 테스트는 다음에 보고.

보미쌤 : … (당황스럽다. 어머님 혼자 결정하는 이 분위기…)

찬　호 : 엄마 마음대로 하라고. 난 다니기 싫다고 분명히 말했어.

어머님 : 그래도 다녀야지. 너 학교 선생님이 학원 다녀야 한다고 하셨잖아.

찬　호 : 몰라, 엄마 마음대로 해. 난 간다.

보미쌤 : 저. 어머님. 지금 여기서 결정하시기보다는 집에서 찬호와 충분히 이야기를 나누어 보신 후 연락을 주시는 게 어떨까요? 현재 찬호가 들어가야 할 반이 아직 정원이 채워지지 않아서 바로 수업 진행은 힘들거든요. (물론 그런 반은 존재하지 않는다.)

어머님 : 바로 수업 시작했으면 좋겠는데요.

보미쌤 : 저도 정말 그러고 싶은데요. 저희는 실력에 따라 분반으로 운영하고 싶습니다. 개인별 맞춤 수업을 진행하기 위해서요. 그런데 현재는 찬호가 들어가야 할 반은 아직 정원 미달이라서 대기자를 받아놓고 있는 상태입니다. 그 반의 정원이 다 모아지면 연락드리겠습니다.

어머님 : 그냥 우리 애 먼저 시작하고 있으면 안돼요?

보미쌤 : 그러고 싶기는 한데요. 학생들의 효과적인 티칭을 위해서 정해놓은 운영 방침이라서요. 이 부분은 이해 부탁드립니다. 대신 정원이 마감되면 바로 연락드리도록 하겠습니다.

어머님 : 그래요? 그럼 찬호와 이야기해 보고 있을 테니 연락주세요.

찬　호 : (말없이 계속 입만 내밀고 있다.)

보미쌤 : 네. 어머님~알겠습니다. 찬호야, 선생님이 곧 연락할 테니 선생님과 나중에 열심히 공부하자. (학생의 등을 살짝 두드린다.)

찬　호 : (반응도, 대답도 없다.)

이 글을 읽고 공부방 운영에 걱정이 든다면 그럴 필요는 없다. 이 정도로 최악의 학생은 만나기 쉽지 않다. 나도 이 정도의 학생은 십년

넘게 공부방 운영을 하면서 2~3명밖에 보지 못했으니 말이다.

　공부방을 운영하면서 처음에 드는 생각은 모든 학생을 내 자식 같은 마음으로 가르쳐야겠다는 것이었다. 그래서 초기에는 모든 학생을 받았고, 참고 참고 계속해서 참으며 가르치다 보니 공부방 운영에 대한 권태기가 오기 시작했다. 그때가 공부방 운영 2~3년차였던 것 같다. 공부방 초기에 한 명이 아쉬운 상황이라 해도 받기 싫은 회원은 거절한다. 성공적인 공부방의 미래를 위해서 말이다.

7월 공부방 운영 체크리스트

	공부방 운영 업무	예	아니오	반성할 점
홍보	전단지 / 현수막 홍보를 진행하였나요?			
	블로그 또는 카톡, 인스타를 활용한 홍보를 진행하였나요?			
	공부방 이벤트 또는 설명회를 진행하였나요?			
	공부방 안내문(소식지)를 월 2회 이상 발송하였나요?			
	공부방 방학 안내문을 발송하였나요?			
상담 / 학습	학부모님과 월 2회 이상 상담을 진행하였나요?			
	시험 결과 상담을 진행하였나요?			
	학생들과의 친밀도를 높이기 위한 노력을 하였나요?			
	주 1회 이상 학생들을 위한 수업 프린트물을 제작하였나요?			
	교재를 직접 채점하고 학생의 취약 부분을 정리해 두었나요?			
	학생의 질문에 화를 내지 않고 설명을 잘 해주었나요?			
	학생들이 문제를 충분히 생각할 수 있게 시간을 주었나요?			
	숙제 검사를 철저히 하였나요?			
	공부방 매출·매입 영수증을 모두 챙겨 두었나요?			
	공부방 가계부를 작성하였나요?			
	월 입회 학생 목표를 달성하였나요?			
	밀린 회비 없이 교육비 입금을 모두 확인하였나요?			
자기 관리	교육 정보에 대해 주 1회 이상 찾아보고 자료를 수집했나요?			
	하루에 3시간 이상 교재를 직접 풀어보았나요?			
	수업 준비를 위한 시간을 하루 1시간 이상 투자했나요?			

성공하는 공부방 열두달 운영비법

8월

8월 핵심 요약

무더운 여름을 돌파하는 노하우는?
평소 하지 않던 여름방학 한정(4주 진행) 칭찬 스티커 모으기를 진행해 보아도 좋다. 일주일 단위로 칭찬 스티커 모으기를 진행해 보도록 하자.

예비 회원에게 연락할까? 말까?
먼저 연락을 드리는 것이 맞다. 방학 동안 휴회를 했던 학생의 경우 방학이 끝나기 1주일 전 쯤에 전화 연락을 드리자.

회비를 밀리는 학부모에 대처하는 방법은?
자녀에게 들어가는 비용 중 내 공부방 교육비가 1등이 되느냐, 꼴등이 되느냐는 선생님의 태도에 따라 결정된다. 때문에 교육비에 대해서는 단호한 태도를 보여야 한다.

자기주도학습 어떻게 잡아주나?
이런저런 책, 세미나 등에서 말했던 자기주도학습을 공부방 학생들에게 적용해 보면서 얻은 결론은 하나였다. 자기주도학습이란 학생들의 공부 습관을 말하는 것이다.

8월
'여름방학 이벤트, 현장학습'이 좋다

여름방학은 짧다. 여름휴가까지 겹쳐 있어서 2학기 선행 학습 시간이 많이 줄어든다. 게다가 날씨 때문에 지치는 날도 많다. 그래도 1억 공부방 선생님은 8월에 더욱 열정을 불사른다. 과연 어떻게 해야 8월을 보람차게 보낼 수 있을까?

1억 공부방 선생님들의 비결을 알아보니 대부분 여름방학 동안 현장 체험 학습을 한다고 했다. 특히 맞벌이 부모님의 경우 자녀들을 데리고 직접 현장 체험학습을 해주기 어렵기 때문에 공부방 선생님이 현장 체험학습을 해주면 아주 좋아한다.

내가 진행했던 현장 체험학습 중 좋았던 것은 '도서관 방문 체험 학습'이다. 평소 학생들이 책을 좋아하지 않고, 도서관에 가서 책을 보는 것도 익숙하지 않다. 하지만 방학이야말로 시간적 여유가 있기 때문에 도서관 방문을 쉽게 할 수 있는 시기이다. 그 점에 착안해 나는 학생들이 도서관에 가서 책을 읽는 것에 대해 재미를 느끼도록 방학 동안 매주 토요일에는 '도서관 방문 체험학습'을 진행했다.

매주 토요일 아침 10시에 동네에 있는 도서관 앞에서 만나 도서관에서 책 읽는 시간을 가졌다. 의무적으로 2시간(10시~12시), 선택적으로 5시간(10시~15시, 중간에 12시부터 13시는 점심시간)으로 말이다. 점심식사를 중간에 하는 학생의 경우 어머님에게 미리 점심값을 따로 받아 도서관 지하 식당에서 학생들과 함께 점심을 먹는다. 후식으로 음료수는 내가 사주고 말이다.

학생들은 도서관에 가서 무슨 책을 읽어야 할지 고민부터 하기 시작했다. 학생들은 20~30분 넘게 무슨 책을 읽을지 몰라 이 책 저 책 펼쳤다 접었다를 반복했다. 나는 고민하는 학생 옆에 가서 그 학생이 읽으면 좋은 책을 학생의 수준에 맞게 조언해 주었다. 그렇게 학생들의 책 선택이 끝나면 자리에 앉아서 조용히 책을 읽도록 지도해 주었다. 처음에는 장시간 앉아 있는 것에 대해 지루해 하던 학생들도 시간이 지나면서 책에 집중하게 되었다. 그렇게 책을 읽고 즐겁게 점심을 먹으면서 이런저런 대화를 함께 하고 다시 책을 읽고 집에 보냈다. (집에 보낼 때는 어머님에게 문자 메시지를 보낸다.)

학생들은 도서관에 가는 것 자체를 재미있어 하였고 방학이 끝날 무렵에는 "매주 했으면 좋겠어요.", "여기 와서 나중에 또 밥 먹어요." 등등 도서관을 즐거운 곳으로 인식하게 되었다. 공부방 학생 중 일부는 그 후 매주 주말에 정기적으로 도서관에서 책을 대여해 보는 학생도 생겼다. 학부모님들은 매우 만족해했고, 나도 책과 도서관에 대한 학생들의 인식을 조금이나마 바꿀 수 있어서 보람 있었다.

이렇듯 방학 체험 학습은 너무 거창한 것으로 고민하지 말고 집 근처에서부터 시작하자. 욕심 부리지 말자. 학생들의 학습에도 도움이 되

★ 1억 공부방의 비결 – 여름방학 이벤트 １

▲〈학부모와 함께 하는 사고력 보드 페스티벌〉
여름방학이라 아빠 엄마와 함께하는 사고력 보드게임 대회를 열었습니다. 기존회원은 물론 회원 친구와 가족들도 초대해서 총 11가족이 모였습니다. 아마 아빠 엄마가 직접 수업을 참관한 효과가 있었는지 입소문을 많이 내주셔서 신규회원이 늘었네요. 대기자까지 생겨났으니 초보 선생님들께 강추합니다. ─ 리베쌤

◀〈영화감상과 토론회〉
체험 학습이 시간상 부담스럽다면, 공부방에서 즐거운 영화나 드라마 감상을 하고 난 후, 자연스럽게 토론을 하거나 감상문을 작성하게 되면 훌륭한 체험 학습의 효과를 얻을 수 있답니다.
─ 까칠마녀 쌤

면서 즐거운 여름방학 추억을 만드는 정도로 끝내는 것이 좋다. 2014년 한 선생님은 방학에 학생들과 함께 영화 〈명량〉을 본 후 그 다음 주에는 거북선 모형 만들기 체험 활동을 진행하였다. 자연스레 한국사에 대한 이야기를 나누는 시간을 가졌고, 학생들도 한국사에 많은 관심을 가지는 계기가 되었다면서 선생님들 모임에서 자랑스럽게 말씀하셨던 모습이 기억 난다.

고민을 많이 하기보다는 작은 것부터 실천해 보도록 하자. 그 어느 때보다도 알차고 기억에 남는 방학을 보낼 수 있으니 말이다.

무더운 여름을 돌파하는 노하우는?

더운 여름 8월은 열이 많은 학생들에게는 더욱 힘든 달이다. 그만큼 더위에 지쳐서 공부도 다른 달보다 더 힘들어한다. 그래서 평소에는 잘 틀지 않는 에어컨을 학생들이 있는 수업시간에는 쉬지 않고 돌리게 된다. 학생들이 공부에 집중할 수 있는 환경을 만들어 주는 것도 공부방 선생님의 역할 중 하나이기 때문이다.

또한 이 시기에 학생들은 여름방학이라서 놀아야 한다는 의무감이 생겨나 평소에는 지각을 잘하지 않던 학생들도 지각을 하거나 결석을 한다. 놀다 보면 쉬고 싶고 공부도 하기 싫어지니 말이다.

공부하기 싫어하는 학생들에게 강제로 공부 시키는 일만큼 힘 빠지는 일이 없다. 특히나 여름방학 같이 핑계를 만들기 좋은 시기에는 더더욱 강압적으로 공부를 시키지 않는 것이 중요하다. 공부도 하기 싫은데 공부방에 가서도 혼만 나고 온다면 학생들은 이런저런 핑계를 대면서 방학 때 쉬고 싶다고 부모님을 졸라댄다. 부모님은 '그래, 방학 때는 좀 쉬게 해주는 것도 좋겠지. 그래 한 달만 쉬게 해주자.'라는 결정을 내려 버린다. 속 타는 선생님의 마음도 몰라주고 말이다. 더운 여름을 알차게 나는 방법이 없을까? 자주 결석하고 지각하고 공부방에 와서도 집중하지 않고 입만 내밀고 있는, 심지어 엎드려서 공부하기 싫어하는 학생들을 현명하게 이끌어 줄 수 있는 방법 말이다.

방학 때는 평소 하지 않던 여름방학 한정(4주 진행) 칭찬 스티커 모으기를 진행해 보아도 좋다. 물론 기간이 너무 길면 학생들이 의욕도 사라지고 지치기 때문에 일주일 단위로 칭찬 스티커 모으기를 진행해 보도록 하자. 일주일 동안 시간 약속을 잘 지키고, 수업 태도가 좋은 학생들에게 수업 후 스티커를 한 장씩 준다. 일주일 동안 스티커를 다 모은 학생들에게는 그 주차 이벤트 상품 교환권을 선물로 준다. 선물은 학생들이 좋아하는 피서용 음식 중심으로 준비하면 좋다.

이벤트 상품 교환권

1주 아이스크림 교환권(학생들이 좋아하는 아이스크림을 종류별로 사놓은 후 학생들이 제비뽑기로 아이스크림을 뽑도록 한다. 제비뽑기를 하는 이유는 선생님이 사놓은 아이스크림 중에서 일부 아이스크림만 없어질 수 있기 때문에 제비뽑기를 통해서 아이스크림을 선택하도록 하는 것이다.)

2주 스무디 교환권(학생들에게 스무디를 교환할 수 있는 날짜와 시간을 알려주고 학생들이 오면 스무디를 만들어 준다. 공부방 주변에 스무디를 판매하는 곳이 있다면 그곳 사장님께 말씀드려 그곳에서 쿠폰과 스무디를 교환하는 것도 좋다. 하지만 직접 만들어 주면 학생들이 공부방에 다니지 않는 친구를 데려오는 기회가 될 수 있으니 공부방에서 직접 만들어주자.)

3주 미니 팥빙수 교환권(학생들이 수업 없는 날짜와 시간에 공부방에 와서 미니 팥빙수 교환권으로 컵 빙수를 교환해 가도록 한다. 수업이 없는 시간으로 한 이유는 공부방 학생들이 친구들과 놀면서 공부방에 함께 오게 하려는 이유도 있다. 자연스럽게 공부방을 홍보할 수 있다. 그렇게 학생들이 오면 공부방에서 컵 빙수를 만들어 학생들에게 나누어 준다. 학생들의 반응도 환상적으로 좋다.)

4주 여름방학 마무리 파티 초대권(공부방에 다니는 학생들을 중심으로 방학 동안 선행 학습을 열심히 한 것을 칭찬해 주는 의미로 방학 마무리 파티를 열어준다. 이 파티 초대권으로 형제, 자매나 친구 1명을 파티에 데리고 올 수 있다. 그러면 자연스럽게 학생들을 통해 공부방 홍보도 되고 공부방 학생들과도 즐거운 방학 마무리 파티도 할 수 있으니 일석이조이다.)

여름방학 동안에는 지친 학생들을 위해 작은 이벤트를 열어보자. 공부에 지친 학생들에게 작은 활력소가 될 수 있도록 매년 재미난 아이디어를 내보는 것도 공부방 운영에 또 다른 재미가 될 수 있다. 학생들과도 즐거운 추억거리가 하나 더 생길 수 있으니 방학 전 학생들과 이벤트에 대해서 의견을 나눠보는 것도 좋다.

★ 1억 공부방의 비결 – 여름방학 이벤트 2

▲ 〈물총놀이〉 무더위를 날려버리기 위한 오늘의 이벤트는 물총놀이! 일단 떡볶이와 간식을 만들어 먹인 후, 물총 들고 아파트 놀이터로 돌진! 이 녀석들이 5분도 안돼서 저에게 폭풍물총을 쏴대네요. 기말고사 동안 마귀처럼 가르쳤으니, 녀석들의 물총은 달갑게 받아야죠.
남편은 물 나르느라 바쁘고, 아이들은 완전 물에 젖은 생쥐꼴이 됐지만 너무 신나합니다. 물총싸움 이벤트 마치고 아이들 옷 다 갈아입히고 집으로 보내고 난 뒤 저와 남편은 뻗어버렸지만, 아이들과 웃고 떠들고 놀았더니 제 스트레스도 다 날아가고 에너지 완전 충전되네요. 역시 아이들과의 이벤트는 선생님이 더 즐거운 것 같네요.
— 주디 쌤〈조이 홈스쿨〉

★ **1억 공부방의 비결 – 여름방학 이벤트** 3

▲ 〈과일빙수 만들기〉 여름하면 과일빙수죠. 배달시켜 먹을 수도 있지만, 저는 빙수기계 사고 과일, 시리얼, 연유, 딸기, 아이스크림 등등 다 준비해서 직접 아이들과 신나게 만들어 먹었죠. 왜냐, 맛있는 팥빙수 시간 후에 재료와 요리과정을 영어문장으로 배우고 영어회화까지 하려는 이유에서였죠. 그래도 아이들은 와글와글 영어로 떠들어대면서 시~원하고 즐거운 시간을 가졌답니다.
— 로렌 쌤 〈김해영어회화공부방〉

예비 회원에게 연락할까? 말까?

12월~7월 동안의 홍보를 통해 알게 된 예비 회원 명단을 보고 고민할 시기가 돌아왔다. 이제 곧 2학기가 시작되는데 예전에 상담을 왔거나 상담 문의를 주었던 학부모님들에게 연락을 드려야 할지 말지를 고민하게 된다.

특히나 방학 동안 휴회가 있었던 경우에는 더더욱 이런 고민해 빠질 수밖에 없다.

다시 온다고 했으니 기다려 볼까? 아니면 연락을 드려야 하나? 나도 운영 초기에는 이런 고민을 수도 없이 해보았다.

결론은 먼저 연락을 드리는 것이 맞다. 방학 동안 휴회를 했던 학생의 경우 방학이 끝나기 1주일 전쯤에 전화 연락을 드리자. 휴가 잘 다녀오셨는지 안부도 물으면서 다음 주부터 새 학기가 시작되어 이번 주에는 방학동안 해왔던 선행학습 총정리가 있으니 미리 학생이 와서 들으면 좋을 거라는 상담을 진행해 보자. 어머님이 부담스럽게 생각하지는 않을까 고민하지 말라. 오히려 연락을 주지 않는 선생님을 섭섭하게 생각하니 말이다. 내가 학생을 잊지 않고 학생의 학습 계획까지 꼼꼼하게 짜놓고 기다리고 있음을 어필하라. 그래야 책임감 있는 선생님의 모습으로 보일 테니 말이다.

그리고 학생에게도 문자 메시지 '여름방학 즐겁게 보냈니? 선생님은 ○○이 많이 보고 싶었어. 다음 주부터는 선생님과 함께 즐겁게 공부해 보는 거야.'를 보내서 이제 곧 선생님을 만나 즐겁게 공부하자는 뜻을 전하자.

방문상담이나 전화상담 후 입회로 연결되지 않은 학부모님들에게도 공부방의 존재를 문자 메시지를 통해서 지속적으로 어필하도록 하자. (전화상담은 부담감을 줄 수 있으니 좋은 방법이 아니다.) 부담스럽지 않도록 예비 회원들에게 문자 메시지를 보내자.

★ 예비 학부모님들에게 보내면 좋은 문자

1. "때때로 남을 믿지 못하는 것보다 속아 주는 것이 더 행복할 때가 있다."
   ― 사무엘 존슨 ―

   아침저녁 쌀쌀한 날씨에 감기 조심하시고 행복한 주말 보내세요^^
   ―보미쌤 공부방 선생님 김보미 ―

2. 새롭게 시작하는 수확의 계절 9월에 행복하시고 웃을 수 있는 일이 많으시길 기원드립니다.
   ―보미쌤 공부방 선생님 김보미 ―

3. "인생에서 가장 의미 없이 보낸 날은 웃지 않고 보낸 날이다."
   ― E. E. 커밍스 ―

   행복한 웃음 가득한 주말 보내세요. ^^
   ― 보미쌤 공부방 선생님 김보미 ―

4. 어머님!!
   새 학기가 시작되기 일주일 전입니다.
   이제는 일찍 일어나는 습관을 길러주세요^^
   행복한 주말 보내세요^^
   ― 보미쌤 공부방 선생님 김보미 ―

5. 어머님!!
   틀린 답을 아이 스스로 찾을 수 있도록 해주세요.
   시행착오를 겪으면서 한결 더 창의적인 사고를 하게 됩니다.
   즐거운 주말 보내세요^^
   ―보미쌤 공부방 선생님 김보미 ―

지속적인 회원 관리를 해보는 것도 공부방 운영에 큰 도움이 된다. 문자 받기를 원하지 않는 경우에는 어머님 쪽에서 핸드폰 번호를 차단하기 때문에 크게 걱정하지 않아도 된다. 어머님들 중에서 내 공부방의 존재를 잊고 계셨던 분들은 문자 메시지를 통해서 다시 한 번 기억하게 되고 부담 없이 연락할 수 있는 계기가 된다. 나도 처음에는 많이 망설였지만 효과를 보고 나서는 적극 추천하는 방법이다.

회비를 밀리는 학부모에 대처하는 방법은?

'회비 밀림.' 솔직히 이것처럼 참 난감하고 고민되는 게 없다. 누구에게 하소연 할 수도 없고 뭔가 자존심도 상하고 말이다. 나도 초보선생님일 때 정말 스트레스가 심했다. 내가 잘못한 것도 없는데 회비 달라는 말을 잘 못하겠고, 사채업자도 아닌데 계속 돈을 달라고 보채는 것도 싫었기 때문이다. 공부방을 운영하면서 회비를 제 날짜에 잊지 않고 보내주는 분들은 다른 어떤 학부모들보다 좋게 보이고 심지어는 그 학생이 예뻐 보이기도(?) 했다.

회비가 밀리기 시작하면 다음 달에 받아야 하는 회비 금액이 올라가게 된다. 이는 선생님뿐만 아니라 학부모님에게도 큰 부담이 된다. 결국 밀린 회비는 받지도 못하고 퇴원으로 이어질 확률이 높기 때문에 교육비는 제 날짜에서 일주일 안에 받는 것이 중요하다. 회비 밀림도 습관이기 때문이다.

그럼 어떻게 대체해야 할까? 먼저 교육비 입금일자에 대해서는 입

★ 교육비 안내에 대한 상담

보미쌤 : 참, 그리고 공부방 교육비에 대해서 안내해 드리겠습니다.

어머님 : 네.

보미쌤 : 초등학생은 월 교육비가 18만원이기 때문에 지수는 매월 15일에 교육비를 입금해 주시면 됩니다. 매월 15일이 되면 교육비 안내 메시지가 발송될 겁니다.

어머님 : 문자 메시지요?

보미쌤 : 네^^ 저희 공부방은 학생에 대한 기록을 모두 컴퓨터에 저장해 두고 미리 예약 문자 메시지를 등록해 놓기 때문에 15일이 되면 자동으로 문자 메시지가 전달됩니다. 이 부분에 대해서는 양해 부탁드려요.

어머님 : 아. 네, 매월 문자 메시지 오면 기억하기 쉽겠네요. (표정은 그리 좋지 않다. 하지만 상관하지 말자.)

보미쌤 : 네. 교육비 부분은 날짜가 지나면 저도 잊어버리게 되고, 그쪽으로 신경을 쓰게 되어서 알림 설정을 해놓거든요. 그래야 제가 더욱 교육에 집중할 수가 있어서요. 호호호.

어머님 : 네. 알겠습니다.

보미쌤 : 그럼 어머님. 여기 공부방 명함입니다. 여기에 계좌번호도 함께 적어 드릴게요. (어머님께서 가신 후에 교육비 장부에 기록해 둔다.)

회 상담 시부터 확실하게 이야기해 두자.

첫 상담 후 어머님께 공부방 명함에 교육비와 계좌번호를 적어서 드려도 좋다. 회비 봉투를 통해서 현금으로 받지 않는 이유는 분실 위험도 있고, 어머님이 현금을 따로 챙겨야 하는 번거로움이 있기 때문이다.

두번째, 이후 교육비 입금 당일에 안내 문자 메시지를 보낸다. 그 후에도 교육비가 입금되지 않으면 2~3일 후 다시 한 번 문자 메시지를 보낸다. 그렇게 했는데도 교육비가 입금되지 않았다면 일주일 후에 전화를 드려 교육비 입금에 대해 확실하게 이야기해 두는 것이 좋다.

'회비 밀림' 대처방법에 대해서는 선생님들 사이에서도 여러 의견이 있다. 문자를 보냈다가 학부모로부터 항의를 받았다는 선생님도 있었다. 야박해 보인다, 교육자로서 자존심이 상한다는 선생님도 있었다. 반면 뭔가 집안의 사정이 있을 거라 생각하고 기다려주는 선생님도 있었다.

★ 1억 공부방의 비결 – 학부모와의 진실한 소통

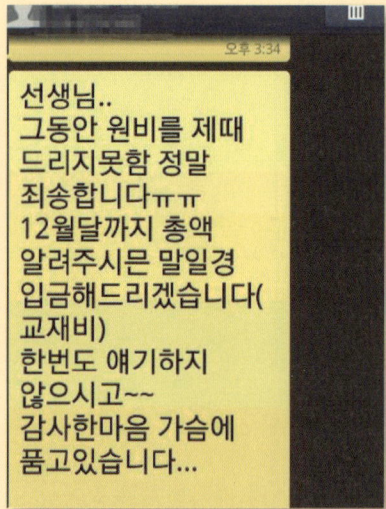

▲ 원비가 밀려서 속상할 때도 많지만, 피치 못할 사정이 있는 경우는 조금 여유를 갖는 것도 좋아요. 결국 이렇게 마음을 알아주시고 문자를 보내주시는 분도 계십니다, 감사하고 저 역시 감동을 받았답니다. — 친쌤〈내공스터디〉

문자를 보내느냐 마느냐는 결국 선생님의 선택이다. 그러나 어떤 경우라도 선생님이 교육비에 대해 이야기하는 것은 자존심이 상하는 게 아니니 당당해지자. 그렇게 한다면 선생님도 스트레스가 줄어들 것이고, 학부모들도 선생님의 진심을 조금은 헤아려 주는 날이 온다.

자기주도학습 어떻게 잡아주나?

몇 년 전부터 학부모님들과 선생님들 사이에서 자주 나오는 말들 중 하나가 자기주도학습이다. 길을 가다 보면 학원, 교습소, 공부방의 홍보물에 항상 들어가 있는 말이 바로 '자기주도학습'이다. 그럼 여기서 말하는 자기주도학습이란 도대체 무엇을 말하는 것일까?

나는 내가 가르치는 학생들에게 자기주도학습을 제대로 시켜주고 싶어서 자기주도학습 관련 책, 강의, 동영상 등을 빼놓지 않고 모두 찾아서 보고 들었다. 하지만 알아보면 알아볼수록 궁금증이 커져만 갔다. 자기주도학습을 어떻게 학생들에게 효과적으로 시키는 것이 좋은지에 대한 해답은 어디에도 없었기 때문이다.

이런저런 책, 세미나 등에서 말했던 자기주도학습을 공부방 학생들에게 적용해 보면서 내가 얻은 결론은 하나였다. '자기주도학습'이란 학생들의 '공부 습관'을 말하는 것이다.

학생이 자기주도적으로 학습을 진행해 나가는 것이다. 여기서 오해하지 말아야 할 것은 학생이 스스로 공부 내용을 알고 혼자서 독학할 수 있다는 뜻이 아니다. 누가 시키지 않아도 배울 내용에 대해서 미리 예습하고, 배운 내용에 대해서는 그날그날 복습하는 습관. 다시 말해 공부 습관이 몸에 밴 것이 자기주도학습을 잘 진행하는 것이라고 말할 수 있다.

그럼 어떻게 하면 자기주도학습을 잘 시킬 수 있을까?

그 해답은 바로 공부 방법을 알려주면서 복습하는 습관을 길러주는 것이다. 예습과 복습을 모두 다 잘하면 좋겠지만 그럴 수 없다면 복습을 꾸준히 하는 습관을 길러주는 것이 무엇보다 중요하다. 대부분의 학생들은 모두 공부를 잘하고 싶어 한다. 하지만 어떻게 해야 하는지 그 방법을 몰라서 힘들어하거나 공부에 흥미를 잃게 된다. 학원, 교습소, 공부방을 다니는 학생들은 선생님이 내준 숙제를 하면서 성적을 올리고 있다.

이렇게 수동적으로 공부하는 학생은 학년이 올라가면서 성적이 떨어지는 경우가 많다. 누군가가 옆에서 이끌어주지 않으면 제대로 혼자서 공부를 하지 못한다.

벼락치기를 하는 학생은 순간적으로 그때는 기억할 수 있지만 학년이 올라가면 전혀 새로운 내용으로 착각하고 어려워한다. 즉 기초가 부족하다는 뜻이다.

하루에 학생이 할 수 있는 분량이 어느 정도인지를 알려주고, 그 분량만큼 꾸준히 공부를 해나가도록 지도해 주자. 더 나아가서는 배운 내용에 대해서 수업 직후, 다음 날, 일주일 후, 한 달 후 꾸준히 복습하는 습관이 길러지도록 지도해 주자.

평소 복습하는 습관을 길러두면 후에 선생님의 곁을 떠나 혼자서 공부해야 하는 시기가 와도 몸에 밴 습관 때문에 학교에서 공부한 내용을 주기적으로 복습한다. 따라서 내용이 어려워져도 공부 양이 많아져도 힘들어하지 않는다. 매일 공부하면서 안정적으로 성적을 유지하고 결국 본인이 원하는 대학에 가게 된다.

내가 여러 해 동안 여러 학생들에게 적용해 보았고, 학년이 올라가서 내 곁을 떠나 혼자 공부하게 된 학생들과도 꾸준히 연락하면서 지켜본 결과였다. 성공한 케이스를 많이 보면서 이 학습이 얼마나 중요한지에 대해서 다시 한 번 생각하게 되었다. 또한 선생님이란 직업에 대해 자신감이 더욱 생겨나게 되었다.

이 글을 읽는 선생님들도 당장의 성적보다 더 중요하게 생각하고 가르쳐 주어야 할 것이 있다. 바로 학생들에게 공부의 필요성을 알려주고 어디서나 흔들림 없이 성적을 유지하도록 공부 습관을 길러주는 것이다. 그럼 그 학생의 일생에 큰 도움을 주는 진정한 교육자로 기억될 것이다.

★ 학습일지

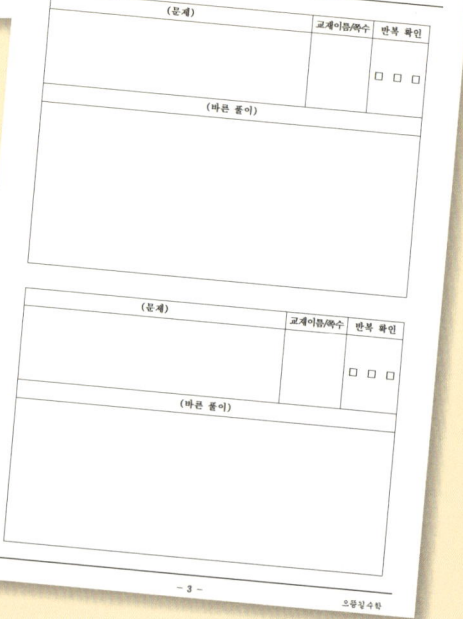

◀ 공부습관은 단기간에 잡히는 게 아닙니다. 매일 또는 매주 학습한 내용과 시간을 스스로 적어 보는 일지를 작성합니다. 작성하다 보면 늘 복습하게 되고, 그런 자기주도학습이라는 습관이 생기면 공부량이 많아지고 내용이 어려워져도 안정적으로 공부를 하게 됩니다.

★ 오답공책

▶ 오답공책은 성적향상의 지름길이자 필수요소입니다. 대부분 틀린 문제를 또 틀리기 때문에 오답공책 작성을 통해 완전히 자기 것으로 소화해내야 합니다. 특히 학교시험을 볼 때 한 번씩 오답공책을 쭉 보는 것이 높은 점수를 얻는 비결입니다.

8월 공부방 운영 체크리스트

	공부방 운영 업무	예	아니오	반성할 점
홍보	전단지 / 현수막 홍보를 진행하였나요?			
	블로그 또는 카톡, 인스타를 활용한 홍보를 진행하였나요?			
	공부방 이벤트 또는 설명회를 진행하였나요?			
	공부방 안내문(소식지)를 월 2회 이상 발송하였나요?			
	학교 앞이나 아파트 장날 직접 홍보를 진행하였나요? (홍보 물품 + 전단지 홍보)			
상담 / 학습	학부모님과 월 2회 이상 상담을 진행하였나요?			
	개학 시간표 변경 상담을 완료하였나요?			
	특강 수업 마무리 자료를 정리해서 학생 집으로 발송하였나요?			
	2학기 예습 수업이 마무리 되었나요?			
	학생들과의 친밀도를 높이기 위한 노력을 하였나요?			
	주 1회 이상 학생들을 위한 수업 프린트물을 제작하였나요?			
	교재를 직접 채점하고 학생의 취약 부분을 정리해 두었나요?			
	학생의 질문에 화를 내지 않고 설명을 잘 해주었나요?			
	학생들이 문제를 충분히 생각할 수 있게 시간을 주었나요?			
	숙제 검사를 철저히 하였나요?			
경영	공부방 매출·매입 영수증을 모두 챙겨 두었나요?			
	공부방 가계부를 작성하였나요?			
	월 입회 학생 목표를 달성하였나요?			
	밀린 회비 없이 교육비 입금을 모두 확인하였나요?			
자기 관리	교육 정보에 대해 주 1회 이상 찾아보고 자료를 수집했나요?			
	하루에 3시간 이상 교재를 직접 풀어 보았나요?			
	수업 준비를 위한 시간을 하루 1시간 이상 투자했나요?			

 성공하는 공부방 열두달 운영비법

9월

9월 핵심 요약

추석 명절 연휴에 대처하는 노하우는?
'추석 연휴 숙제 유무 테스트'이다. 추석 연휴 3주 전부터 학생들이 문제 푼 상태를 점검하고 학습 계획을 세운다. 그 기준에 도달하면 숙제는 자연스럽게 없어지는 것이다.

중간고사 대비 보충 수업 어떻게 진행하나요?
공부방 운영 규칙에 맞추어 상담을 진행하고 공부방을 운영한다. 시험 보충은 시험 보기 2주전부터 토요일과 일요일 1시에서 5시까지 수업한다.

중학교 시험 준비에 놓치지 말아야 할 부분이 뭔가요?
학생들의 교과서와 프린트를 주기적으로 검사한다. 매주 학교 선생님께서 수업시간에 특별히 말씀을 하신 것, 시험을 어디서 낸다는 말씀을 하신 것은 등을 물어본다.

공부를 하기 싫어하는 학생 다루기
먼저 공부가 어렵지 않다는 것을 느끼게 해주고 그 과정에서 '공부도 재미있는 것이 많다.'라는 것을 알게 해주면 된다.

9월
2학기 준비,
공부방 분위기를 바꿔라

 이제 2학기가 시작된다. 여름방학 동안의 들뜬 마음을 가라앉히고 다시 공부에 집중해야 한다. 때문에 평소보다 조용한 분위기로 공부에 집중하도록 공부방 분위기를 잡아보자. 책 정리와 책상의 위치를 바꾸어 보는 것도 좋다.

 8월 마지막 주에는 학교의 진도 상황도 체크해 보자. 단원평가와 수행평가 날짜 및 시기를 짐작해 보고 달력이나 공부방 게시판에 표시해 두도록 하자. 그렇게 미리 일주일 전부터 준비해야 시험에 철저히 대비할 수 있고, 이런 모습들이 학생에게는 긴장감을 주기 때문이다.

 2학기는 1학기에 비해 기간도 짧고 그 짧은 기간 안에 추석이라는 큰 명절과 중간고사, 기말고사, 단원평가, 수행평가 등 여러 시험들이 있다. 휴일에도 마음 편히 쉴 수 없을 만큼 시험이 바로바로 다가온다. 때문에 철저한 준비만이 바쁜 2학기를 알차게 보낼 수 있는 방법이다.

 나는 항상 1학기보다 2학기에 더 많이 긴장하고 많은 시간을 투자해서 공부방 운영을 한다. 왜냐하면 2학기가 1학기보다 더 중요하기 때문이다. 1학기 동안 성적 향상이 아무리 많이 되어도 학부모님들은 2학기 성적을 1년의 성적으로 기억한다. 1학기 동안 기초가 부족한 학생을 열심히 가르쳐서 기초를 잡고 안정적으로 조금씩 성적을 향상 시키고 있어도 1년의 마지막 시험인 2학기 기말고사에서 좋은 성적이 나오지 않으면 실망한다. 다른 선생님을 찾아서 배워야 그 이상의 성적 향상이 나올 것이라고 생각한다.

학생의 실수로 점수가 낮게 나오더라도 그 부분에 대해서는 인정하기 싫어한다. 그보다는 선생님이 우리 아이에게 신경을 덜 써주었고 그래서 성적 향상이 이루어지지 않았거나, 성적이 떨어졌다고 생각한다. 그렇기 때문에 기말고사가 끝나는 12월이 되면 그 동안 다니고 있던 학원, 교습소, 공부방을 정리하고 새로운 선생님을 찾아 다니게 된다. 이 시기에 선생님들은 뒤통수를 맞은 것 같다는 말로 속상한 마음을 표현한다.

이런 씁쓸하고 속상한 경험을 하지 않기 위해서라도 1학기에 쏟아 부었던 열정의 곱절 이상으로 공부방 운영에 집중해 보자. 그럼 위에서 이야기한 것과 반대되는 상황이 생겨날 테니 말이다. 어느 학원, 공부방의 회원이 줄어든다는 것은 반대로 어느 학원, 공부방의 회원은 늘어나고 있다는 뜻이기도 하다. 1년 동안의 노력이 좋은 결과로 이루어지기 위해서 9월 이후부터는 다시 한 번 마음을 다잡아보자.

추석 명절 연휴에 대처하는 노하우는?

설 명절과 함께 추석 명절은 연휴가 긴 편이다. 공부방에도 원하지 않은 긴 휴일이 생겨 버린다. 마음 편히 쉴 수 있으면 좋으련만 중간고사 기간과 겹치게 되면 마음 편히 쉴 수도 없다. 추석 연휴 기간 동안 학생들이 공부를 쉬고 있다는 사실 때문이다.

공부방 운영 초기에 추석 명절을 보내는 내 심정은 그야말로 시험을 일주일 남겨두고 공부 안 한 학생과도 같았다. 반면 불안한 나와는 달리 오히려 불안해야 할 학생들은 공부방을 쉬고 놀 수 있다는 사실에 행복해하고 있었다.

그래서 추석 연휴 동안 학생들이 놀면 행여나 공부한 걸 잊어버릴까 봐, 하루에 문제집 숙제의 양을 7~8장씩 내주었다. 학생들은 싫어했고, 심지어 어떤 학부모는 추석 연휴 동안 시골집에 가기 때문에 숙제 자체를 내주지 말라고 전화까지 했다. 또 추석 연휴 기간에는 좀 쉬게 해주고 싶다고, 성적을 그리 중요하지 않게 생각한다고 말씀하는 어머님도 계셨다.

그럴 때마다 나는 답답하고 속상했다. 그때는 공부한 문제집 권수만큼 성적이 오른다고 믿었다. 그저 빨리 추석 연휴가 지나가기만을 기다렸다. 어떤 해는 더욱 심하게 군 적도 있다. 추석 연휴 기간 동안 공부방은 쉬지 않고 운영한다고 공지하고 시골집에 가지 않는 학생들을 불러 수업을 강행했다. 하지만 학생들은 이 핑계 저 핑계를 대면서 지각이나 결석을 했다. 공부방에 온 학생들도 불만 가득한 얼굴로 문제를 대충대충 풀 뿐이었다.

추석 연휴가 끝나서 공부방에 다시 온 학생들의 숙제 상태를 점검하면 화가 치밀어 올랐다. 숙제를 하지 않은 학생들, 해왔어도 별 표시가 반 이상인 학생들, 분명 조금만 생각하면 풀 수 있는 어렵지 않은 문제인데도 대충 풀어서 전부 오답투성인 학생들을 볼 때면 정말 열이 올랐다.

'도대체 왜 내가 이렇게 열을 올리면서 공부방을 운영해야 하지? 그런데 애들 중간고사 성적이 떨어지면 어떡하지? 어떻게 공부를 시킨담…' 등 여러 생각에 내 마음도 갈피를 못 잡고 스트레스만 받고 있었다. 그래서 나는 연휴가 긴 설 명절과 추석 명절을 싫어한다. 특히 중간고사에 영향을 크게 주는 추석 연휴를 더욱 미워하게 되었다.

'어떻게 하면 이런 스트레스에서 벗어날 수 있을까?' 지성이면 감천이라고 드디어 아이디어가 떠올랐다.

'아! 그래, 학생에 따라 차등을 두고 숙제를 내주는 거야'

이른바 '추석연휴 숙제 유무 테스트'였다. 다시 말해 일정 기준을 정해 놓고 그 기준에 도달한 학생들에게는 숙제를 내주지 않고, 기준에 미치지 못한 학생들에게만 숙제를 내주는 것이었다. 평소에 조금만 집중해서 열심히 한다면 추석 연휴 기간 2~3일 동안은 머리를 쉴 기회를 주는 것도 나쁘지 않기 때문이다. 숙제가 없다면 학생들도 부담 없이 추석 연휴를 보낼 수 있을 것이고, 나도 추석 연휴 지나서 스트레스가 없을 것이기 때문이었다.

그렇게 '추석 연휴 숙제 유무 테스트'를 공부방 규칙으로 정했다.

추석 연휴가 시작되기 3주 전부터 학생들이 문제 푼 상태를 점검하고, 이에 맞추어 학습 계획을 세운다. 그 기준에 도달하면 숙제는 자연스럽게 없어지는 것이다. 점검을 위해서 매주 금요일은 테스트일로 정해서 학생들의 일주일 동안의 학습 내용에 대해 종합 복습도 시키면서 오답 문제에 대한 준비도 함께 진행한다. 이 방법에 대해서 자세히 설명해

보도록 하겠다. 규칙은 간단하다.

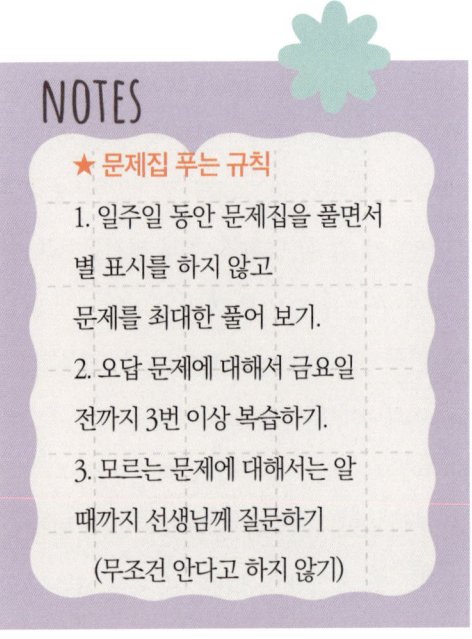

그리고 나는 일주일 동안 학생들이 틀린 문제를 종합해서 금요일에 볼 테스트 자료를 만든다. 학생들은 금요일 테스트를 본 후에 오답 수만큼 누적해서 추석 연휴 동안 숙제를 가져가는 것이다. (1주차 테스트 오답이 2개, 2주차 테스트 오답이 3개, 3주차 테스트 오답이 1개라면 추석 연휴 기간 동안 총 6장의 숙제를 가져가면 된다.) 쉽게 이야기하면 열심히 해서 오답이 없으면 숙제를 가져가지 않아도 된다.

물론 문제는 학생들이 복습만 열심히 하면 풀 수 있을 정도로 학생들이 틀렸던 문제를 그대로 내거나 숫자를 바꾸거나, 문장을 조금 바꾸어서 낸다. 이렇게 규칙을 세운 이유는 학생들이 조금만 집중해서 공부하면 문제집 1권을 풀어도 3권 이상을 푼 것과 같은 효과가 나타난다는 것을 깨달았기 때문이다.

이 방법을 동원하면서 학생들이 공부방에서 공부하는 시간에 더욱 집중하게 되었다. 자연스럽게 시험 대비에도 그 효과는 이어졌다. 금요일 테스트에서 오답이 나온 학생들의 경우에도 추석 연휴 기간 동안에 할 숙제는 보통 4~5장 정도였다. 부담스럽지 않을 정도의 양이었기 때문에 학생들도 무리 없이 숙제를 해올 수 있었다. (숙제는 어렵지 않은 중하~중 난이도의 다지기용 문제로 내준다.)

학생들도 시험이 중요하다는 생각은 가지고 있다. 하지만 많이 공부하는 것을 싫어한다. 그렇다면 적은 시간에 효과적으로 공부할 수 있는 방법을 찾는 것이 중요하다. 1시간을 공부하더라도 3시간 이상 공부한 효과가 나올 수 있도록 말이다. 나는 오랫동안 학생들을 가르치면서 이에 대한 해답을 찾았다. 그것은 바로 '집중력'이다. 집중력 있게 공부하면 학습한 내용에 대해 더 오래 기억하고, 더 잘 이해한다. 그러니 선생님들도 학생들의 집중력을 향상 시킬 방법을 끊임없이 고민하고 찾아보자.

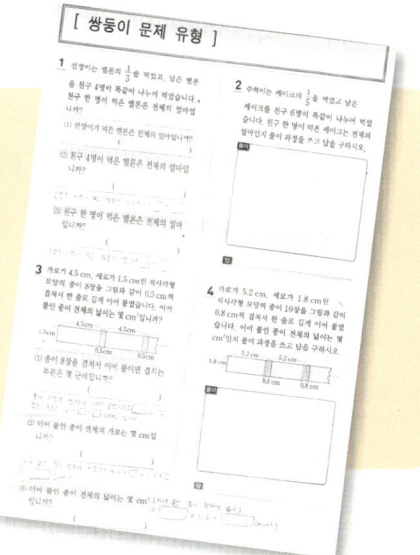

★ 쌍둥이 문제 유형

▶ 오답을 분석해보면 비슷한 유형의 문제들을 주로 틀립니다. 그러니까 쌍둥이 유형의 문제지를 만들어 완벽 대비하도록 합니다. 그렇게 틀린 유형을 완전 정복하면 문제집 1권을 풀어도 3권을 푼 것 같은 효과가 나타납니다.

중간고사 대비 보충 수업 어떻게 진행하나요?

중간고사가 다가오면 학부모님들은 자연스럽게 보충 수업에 대한 이야기를 꺼내신다. 물론 나도 보충 수업에 대해 고민 중이었다. 시험을 잘 보게 하려면 주말에 불러서 공부를 더 봐줘야겠다고 생각했다. 하지만 학부모님이 당당하게 보충 수업을 요구할 때는 기분이 상하곤 했다.

소심한 성격인 나는 그런 상담에 당당히 대처하지 못하고 학부모님들의 요구에 끌려다녔던 적도 있었다. 그렇게 학부모님들의 요구를 모두 받아들이다보니 시험 대비 보충을 중간고사 한 달 전부터 매주 토요일과 일요일 아침 9시부터 저녁 9시까지 12시간 동안 계속하게 되었다. 한 달 내내 쉬지도 못한 나는 그 한 달 동안 10년은 늙어 있었다. 학생들은 보충 수업 시간 약속도 지키지 않고 자기 멋대로 왔다. 그리고는 나에게 온갖 짜증을 냈다. 학생들도 쉬지 않고 매일 와서 공부해야 하니 얼마나 힘들고 짜증나겠는가. 하지만 나도 사람이기 때문에 그런 학생들을 보듬어주거나 현명하게 대처하지는 못했다.

공부하러 와서는 매번 "먹을 것 사줘요~" "졸려요" "배고파요"라고 조르는 학생들에게 먹을 것을 사먹이고 다시 공부를 시작하는 데에 1시간 정도가 걸렸다. 먹고 나서는 "배 부르니까 졸려요." 등의 말로 나의 인내심을 벼랑 끝까지 몰고 갔다.

그렇게 시험 준비를 하고 나서 성적이 잘 나오면 괜찮다. 하지만 성적이 기대 이하로 나온 학생들에게는 결코 좋은 소리가 나오지 않았다. 그러다 보니 시험 후에 어머님들이 감사의 인사는커녕 결과가 만족스럽지 못하다는 소리와 함께 퇴원 통보까지 받게 되었다. 어머님들 생각에는 공부를 한 달 동안 잡고 시켰는데 어떻게 성적이 그 모양이냐고 돌려 말씀하시는 것과 같았다. 이 당시의 나는 공부 시키고, 스트레스는 엄청 받고 퇴원생까지 생기니 시험 기간이 되면 두렵기까지 했다. 나중에는 이런 일들을 겪지 않기 위해서라도 내가 중심을 잘 잡아야 한다는 생각이 들었다. 그래서 정한 것이 시험 보충 수업 규칙이다.

★ **시험 대비 보충수업 규칙**

1. 시험 보충은 시험 보기 2주전부터 토요일과 일요일 1시에서 5시까지 수업한다. (자습 중심으로 문제를 풀거나 암기를 해야 할 학생들은 암기를 한다.)

2. 공부방에서 음식을 먹는 것은 금지한다. (음식 냄새로 집중이 되지 않고, 시간이 낭비되기 때문이다. 그래서 공부 시작 시간을 1시에서 5시로 점심 식사와 저녁 식사 시간을 피해 잡는다.)

3. 토요일과 일요일 1시에서 5시 사이에 오지 못하는 학생은 숙제로 대체한다. 이 부분에 대해서는 어머님의 동의가 있어야 가능하다. (간혹 어머님에게 이야기하지 않고 자기 멋대로 와서 공부하려는 학생이 있다. 어머님은 잘 알지 못하고 나중에 선생님의 탓으로 돌리는 경우가 많으니 확실하게 구분한다.)

4. 시험을 위해 보충 수업을 잡았기 때문에 시험 당일에는 공부방을 쉰다. (학

생들도 시험이 끝난 날은 쉬려고 한다. 이 날 결석생들이 많이 나오기 때문에 진도를 나가지는 못한다. 그러니 보충 수업을 열심히 해준 만큼 공부방 임시휴일에 대해서 당당해지자.)

5. 보충 수업시간에 떠들거나 공부방 분위기에 피해를 주는 학생은 경고를 받는다. 경고가 3번 이상이면 숙제를 2배 더 가지고 집에 가서 공부한다. (이 때는 그 자리에서 어머님에게 전화 드리고 집에 보낸다. 본보기 형식으로 한 명에게 하고 난 후에는 효과가 크다. 단, 본보기로 경고를 주고 집에 보내는 학생은 성격에 뒤끝이 없고, 어머님도 이런 일을 잘 이해해주는 분으로 하는 게 좋다.)

시험 보충을 하지 않을 수는 없다. 하지만 보충 수업을 진행할 때는 수업을 이끌어 나가는 선생님 자신이 중심이 되어야 한다. 공부방 운영에 대해서 경험이 적다고 해서, 나이가 어리다고 해서 주눅들 필요는 없다. 당당하게 선생님의 생각을 전달하고 그에 따라 공부방을 운영해 나가도록 하자. 그러면 소심했던 성격도 어느새 자신감 넘치고 카리스마 있는 선생님으로 변해 있을 테니 말이다.

중학교 시험 준비에 놓치지 말아야 할 부분이 뭔가요?

나도 겪었고 여러 초보 선생님들이 모임 때마다 공통으로 하는 말들이 있다.

그것은 학교시험에서 예상하지 못한 부분의 문제가 나왔다는 것이다. 그래서 시험이 다가오면 솔직히 별의별 생각이 다 든다는 것이다. '내가 무엇을 놓치고 있는 건 없을까', '혹시 내가 다른 공부방 선생님보다 잘 못 가르치나?'

예전에 내가 초보였던 시절의 이야기다. 내가 가르쳤던 중학생들은 전부 80점대를 맞아 왔고 근처 공부방의 학생들은 모두 100점이나 90점 이상의 점수를 받은 적이 있었다. 솔직히 자존심도 상하고 너무 창피하기까지 했다. '내가 그 교습소 선생님보다 못한 것은 무엇일까?' 잠도 못 이루기까지 했다.

그 고민은 다음 날 학생들이 가져온 시험지를 보고 나서야 해결되었다. 시험문제 중 몇 문제가 교과서 밖에서 출제되었고, 난이도도 꽤 높은 문제들이었다. 나는 순간 욱하는 마음에 학교 선생님을 탓했다. "니네 선생님은 이런 문제를 어떻게 시험에 낼 수가 있니? 이건 어느 정도 선행이 되어 있어야 풀 수 있는 문제들이다. 이거 다른 학생들은 항의하지 않았니?"라고 학생들에게 물으니 학생들의 대답은 "아니오"였다. "아니 왜 항의를 하지 않았어?"라고 물었을 때 이어진 한 학생의 말은 충격 그 자체였다.

"왜냐면요, 그거 수업시간에 다 풀어 보았고, 나중에 시험에 나온다고 선생님이 다시 보라고 프린트까지 해준 거라서요." 이렇게 이야기하는 학생을 멍하니 쳐다보면서 순간 머리를 망치로 맞은 기분이었다. "왜 말하지 않았니?"라는 말밖에는 뭐라 화낼 기운도 없었다. 학생들은 대답 없이 가만히 고개만 숙이고 있었다.

더 이상 화를 낸다고 해도 해결될 문제가 아니었다. 학부모님들에게 말씀드린다고 해서 이해를 얻을 수 있는 일도 아니었다. 오히려 구차한 변명으로 들리기 때문에 그저 꼼꼼히 챙기지 못한 내 탓으로 생각하고 스스로 반성했다. 결과적으로 점수가 잘 나온 공부방 선생님은 그 부분을 챙긴 거고 나는 그렇지 못한 것이니 말이다.

그 후부터는 학생들의 교과서와 프린트를 주기적으로 검사하게 되었다. 교과서에 필기한 부분과 프린트를 학생끼리 비교해 보고 그 내용을 내가 가지고 있는 교과서에 기록해 둔다. 필요한 부분은 복사해서 따로 보관해 두었다. 공부방 학생 중 공부 잘하는 친구를 둔 학생에게 친구의 노트나 교과서 등을 빌려오게도 하였다. 매주 학생들에게도 학교 선생님께서 수업시간에 특별히 하신 말씀은 없는지, 시험을 어디서 낸다고 말씀하신 것은 없는지 등을 꼼꼼하게 물어보았다.

그렇게 평소 시험에 대한 것을 챙기니 시험 때는 오히려 여유가 생겼다. 미리 알고 준비를 하니까 학생들도 시험에 자신감이 생기는 것 같았다. 그 이후로는 시험 점수가 흔들리지 않았다. 간혹 예상하지 못한 점수가 나오는 경우는 학생의 실수 탓이어서 학생에게도 당당히 고쳐야 할 점을 지적할 수 있었다.

★ 시험 기간에 따라 챙겨야 하는 것들

1. 학교에서 학생들에게 나누어 주는 프린트.
2. 학교 홈페이지에 올라가 있는 예전 기출 시험지.
    (간혹 지난 시험문제를 낸다고 말씀하시는 선생님들도 있다.)

> 3. 수업시간에 따로 필기해 준 내용들.
> 4. 수업시간에 풀었던 문제들(이동 수업을 하는 중학생들의 경우 반이 다르기 때문에 반 마다 푸는 문제들이 다르다.)
> 5. 수행평가 시험문제지.

시험 기간에 선생님들은 여러 시험 자료들을 모으게 된다. 매년 시간이 흐를수록 그 자료들은 더욱 많아진다. 한 지역에서 오랫동안 공부방을 운영한 선생님들은 여러 해 동안의 전 학년 시험 족보 자료도 보유하게 된다. 그것이 결국 그 공부방만의 특별 무기가 된다. 그래서 새로 공부방을 오픈한 선생님들의 경우에는 불리한 점이 많다. 이런 점을 보완하기 위해서라도 선생님들의 모임을 적극 활용하자. 서로 가지고 있는 자료들을 공유해서 윈윈 전략을 도모하는 것도 성공하는 공부방을 운영하는 노하우 중 하나다.

★ 중간고사 기출문제

▶ 한 지역에서 오랫동안 공부방을 운영한 선생님들은 여러 해 동안의 시험 족보를 보유하게 됩니다. 그 기출문제가 1억 공부방의 특별무기가 되지요. 그러니까 초보 선생님일수록 학생들의 교과서와 프린트, 필기내용을 더욱 꼼꼼히 챙겨야 합니다.

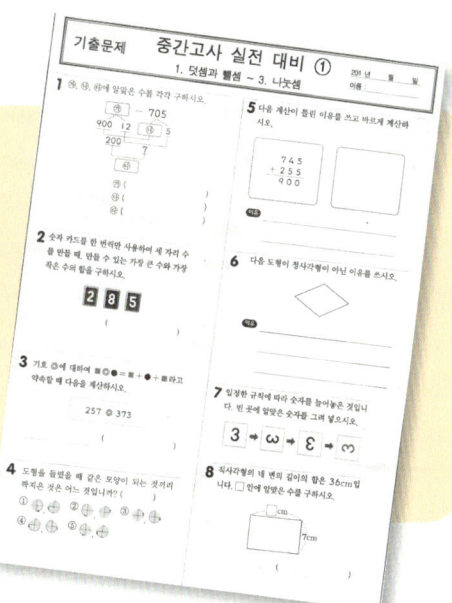

공부를 하기 싫어하는 학생 다루기

공부방 운영을 떠나서 선생님이라는 직업을 가지면 누구나가 겪게 되는 일 중 하나가 공부하기 싫어하는 학생을 만나는 일이다. 사실 공부를 하고 싶어서 하는 학생이 어디 몇명이나 있겠는가? 그렇지만 노골적으로 정말 공부하기 싫어서 온몸으로 거부하는 학생을 만났을 때는 어떻게 해야 할까? 앞서 말한 바와 같이 퇴원 시키는 것이 정답일까? 퇴원 시켜야 하는 경우는 학생이 정말 공부를 하기 싫어하면서 선생님에 대한 기본적인 예의도 지키지 않을 때이다.

그럼 그렇지 않은데 공부를 하기 싫어하는 학생은 어떻게 해야 하는 것일까? 우선 공부하기 싫어하는 학생들의 유형에 대해서 알아보도록 하자.

★ 공부하기 싫어하는 학생들의 행동

1. 공부방에만 오면 졸리다고 하면서 엎드려 잔다. (정말 피곤해서가 아니라 공부할 때만 졸리다 하고 다른 이야기를 할 때는 눈이 초롱초롱하다.)
2. 자주 지각을 하고 핸드폰으로 연락해도 받지 않는다.
3. 교재를 보면서 멍~하니 앉아 있는 시간이 많다. (주의를 주면 그때뿐 다시 멍~하는 자세로 돌아온다. 다시 말해 문제를 풀지 않고 손이 멈춰 있다.)
4. 물을 자주 마시고, 화장실을 자주 가면서 시간이 가기만을 기다린다. (물을 마시러 자주 일어나고, 화장실을 왔다갔다하는 것은 집중이 안 되고 공부하기 싫다는 뜻이다.)

5. 선생님이 무슨 말만 하면 짜증을 내고 대꾸하지 않는다. (무슨 말을 해도 퉁명스럽게 대꾸하고 학생에게 뭐라고 말하면 전혀 대답하지 않는다.)
6. 문제를 풀면서 한숨을 쉬고 교재에 낙서를 한다. (한 문제 풀고 한숨을 쉬면서 교재나 책상에 그림을 그리거나 낙서를 한다. 가끔 선생님 욕을 써놓는 경우도 있다.)
7. 문제를 풀 때 생각도 하지 않고 무조건 모른다고 말하거나 별 표시를 하고 풀지 않는다. (크게 어려운 문제도 아닌데 문제를 대충 보고 어려워 보이면 풀지 않는다.)

위와 같은 행동을 하는 학생을 어떻게 하면 제대로 공부 시킬 수 있을까? 정답은 '공부도 재미있다'라는 것을 알게 해주는 것이다. 참 실천하기 어려운 이야기처럼 들릴 것이다. 하지만 당연한 이 진리에 가까워질 수는 있다. 과연 어떻게 가까워질 수 있을까.

우선 공부 양을 조절해 줄 필요가 있다. 아직 공부가 어렵고 힘든 학생에게 너무 많은 학습을 요구하면 공부에 더 질리게 된다. 그 학생이 쉽게 할 수 있을 정도의 난이도로 20~30분 정도 풀 수 있는 양을 주도록 하자. 선생님의 욕심에 너무 난이도 높은 문제를 주게 되면 오답률만 높아질 뿐 학생의 실력은 좋아지지 않는다. 공부를 싫어하고 힘들어하는 학생들은 집중력도 약하기 때문에 장시간 공부하는 것을 힘들어한다. 따라서 20~30분 정도 문제를 풀고 다시 20~30분 정도 암기를 하거나 선생님 수업을 듣게 해주는 것이 좋다. 이렇게 우선 한 시간 정도 학습을 진행한다. 이것이 익숙해지면 조금씩 학습량을 늘림과 동시에 수업시간도 늘리면 된다.

　공부방을 운영하다 보면 학부모님 못지않게 선생님들도 학생들의 빠른 성적 변화를 기대하게 된다. 그래서 선생님 자신도 모르게 욕심을 내게 되고 그 욕심이 학생에게는 더욱 공부를 힘들게 하는 결과를 가져온다. 인내심을 가지고 여유 있게 학생의 학습 계획을 진행하도록 하자. 물론 이 과정에서 어머님과의 꾸준한 상담은 말할 필요도 없이 중요하다. 선생님이 확실한 기준을 잡고 어머님에게 상담을 드리면 어머님도 느긋한 마음을 먹는다. 하지만 어머님의 불안한 마음에 선생님이 영향을 받는다면 결국 그 학생은 나와 오랜 인연으로 이어지지 않는다는 것을 명심하자. 선생님은 학생만 이끌어 나가야 하는 것이 아니고 학부모님도 함께 이끌어 나가야 하는 교육 전문가이기 때문이다.

9월 공부방 운영 체크리스트

	공부방 운영 업무	예	아니오	반성할 점
홍보	전단지 / 현수막 홍보를 진행하였나요?			
	블로그 또는 카톡, 인스타를 활용한 홍보를 진행하였나요?			
	공부방 이벤트 또는 설명회를 진행하였나요?			
	공부방 안내문(소식지)를 월 2회 이상 발송하였나요?			
상담 / 학습	학부모님과 월 2회 이상 상담을 진행하였나요?			
	시험 대비 상담을 진행하였나요?			
	학교 진도 사항 & 시험 진행 내용을 체크하였나요?			
	학교 행사 등을 체크하였나요?			
	시험 대비 보충을 진행하였나요?			
	학생들과의 친밀도를 높이기 위한 노력을 하였나요?			
	주 1회 이상 학생들을 위한 수업 프린트물을 제작하였나요?			
	교재를 직접 채점하고 학생의 취약 부분을 정리해 두었나요?			
	학생의 질문에 화를 내지 않고 설명을 잘 해주었나요?			
	학생들이 문제를 충분히 생각할 수 있게 시간을 주었나요?			
	숙제 검사를 철저히 하였나요?			
경영	공부방 매출·매입 영수증을 모두 챙겨 두었나요?			
	공부방 가계부를 작성하였나요?			
	월 입회 학생 목표를 달성하였나요?			
	밀린 회비 없이 교육비 입금을 모두 확인하였나요?			
자기 관리	교육 정보에 대해 주 1회 이상 찾아보고 자료를 수집했나요?			
	하루에 3시간 이상 교재를 직접 풀어 보았나요?			
	수업 준비를 위한 시간을 하루 1시간 이상 투자했나요?			

성공하는 공부방 열두달 운영비법

10월

10월 핵심 요약

말 많은 학부모 잘 다루기
공부방을 운영하다 보면 여러 학부모님들을 만나게 된다.
특히 학벌 부분을 이야기하는 분들이 있는데
이런 분들을 만났을 때는 오히려 당당하게 행동하는 것이 좋다.

초등 저학년 학생과 소통을 잘하려면?
공부방에서는 아무리 작은 일이 생기더라도 우선은 어머님에게
전후 설명을 드리고 학생과 있었던 일에 대한
상담과 함께 협조를 구하는 것이 좋다.

초5, 중2 사춘기 학생 다루기
어머님들은 학생이 사춘기를 겪는 시기가 오면 학생의
성적도 중요하지만 사춘기에 접어드는 자녀에게 좋은 조언을
해줄 수 있는 멘토 역할의 선생님을 간절히 원한다.

간식 전쟁에서 살아남기
어머님과 상담을 통해 간식을 없애는 것에 대해 미리 말씀을 드린다.
처음에는 섭섭해하시던 어머님들도 나중에는 잊어버리게 되니
너무 걱정 말고 상담해 보도록 하자.

10월 ― 두 얼굴의 학생과 학부모

10월에는 중간고사가 있다. 시험 결과를 학부모님들과 상담하고 학생별 개별 상담도 진행한다. 어머님이 연락을 주기 전에 먼저 연락을 드리고 상담을 진행해야 함을 잊지 말자. 후 상담보다는 선 상담이 예상치 못한 일이 생겼을 때 해결 방안이 될 수 있다.

나는 경험이 무엇보다 중요하고 후에 소중한 자산이 된다고 생각한다. 무엇이든 책이나 누군가에게 들은 것보다는 실전 경험을 통해서 배우려고 한다. 그래야만 나중에 어떤 문제가 생겼을 때 그 문제에 대처하는 힘이 생길 수 있다고 믿는다.

공부방을 운영하다 보면 전셋집을 계약하는 일이 생긴다. 자기 집에서 공부방을 운영하는 경우도 많지만 나는 이십대에 공부방을 시작했기 때문에 전세 계약 경험이 없었다.

부동산 사장님과 함께 여러 집을 보러 다녔지만 딱 마음에 드는 집이 없었다. 하지만 부동산 사장님이 "지금 이 시기가 지나면 전셋집 구하기 힘들어요. 이 조건이면 좋은 것이니 계약하는 게 좋아요."라고 권

하니 조급한 마음에 꼼꼼히 따져보지 않고 계약했다.

　이사하는 날 집에 들어가 보니 여러 하자가 발견됐다. 가구를 들어내자 나타난 벽지 위의 낙서, 집 구석구석에 피어 있는 곰팡이도 눈에 띄었다. 나는 집주인에게 연락해 "집에 이런 문제들이 있으니 고쳐주었으면 한다."고 말씀드렸다. 그러자 집주인은 화를 내며 "그런 문제는 계약 전에 말을 해야지 왜 지금 와서 이러느냐, 나는 모르는 일이니 부동산에 이야기하라."는 말뿐이었다. 당황한 나는 부동산 사장님에게 연락해 보았다. 하지만 돌아오는 말은 "어쩔 수 없다."는 것뿐이었다.

　2년 후 다른 집을 구할 때는 달랐다. 조명, 집의 방향(남향, 동남향), 소음, 수압, 온수, 보일러 작동, 결로 현상, 도배, 바닥 깨짐과 패임, 누수 등등의 하자 부분에 대해서 꼼꼼하게 살펴보았다. 하자 부분에 대한 특약 사항들까지 계약서에 넣자 부동산 사장님은 "젊은 사람이 엄청 꼼꼼하네."라며 혀를 내둘렀다.

　나는 지금껏 학습지, 학원, 과외, 공부방 등을 운영하면서 많은 학생들을 가르쳐 보았다. 그래서 여러 유형의 학생들과 학부모들을 만나보았고, 그 과정에서 여러 경험을 했다. 나는 그 아픈 경험들을 통해 솔직히 더욱 강해졌는지 모른다. 문제가 발생할 때마다 해결 방법을 찾고자 고민하면 방법이 나왔고, 그렇게 1억 공부방으로 성장할 수 있었다.

　나는 진심으로 바란다. 성공의 노하우와 대처능력을 나와 같은 시행착오를 통해서 다른 선생님들이 배우게 하고 싶지는 않다. 그 과정에서 안타깝게 공부방 운영을 포기하는 경우도 많기 때문이다. 나와 같은 힘든 경험을 겪지 않고 초보 선생님들이 현명하게 극복해나가길 진심으로 바란다. 또한 슬럼프를 겪고 있는 선생님들에게도 더 큰 용기와 활력을 전하고 싶은 마음이다.

'1년 안에 1억 공부방' 결코 남의 이야기가 아니다. 쉽지는 않지만 가능하다. 더 큰 꿈을 꿔도 좋다. 그래서 이번 파트에서는 내가 겪었던 뼈아픈 사례를 중심으로 솔직하게 이야기를 풀어나가 보고자 한다.

말 많은 학부모 잘 다루기

공부방을 운영하면서 당황했을 때가 많다. 그 중 하나가 말과 행동이 일치하지 않는 학부모님을 만났을 때였다. 그 대표적인 어머님이 바로 초등학교 6학년 동준이 어머님이었다.

동준이 어머님은 공부방 홍보지를 보고 상담 온 후 등록한 분이었다. 말수가 많고 공부방에 자주 연락하는 분이라 처음에는 굉장히 활발하고 좋은 어머님이라고 생각했다. 먹을 것도 자주 만들어다 주면서 학교의 여러 정보들을 알려주는 어머님이 처음에는 너무 감사했다. 동준이가 나를 거의 막내 이모라 여길 정도로 동준이 어머님과 자주 뵈었다. 그래서 다른 학생들보다 동준이에게 더욱 신경을 썼고, 따로 시간을 내어 공부를 봐주었다.

투자한 만큼 결과는 눈에 띄게 좋아졌다. 동준이 어머님은 너무나 감사해 하면서 여러 어머님들을 소개시켜 주셨다. 동준이 어머님 덕에 연이어 입회생이 생겨났고, 공부방의 회원수도 점점 많아지게 되었다. 그렇게 순조롭게 공부방이 운영되고 있을 때였다. 수업시간에 불쑥 나온 한 학생의 말 한마디가 나를 당황하게 만들었다.

"선생님, 저 이번 달까지만 여기 다니고 그만둘지도 몰라요. 전 다니고 싶은데…"

처음에는 학생의 말이 이해되지 않았다. 학교 성적도 많이 올랐고, 학생도 잘 따라오면서 공부하고 있었다. 무엇보다 어머님도 아주 만족해하는 모습이었기 때문에 학생의 그 한 마디는 나를 혼란스럽게 만들기 충분했다. 다른 학생들이 주위에 있어서 더 이상 길게 이야기하지 못하고 "나중에 따로 이야기하자."라는 말과 함께 수업을 진행했다. 수업 후 집에 가는 학생을 붙잡고 "승주야! 아까 한 말이 뭐니? 공부방 옮긴다고 어머님께서 말했어?"라고 물었다. "네. 지난주에 다른 학원에 가서 테스트도 받았어요. 진짜 옮기려나 봐요. 샘~"이라고 대답하는 학생을 보면서 가슴이 빠르게 뛰었다. 마음을 가라앉히고 학생을 집에 보낸 후 바로 승주 어머님에게 전화 연락을 드렸다.

보미쌤 : 안녕하세요. 어머님. 잠시 통화 가능하신가요?

어머님 : 네. 무슨 일이세요?

보미쌤 : 승주가 아까 수업시간에 공부방을 그만두게 될지도 모른다고 말을 하던데요. 혹시 무슨 일 있으신 건가요?

어머님 : 네? 승주가 그런 말을 했어요? 아… 다른 게 아니고 그냥 6학년 엄마들하고 다른 학원 테스트만 잠깐 보자고 해서 보러 갔던 거예요. 신경 쓰지 마세요.

보미쌤 : 아~ 다른 어머님들도요? (가슴이 빠르게 뛰면서 목소리도 떨려 왔다.)

어머님 : … 동준이 엄마가 아는 학원이 있는데 중학생 특목고반 테스트

를 한다고, 같이 받아보자고 해서 점심도 함께 먹을 겸 갔던 건데. 신경 쓰지 마세요. 그냥 테스트만 본 거예요. 공부방 계속 다닐 거예요. 선생님.

보미쌤 : 네… 아니에요. 테스트 보실 수 있지요. 괜찮습니다. 아까 승주에게 공부방 그만 둔다는 이야기를 듣고 무슨 일 있으신 건가 궁금해서 연락드린 거예요. 신경 쓰지 마세요. 근데 승주 특목고 준비하실 계획이신 건가요?

어머님 : 아니에요. 승주가 무슨 특목고예요~ 그냥 동준이 엄마가 그 학원이 특목고를 많이 보내고 지금부터 선행을 해야 한다고 자꾸 이야기해서 테스트만 받아보려고 간 거예요.

보미쌤 : 동준이 어머님이요?

어머님 : 네. 동준이 엄마에게는 말하지 마세요. 괜히 제가 선생님께 연락해서 말한 걸로 오해할 수 있을 것 같네요. 동준이 엄마는 특목고 생각하는 것 같더라고요.

보미쌤 : 아~ 네. 알겠습니다. 저희 공부방도 이번 달 말에 예비 중등수업 진행에 대해서 개별 상담이 있습니다. 그때 뵙고 자세한 설명 드릴게요. 갑자기 연락드려서 죄송해요.

어머님 : 아니에요. 그럼 그때 뵙겠습니다.

보미쌤 : 네. 들어가세요.

    상담을 마치고 떨리는 마음을 주체할 수가 없었다. "선생님 덕분에 동준이 성적이 많이 올라서 감사합니다." "선생님이 동준이 고등학교 때까지 책임져 주세요"라고 말씀을 해준 게 불과 얼마 전이었다. 그 동준이 어머님이 6학년 어머님들을 끌어모아 다른 학원 상담을 가셨다니 충격과 배신감이 들었다.

그 배신감은 6학년 어머님들을 대상으로 예비 중등수업 상담을 진행한 후에 더욱 크게 들었다. 한 어머님을 통해서 듣게 된 말은 거의 충격 그 자체였다. 내가 SKY 대학 출신이 아니어서 특목고 대비 수업은 힘들고 고등학교 진학을 위해서 중학생부터는 전문학원으로 보내야 한다고 6학년 어머님들 모임에서 이야기했다는 것이었다.

눈물까지 나올 정도로 속상하고 화가 났지만 동준이 어머님에게 따질 수는 없었다. 그러면 내가 어머님들 사이를 이간질하는 것과 다를 바가 없었기 때문이었다. 그 후 학생들에게 티내지 않고 수업을 진행하면서 동준이와 6학년 학생들이 그만둘 수도 있다고 생각했다. 결국 얼마 지나지 않아 동준이와 몇 명의 어머님들은 공부방을 당분간 쉬겠다는 연락을 해왔다. 예상했던 대로 동준이 어머님은 동준이가 좀 힘들어해서 당분간만 쉬게 해주고 다시 공부방에 올 거라고 했다.

솔직히 어이가 없고 화가 났지만 티 내지 않고 "네. 어머님. 동준이가 많이 힘들어한다면 쉬게 해주는 것이 좋지요. 그래도 너무 오래 쉬면 따라가기 힘들 수 있으니 조금만 쉬게 해주세요."라는 말씀으로 상담을 마무리했다.

그 후 남은 6학년 학생들에게 더욱 신경을 썼다. 다만 어머님들과는 동준이 어머님처럼 관계를 깊게 맺지 않고 필요한 상담만 진행하면서 학습 자료를 준비해 주기적인 상담을 이어갔다. 그렇게 중학교 1학년들의 중간고사, 기말고사가 지나고 1학기가 마무리되었을 무렵 동준이 어머님의 연락이 왔다. 다시 공부방에 다니고 싶다는 말씀이었다. 나는 학생들을 통해 동준이의 성적을 익히 들어왔기 때문에 이런 전화가 올 거라는 예상하고 있었다. (학생들이 동준이 점수를 알려주었지만 학생들 앞에서는 크게 관심 있는 티를 내지 않았다.) 나는 어머님에게 우리 공부방을 놓친 것에 대한 후회가 들도록 해주고 싶었다.

보미쌤 : 동준이 공부 잘하고 있다고 들었는데요. ○○학원 다닌다고요.

어머님 : 잠깐 다른 곳에 다녀보고 싶다고 해서 중간에 다니게 한 건데, 나는 마음에 들지 않더라고요. 그래서 다시 선생님한테 가라고 한 거지요.

보미쌤 : 네. 저도 동준이 많이 보고 싶어요. 근데 조금만 빨리 연락해 주시면 좋았을 텐데요.

어머님 : 네?

보미쌤 : 이번에 공부방에 있는 중학생들 점수가 다들 너무 잘 나와서 소개가 많이 들어왔어요. 현재는 정원이 모두 차 버려서 더 이상 학생을 받을 수가 없어요. (물론 다 차지 않았지만 어머님이 확인할 길은 없기 때문에 이렇게 말씀드렸다.)

어머님 : 한 자리도 없어요, 선생님? 동준이 다시 간다고 했잖아요.

보미쌤 : 네. 그래서 저도 계속 기다렸는데 중간에 다른 학원 갔다는 소리를 듣고 그 학원으로 계속 보내실 거라고 생각해서 정원을 채워버렸어요. 미리 말씀해 주셨으면 자리를 반드시 비워 놓았을 텐데요. 제가 더 속상하네요.

어머님 : 어떻게 한 자리라도 안 될까요?

보미쌤 : 저는 학생에게 개별 맞춤 수업을 진행하기 위해서 한 반을 다

른 학원처럼 많이 받지 않고 소수로만 진행하는 거 아시잖아요. 저도 많이 받으면 좋지요. 하지만 저는 학생의 학습 향상을 위한 수업이 더 중요하기 때문에 그 부분은 어쩔 수가 없습니다. 대신 자리가 나면 바로 연락드릴게요. 어머님.

어머님 : 아~ 선생님 수업 스타일이 동준이에게는 딱인데요. 학생이 많은 곳에서 수업을 하니 동준이는 맞지 않는 것 같아요. 선생님께서 꼭 좀 자리 만들어 주세요.

보미쌤 : 네. 최선을 다해 보겠습니다.

어머님과의 상담 이후 학생들 사이에서 "선생님. 동준이 여기 다시 오고 싶다고 하는데요. 자리가 다 차서 못 온다고 자리 나면 말해 달래요."라는 말을 들었다. 나는 학생들에게 "우리 공부방에 다니는 학생들은 모두 성적이 좋잖니. 그래서 다니고 싶어 하는 학생들이 아주 많아. 그래서 지금은 동준이를 받을 수 없는 거야. 쌤은 새로운 학생을 많이 받는 것보다 지금 공부하고 있는 학생들이 더 소중하거든. 그러니 열심히 공부해야 해."라고 학생들에게 공부방에 대해서 어필하면서, 공부방을 한 번 나가면 다시 들어오기 힘들다는 경고 아닌 경고를 주었다.

공부방을 운영하다 보면 여러 학부모님들을 만나게 된다. 특히 학벌 부분을 이야기하는 분들이 있는데 이런 분들을 만났을 때는 오히려 당당하게 행동하는 것이 좋다. 좋은 학벌을 가진 선생님이 꼭 잘 가르치는 것은 아니기 때문이다. 학벌로 속상한 이야기를 들었을 때는 "내가 속상했다. 왜 그러셨느냐?" 등의 하소연은 말자. 그보다는 공부방을 더욱 입소문 나게 만드는 것이 그런 어머님들에게 통쾌하게 응답하는 길이다.

초등 저학년 학생과 소통을 잘하려면?

학생들은 선생님을 닮고 싶고 선생님의 관심을 많이 받고 싶어 한다. 특히나 초등 저학년의 경우에는 더욱 그러하다. 저학년은 고학년과는 달리 집에 가서 학교에서 있었던 일, 공부방에서 있었던 일 등을 시시콜콜 이야기한다. 그렇기 때문에 엄마가 물어보지도 않은 이야기를 열심히 중계하곤 한다. 그래서 나는 저학년들을 '움직이는 CCTV'라고 부른다.

공부방을 운영할 초기에 나는 이런 초등 저학년의 특성을 알지 못했다. 그래서 무엇을 조심해야 하는지 몰라 간혹 어머님들과 전화 상담하다 깜짝 놀라거나 당황할 때가 많았다. 어머님이 공부방에 CCTV를 달아놓은 것처럼 공부방의 모든 상황을 세세히 알 때가 그러했다.

"선생님. 커피 많이 좋아하시나 봐요. 매일 5잔 이상은 마시는 걸 보면요. 호호호."

"선생님. 오늘 선 보셨어요? 치마도 입고 화장도 하셨다면서요?"

"이번에 얼음 나오는 정수기로 바꾸셨다면서요? 그거 좋아요?"

등등 일상생활까지 아는 어머니를 보면서 '참 사소한 것까지 이야기하는구나. 학생들 앞에서는 좀 말과 행동에 주의를 기울여야겠구나.'라고 생각하게 되었다. 그때까지만 해도 저학년의 그런 특성을 귀엽다고 여기고 넘어갔다. 그것이 문제였다.

어느 날 공부방에 다니는 남매 중 여동생이 도형문제 때문에 남아서 20분 정도 공부를 더하게 되었다. 화가 난 여동생을 달래주기 위해 오히려 방에 들어가 손을 잡고 이야기했다.

"지혜야, 도형이 많이 힘들지?"

지혜는 화가 나서 대답조차 하지 않는다.

"힘들 거야. 도형은 대부분의 학생들이 다 어려워하거든. 아. 맞다, 지혜 오빠도 힘들어했어. 그래도 처음이라서 그런 거지. 나중에 시간이 지나면 쉽게 느껴진단다."

"……" 여전히 묵묵부답이다.

"그렇게 힘든 도형을 공부했는데…. 오답도 많이 나와서 더 속상하겠구나, 우리 지혜가."

"…… 네." 그제서야 지혜는 눈물을 글썽거린다.

"그래 알아. 선생님이 네 마음 다 알아. 오늘은 오답이 있었지만 선생님이 너의 노력과 열정을 알고 있잖아. 그러니까 다음번에는 오답이 줄어들 거야. 지혜 오빠도 가끔 오답 나오면 나머지 공부해서 결국 잘하게 되잖아 그렇지?"

"…… 네."

"지혜는 오빠보다 더 잘하니까. 선생님이 믿어. 알았지? 오늘은 속상한 마음 풀고 내일부터는 더 열심히 하자. 오케이? 우리 지혜 참 착하다."

그렇게 지혜를 꼭 안아주고 집으로 보냈다. 그런데 얼마 지나지 않아 지혜 어머님으로부터 전화가 왔다. 수업 마치고 연락드린다고 메시지를 보냈지만 계속 전화가 울려댔다. 급한 일인 듯해 전화를 받았다.

전화를 받자마자 어머님의 흥분된 목소리가 수화기 너머로 들렸다.

"애한테 어떻게 그런 소리를 할 수가 있어요? 애가 울면서 집에 왔잖아요. 나도 우리 애들 비교하지 않고 키우는데 어떻게 당신이 그럴 수가 있어요? 우리 애 상처 받은 거 어떻게 보상해 줄 거예요?"

어머니의 고함 소리에 나는 머릿속이 하얘졌다. 겨우 "무슨 말씀이세요?"라고 물었는데 다시 한 번 고함을 치면서 알 수 없는 말씀들을 쏟아 놓았다. 이야기를 가만히 잘 들어보니, 사정은 이러했다.

내가 지혜에게 "왜 넌 똑바로 못하니? 다른 학생들도 열심히 하고 너희 오빠는 공부 잘하는데 너는 왜 그러니?"라고 말했다는 결론이었다. 그러니까 지혜는 본인이 잘못한 것은 말하지 않고 몇 부분을 바꿔서(?) 어머니에게 전한 것이다. 너무나 억울한 마음이 들어서 자초지종을 차분히 설명 드리려 했지만 어머님은 그 어떤 말도 들으려 하지 않았다. 결국 두 남매는 퇴원했고 나는 학생을 비교하는 나쁜 선생님으로 남고 말았다.

뼈아픈 경험을 통해 깨달은 사실이 있다. 초등 저학년은 그저 '움직이는 CCTV'가 아니다. 선생님은 아이들의 특성을 파악해야 한다. 초등 저학년들은 대부분 자신의 잘못은 생략하고 자신이 서운했던 부분만 크게 강조해서 이야기하는 경향이 있다. 쉽게 말하면 자신이 하고 싶은 이야기만 한다.

그래서 공부방에서 혼나게 되면 대부분 잘못의 주인공은(?) 선생님으로 각색되어 전달된다. 그러면 어머니들은 학생의 말만 듣고 오해하고 선생님에게 화를 낸다. 흥분한 어머니의 귀에 선생님의 설명은 전혀 들리지 않는다. 결국 선생님만 죄인이 되거나 나쁜 선생님으로 소문이 난다. 아마 지금 많은 선생님들이 이 말에 맞장구를 칠 것이다. 그동안

혼낸 것도 아니고 야단 몇 마디 했는데 다음날 격양된 어머니들의 반응을 받으며 얼마나 가슴이 답답했었는지 말이다.

그렇다면 '이제 모든 건은 내 탓이요.' 자기수양만 할 것이 아니라 해결책을 찾아야 한다.

만약 지혜가 집에 가기 전에 내가 먼저 어머님에게 늦게 끝난 이유를 알렸다면 결과는 어떻게 되었을까? 오해 없이 잘 해결되었을 것이다. 자, '움직이는 CCTV'인 초등 저학년과 어떻게 하면 행복하게 지낼 수 있을까? 첫째, 초등 저학년의 눈높이에 나를 맞춘다. 둘째, 어떤 일이든 별일 아니겠거니 대처하지 말자. 셋째, 아무리 작은 일이 생기더라도 공부방에서 생긴 일은 제일 먼저 어머니에게 전후 설명을 드린다. 그리고 학생과 있었던 일에 대해서 어떻게 하면 좋을지 어머니의 협조를 구하는 것이 좋다. 이 세 가지를 꼭 기억하자. 그래야 선생님들이 비극 속 악역으로 갑자기 발탁되는 일이 없어진다.

1억 공부방 선생님들이 늘 첫 번째로 얘기하던 비결을 기억하는가. 아이들과 눈높이를 맞추라고. 그것은 아이들의 특성을 파악하고 이해하고 소통하라는 것이다. 그래야 행복한 공부방, 1억 공부방이 된다는 이야기다.

초5, 중2 사춘기 학생 다루기

요즘 '중2병'이라는 말 모르는 선생님은 없을 것이다. 초5, 중2만 이야기해도 조용히 숨을 고르는 공부방 선생님들이 있을 정도니 사춘기 학생 다루기는 정말 힘든 문제다. 정작 부모들도 강하게 나무라다가 오히려 자녀가 잘못된 길로 빠질까봐 이도저도 못하는 경우가 많다. 그래서 공부방에 사춘기 학생이 지각하거나, 숙제를 해오지 않았다고 어머니에게 연락을 드려도 해결하기 어렵다. 오히려 그런 일이 반복되면 조용히 퇴원으로 이어질 뿐이다.

보통은 중학교 2학년 때 사춘기가 온다. 하지만 여학생의 경우 초등학교 5학년 때 사춘기가 오는 일이 흔하다. 사춘기가 온 학생과는 원하지 않아도 마찰이 자주 발생하는데 한 해는 5학년 중에서 사춘기가 심하게 온 여학생이 있었다.

★ 1억 공부방의 비결 - 초등생 쿠폰 파티

▲ 중간고사도 마쳤으니 초등생은 달란트(쿠폰) 파티를 열었어요. 평소에 과제 해오고 결석 안하면 하루 최대 3개를 지급했어요. 최대 126개. 최소 0개. 불티나게 잘 팔렸어요. 특히 이번 불량식품 콘셉트 편이 가장 인기가 좋았습니다. 하루 정도 불량식품 콘셉트는 아이들과의 소통에 괜찮지 않을까요? — 덜익은사과 쌤

그 날은 평소보다 더 심하게 짜증을 내면서 불만을 표시했다. 참다 못한 나는 최대한 소리를 높이지 않고 단호하게 "그렇게 공부가 싫어서 어떻게 하니? 선생님이 너의 화를 받아주는 사람은 아니잖아? 선생님에게 화내지 말고 공부하기 싫으면 집에 가."라고 나무라면서 돌아섰다. 여학생은 뒤돌아서는 나를 향에 손가락 욕을 했고 학생들 중 일부가 그 사실을 나에게 일렀다. 나는 순간 화를 억누르지 못하고 "나는 이런 너를 가르칠 수가 없다. 너는 선생님에게 그렇게 하라고 배웠니?"라고 소리쳤다.

그 여학생은 하루 종일 울다가 집으로 돌아갔다. 학생이 집에 도착하기 전에 나는 어머님과 학생의 행동에 대해 상담 드렸고, 어머님은 매우 죄송해 하면서 동시에 속상한 마음을 감추지 못했다. 사춘기 학생을 둔 학부모님들과 상담을 진행할 때는 눈물을 흘리는 경우도 많다. 속상한 마음을 학생의 상태를 알고 있는 선생님에게 푸는 것이다. 어머님의 마음이 어느 정도 이해가 된 나는 더 이상 뭐라 말씀드리지 못했다. 내가 학생을 더 잘 이끌어야겠다고 마음을 다잡았다.

그 시기에 나를 힘들게 했던 다른 학생은 중학교 2학년이었는데 온라인 게임에 빠져 있었다. 게임할 수 있는 시간이 적다는 이유로 학교에 다니는 것도 공부방에 다니는 것도 불만이었다. 컴퓨터 게임을 하지 말라는 잔소리 때문에 부모님들이 잠들면 밤새도록 게임을 하고 학교에 가서는 잠을 잤다. 당연히 성적이 떨어질 수밖에 없었다. 아버님은 그런 학생을 때려도 보고 컴퓨터도 부셔 보셨지만 결과는 가출이었다. 부모님들은 결국 반쯤 포기한 상태로 학생을 방치하면서도 속상한 마음을 감추지는 못했다.

이러한 학부모님들의 고민을 조금이나마 덜어드리고 학생들이 조금은 더 현명하게 사춘기를 극복할 수 있도록 나는 초등 5학년과 중등 2학년들에게는 다른 학년에 비해서 더 많은 관심을 쏟기 시작했다. 그렇게 관심을 가지고 지켜보니 나름 사춘기 학생을 대처하는 노하우가 생기기 시작했다. 그것은 바로 대화를 통한 공감대 형성이었다.

사춘기 학생에게는 자주 대화를 시도하는 것이 좋다.

학생이 왜 게임을 재미있어 하는지 이유를 들어보고 관심을 가져주면서 대화를 시도하니 공감대가 형성되었다. 그렇게 학생도 서서히 마음의 문을 열고 내 이야기에 귀를 기울이고 일정 부분 받아들이려는 모습을 보였다.

나는 좀 더 학생을 이해하기 위해서 노력했다. 실제로 학생이 재미있다고 열심히 이야기한 게임을 한 동안 직접 해보면서 화젯거리를 계속해서 늘려가기도 했다. 그 후 학생과 여러 대화를 통해 일정기간 수업을 충실히 듣고 숙제 등을 잘하기로 약속하면 부모님의 허락 하에 게임을 할 수 있도록 해주었다. 나도 학생이 좋아하는 게임에 대한 선물을 해주었다. 학생은 점점 성적이 좋아지기 시작하였다. 시간이 흐르자 게임하는 시간도 줄어들었다.

5학년 여학생도 지속적으로 관심을 보이면서 대화를 시도했다. 맞벌이를 하시는 부모님이 자신에게 관심을 가져주지 않고 고등학생인 언니에게만 신경을 쓰는 것에 대한 불만이 커져 있었다. 결국 나 혼자라는 생각에 매일 화가 나고 눈물이 나고 짜증이 났다는 것이다. 그 이후 여학생을 따로 불러 차를 마시며 이런저런 이야기를 많이 나누었다.

이유를 알게 된 어머님도 희자를 따로 불러서 영화를 보거나 쇼핑을 하는 등 관심과 사랑을 많이 표현해 주었다. 그 이후 희자의 학습 태도는 눈에 띄게 좋아졌다. 나중에는 희자에게 "전에 선생님께 버릇없이 행동해서 죄송하고 감사해요."라는 글이 적혀 있는 장문의 편지를 받기도 하였다.

학생을 잘 가르치는 것만이 좋은 선생님은 아니라는 것을 이런 사춘기 학생들을 겪으면서 생각한다. 학생이 힘들어할 때는 올바른 방향으로 나아갈 수 있도록 친한 언니, 누나, 오빠, 형이 되어야 한다. 그렇게 조언해 주고 공감대를 형성하고 학생을 이해시키면서 멘토가 되는 것도 선생님의 중요한 역할이 아닐까.

사춘기 학생의 어머님들은 학생의 성적도 중요하지만 사춘기에 접

★ 1억 공부방의 비결 – 중등생 보드게임 파티

◀ 중등반 역시 중간고사 끝나고 금요일에 피자, 치킨, 보드게임을 했어요. 중3 녀석들은 평소에 파티는 시시하다고 빠지더니 보드게임 한다니까 전원 참석. 완전 좋아하는 바람에 너무 늦게 끝났어요. 그래서 드라이브하는 셈치고 모두 집까지 데려다 주는 풀코스 서비스를 하였지요. 힘들었지만 차 안에서 소소한 대화들 때문인지 마치 모두 한가족 같았네요.
— 덜익은사과 쌤

어느 자녀에게 좋은 조언을 해주는 멘토 겸 선생님을 간절히 원한다. 사춘기로 마음을 잡지 못하고 방황하는 자녀가 안타깝고 마음 아프기 때문이다. 그러니 사춘기가 온 학생을 대할 때는 잔소리 같은 조언보다는 학생과 공감대를 형성하고 학생을 이해하는 선생님이 되도록 노력해 보자.

간식 전쟁에서 살아남기

공부방을 오픈한 초기에는 학생들에게 무엇이든 해주고 싶었다. 그래서 "배고프다."는 학생에게는 라면도 끓여주고, 자장면도 시켜주면서 나름 애정을 표현했다. 나에게 배우러 와 준 이 학생들이 너무나 예뻐 보였고 소중했기 때문이다.

하지만 나의 이런 마음과는 달리 처음에는 너무나 감사해하던 학생과 학부모님들이 변하기 시작했다. 처음에는 빵을 주더라도 너무 좋아하고 잘 먹던 학생들이 나중에는 "아~ 나는 피자 먹고 싶다. 피자 사줘요." "선생님 라면 말고 스파게티 해주면 안되요? 아님 사주셔도 되는데…" "선생님 점심에 자장면 시켜 드셨어요? 나는 탕수육 먹고 싶은데~ 시켜 주시면 안되요?" 등등 무리한 요구가 많아졌다.

학부모님들도 처음에는 "어머. 너무 감사해요. 동욱이가 공부방에서 선생님이 떡 주셨다고 너무 맛있었다고 하더라고요. 간식을 제때 못 챙겨서 신경 쓰였는데 감사합니다."라고 말씀하셨던 어머님도 나중에는 "선생님, 동욱이 오늘 간식 못 먹여서 보내요. 공부방에서 간단하게 간식 좀 챙겨주세요."라고 말한다. 공부방이 공부를 하는 곳이지 간식을 주면서 학생을 보호하는 탁아소는 아닌데 말이다.

그 이후 이런 문제들이 자꾸 생기니 간식 문제로 스트레스를 많이 받게 되었다. 그래서 간식 주는 것을 없애기로 했다. 갑자기 주던 간식을 주지 않으면 학생들도 반발이 크고 어머님들도 서운해 하실 듯해 간식 주는 횟수를 점점 줄였다.

간식 규칙을 정해 공부 태도가 좋은 주를 기록한 뒤 일주일에 한 번씩 주다가 나중에는 한 달에 한 번으로 바꾼 후 자연스럽게 없애버렸다. 그 이후에는 어쩌다 한 번 학생들이 힘들어할 때나 수업 태도가 너무 좋을 때 사탕을 하나씩 준다. 그래도 굉장히 감사해하면서 사탕을 입에 물고 열심히 공부한다.

어머님들에게도 상담을 통해서 간식을 없애는 것에 대해 미리 말씀을 드린다. 처음에는 섭섭해하시던 어머님들도 나중에는 잊어버리게 되니 너무 걱정 말고 상담해 보도록 하자.

공부방 운영을 할 때는 필요하지 않다고 생각되는 부분에 대해서는 확실하게 선을 긋고 거절할 부분은 거절하는 것이 좋다. 그렇지 않으면 선생님과 학생, 그리고 학부모 모두 만족하지 못하는 상황에서 불만만 커질 수 있다. 따라서 처음 힘이 들어도 공부방 운영에 도움이 되지 않을 부분에 대해서는 확실하게 거절하도록 하자.

★ 간식 관련 상담 예시

보미쌤 : 안녕하세요. 어머님. 통화 가능하신가요?

어머님 : 네. 선생님.

보미쌤 : 다름이 아니라 말씀 드릴 부분이 있는데요. 다음 주부터는 공부방에서 가끔씩 주었던 간식을 없애기로 하였어요.

어머님 : 네? 왜요?

보미쌤 : 학생들이 올 때마다 간식을 챙겨주다 보니 수업에 지장이 생기고 학생들도 간식을 먹고 공부에 집중하는데 시간이 많이 걸려서 학생들의 학습에 지장이 생기더라고요.

어머님 : 그래도 빨리 먹을 수 있는 것으로 준비해서 주시면 안될까요? 공부방에서 간식 챙겨주니 너무 좋았거든요.

보미쌤 : 저도 그러고 싶지만 그렇게 한 번씩 챙겨주다 보면 결국 같은 결과가 생길 듯해서요. 공부방에서는 공부에만 집중하도록 면학 분위기를 잘 만들어주려 하거든요.

어머님 : 네. 근데 저는 많이 아쉽네요.

보미쌤 : 대신에 학습적인 부분에서는 더욱 집중해서 좋은 결과를 만들 수 있도록 노력하겠습니다.

어머님 : 네… 알겠습니다.

보미쌤 : 이해해 주셔서 감사합니다. 어머님, 앞으로 공부방에 오기 전에 간단한 간식을 먹여서 보내주세요.

어머님 : 네… 알겠습니다.

보미쌤 : 네. 감사합니다.

10월 공부방 운영 체크리스트

	공부방 운영 업무	예	아니오	반성할 점
홍보	전단지 / 현수막 홍보를 진행하였나요?			
	블로그 또는 카톡, 인스타를 활용한 홍보를 진행하였나요?			
	공부방 이벤트 또는 설명회를 진행하였나요?			
	공부방 안내문(소식지)를 월 2회 이상 발송하였나요?			
상담 / 학습	학부모님과 월 2회 이상 상담을 진행하였나요?			
	시험 결과 상담을 진행하였나요?			
	겨울방학 특강 내용을 정하였나요?			
	학교 진도 사항 & 시험 진행 내용을 체크하였나요?			
	학교 행사 등을 체크 하였나요?			
	학생들과의 친밀도를 높이기 위한 노력을 하였나요?			
	주 1회 이상 학생들을 위한 수업 프린트물을 제작하였나요?			
	교재를 직접 채점하고 학생의 취약 부분을 정리해 두었나요?			
	학생의 질문에 화를 내지 않고 설명을 잘 해주었나요?			
	학생들이 문제를 충분히 생각할 수 있게 시간을 주었나요?			
	숙제 검사를 철저히 하였나요?			
경영	공부방 매출·매입 영수증을 모두 챙겨 두었나요?			
	공부방 가계부를 작성하였나요?			
	월 입회 학생 목표를 달성하였나요?			
	밀린 회비 없이 교육비 입금을 모두 확인하였나요?			
자기 관리	교육 정보에 대해 주 1회 이상 찾아보고 자료를 수집했나요?			
	하루에 3시간 이상 교재를 직접 풀어보았나요?			
	수업 준비를 위한 시간을 하루 1시간 이상 투자했나요?			

 성공하는 공부방 열두달 운영비법

11월

11월 핵심 요약

떠먹여 주는 선생님이 되지 말자
학생이 생각할 수 있도록 기다려 주자. 당장은 진도가 빨리 나가지 않는 것처럼 느껴진다. 하지만 결과적으로는 학습 향상의 속도가 더 빠를 테니 조급한 마음을 버리자.

학생에게 던지는 좋은 질문이란?
성공한 선생님이라면 질문을 하는 방법과 함께 질문을 통해서 학생이 생각하고 있는 부분을 이끌어 주는 학습을 동시에 진행해 보도록 하자.

암기과목은 집중력이 관건?
선생님이 채점하는 동안 학생들은 다른 학습을 하도록 시간 배분을 하고, 암기할 때도 너무 많은 내용을 주지 않도록 해야 한다.

멘토 & 멘티 학습의 효과는?
멘토 & 멘티 수업은 일석 삼조의 효과를 얻을 수 있다. 성공한 선생님이 되는 강추 수업 방법이다. 가르치는 학생들이 상위권들이 많다면 한 번쯤은 꼭 시도해 보길 바란다.

11월 상위권 학생을 만드는 비법

11월이다. 2학기가 얼마 남지 않았다. 12월에 있을 '부모님과 1년 마무리 상담'에 대비해야 한다. 이를 위해 학생들이 힘들어하는 부분은 없는지, 공부에 대한 생각이나 미래 진로에 대한 계획도 틈틈이 대화를 나누면서 파악해 두어야 한다. 그리고 2학기 마무리 학습도 변함없이 최선을 다하고 특히나 시험 대비에 매진해야 할 때다. 전에도 이야기했듯이 전국의 모든 학부모들은 1학기보다는 2학기 성적에 더 신경을 쓴다. 2학기 성적은 무조건 올라야 한다. 1학기나 2학기나 똑같이 상위권이었어도 변함이 없으면 좋은 결과가 아닌 것이다. 오로지 상승 곡선만이 학부모들의 희망이다. 물론 성적이 모든 게 아니지만 현실이 그렇다.

그럼 우리 선생님들은 어떨까? 공부방을 운영하면서 모든 선생님들이 원하는 것이 뭘까? '내 공부방 학생들이 공부를 잘하게 되면 좋겠다.'일 것이다. 더불어 '상위권 학생 한번 제대로 만들어 보자'는 포부도 솔직한 심정일 것이다. 상위권 학생이 많은 공부방일수록 입소문이 나고 1억 공부방이 될 확률도 그만큼 높기 때문이다. 그럼 처음부터 상위권 학생만 골라 받으면 어떨까? 교육열이 높은 곳에서 상위권 학생들로만 구성하면 어떨까? 그럼 바로 '1억 공부방'으로 등극할 수 있을까? 눈치 채셨을 것이다. 선생님이 어떻게 하느냐에 따라 상위권 학생이 바로 하강곡선을 그릴 수 있고 퇴원 사태로 이어질 수 있다. 상위권 학생을 만들고 유지하는 것은 전적으로 '선생님의 역량'에 달려 있다.

자. 11월에는 진짜 '1억 공부방, 1억 선생님의 상위권 만드는 비결'을 공개한다. 당장 시작해도 좋다. 나뿐만 아니라 여러 선생님들을 통해 증명된 결과이니 말이다.

떠먹여 주는 선생님이 되지 말자

전에도 이야기했듯이 공부는 '재미'와 '자신감'이 관건이다.
자, A와 B 두 명의 학생이 있다.

1. A학생의 경우, 선생님이 문제를 한 문제씩 함께 풀어준다. 모르는 문제가 나오면 그 즉시 문제를 풀어준 다음 A학생이 다시 풀어보게 한다.
2. B학생의 경우, 모르는 문제가 나왔을 때 선생님이 바로 알려주지 않고 충분히 생각할 시간을 준다. 그러면 B학생은 이 공식 저 공식을 고민해보지만 다 해결하지 못한다.

이제, 선생님들에게 퀴즈 나갑니다.

Q. A와 B 두 학생이 같은 종류 같은 권수의 문제집을 1년 동안 풀었다. 과정은 같지만 풀어나간 공부 방법이 다르기 때문에 두 학생의 실력 차이는 점점 벌어졌다. 1번과 2번의 경우 어떤 학생이 상위권이 되었을까요?

많은 선생님들이 다 맞췄을 거라 생각된다. 정답은 2번이다.

공부에 대한 자신감과 재미는 '공부하는 과정'에서 만들어지고, '공부하는 방법'에서 승패가 난다.

1번 A학생은 자신 있게 그 자리에서 문제를 풀어냈다. 바로 선생님이 정확하게 이해시켜주었기 때문이다. 그런데 일주일이 흐르고 한 달이 지나 A학생에게 그 문제를 다시 풀어보게 했다. 놀랍게도 틀리거나, 해당 문제를 풀더라도 비슷한 유형의 문제는 풀지 못하는 경우가 많았다. 이런 경우 A학생은 학년이 올라갈수록 자신이 공부를 못한다고 생각해서 공부에 대한 흥미도 점점 잃어간다. 즉 머리가 굳어간다고 느끼는 것이다.

2번 B학생은 그 당시에는 해결 방법을 찾지 못해 실망을 했다. 그때 생각해봤지만 정말 모르겠는 부분을 선생님께 물어본다. 선생님은 힌트를 줄 뿐이고, 그렇게 스스로 다시 풀어보고 해결하게 했다. 이런 경우 B학생은 나중에도 비슷한 유형의 문제뿐 아니라 변형한 문제도 쉽게 풀어냈다. 이유는 간단하다. 스스로 한 경험은 오래 기억되고 자기 것이 되기 때문이다.

문제는 B학생의 경우 A학생보다 시간을 훨씬 더 많이 들여야 하고, 선생님의 인내심 또한 필요하다. 하지만 나중에는 학습 이해력이 높아져 A학생보다 시간 투자를 덜 해도 더 높은 학습 결과를 보인다. 그래서 저학년일수록 처음부터 후자의 방법으로 학습을 진행해야 한다. 그래야 학습 내용이 어려워지는 고학년으로 올라갈수록 선생님의 손이 덜 가고 수업도 훨씬 힘들이지 않고 진행할 수 있다. 혹시 의심이 든다면 다음 이야기를 한번 읽어보시라.

나도 학원 강의와 과외 수업을 해보았다. 그때는 '일방적 강의식 수업'을 진행했다. 매일 나가야 할 진도와 시간이 정해져 있기 때문이다. 물론 오답 문제 설명도 마찬가지였다. 틀린 문제를 되도록 빨리 일방적으로 강의하고 이어서 문제를 다시 풀게 했다. 나중에 선생님의 모임을 통해서 알게 된 사실이지만 이런 방법으로 수업을 진행하는 분들이 의외로 많다.

한 과외 선생님은 정해진 수업시간 때문에 수업은 개념설명만 하고, 숙제는 학생 스스로 채점, 틀린 문제는 정답지를 보면서 작성해오게 한다는 것이다. 이렇게 강의식 수업으로 배운 학생들에게는 공통점이 발견된다. 모르면 깊이 생각하지 않고 바로 선생님께 물어보거나 정답지를 찾는다. 당연히 상위권 이상이 될 수 없다. 이른바 문제해결력이 부족하기 때문이다.

물론 나도 초보선생님일 때 일명 '떠먹여주는 수업'을 했다. 지금도 그 학생들을 떠올리며 미안한 마음을 갖고 있다. 이런 '떠먹여주는 수업'을 할 때 저지르는 선생님의 실수는 다음과 같다.

첫 번째, 학생이 틀린 문제가 있으면 다시 풀어보게 한 후 정답이면 그냥 넘어갔다. 선생님의 실수는 학생이 문제를 틀린 이유가 뭔지를 파악하지 않았다는 점이다. 학생이 실수로 틀렸는지, 문제를 이해하지 못한 건지 말이다. 만약 선생님이 이유에 대해 궁금해했다면 학생이 고쳐

온 문제를 다시 한 번 보았을 것이다.

"이 문제는 왜 3번이 정답이 될 수 없는 거니?"

"여기서 사용된 공식(문법)은 무엇이니?"

등의 질문을 통해 학생이 문제를 정확히 알고 고친 건지, 단순히 찍어서 푼 건지를 확인해야 한다. 그래야만 학생이 이해를 못한 부분이 어느 곳인지 알고 부족한 보충 설명을 해줄 수 있다.

두 번째로 선생님이 자주 하는 실수는 틀린 문제에 대해서 바로 그 자리에서 설명해주는 것이다. 모르기 때문에 틀렸다고 생각해서 바로 그 자리에서 틀린 문제를 풀어준 후 "알겠니?" 하면서 학생에게 다시 풀어볼 시간을 준다. 하지만 거의 답에 가까이 다가와 있는 상황에서 틀리는 학생이 몇 명이나 있겠는가? 답을 주지 않았어도 80~90% 가까이 문제를 풀어주면 대부분의 학생들은 나머지 10%만 스스로 풀고 넘어가는 셈이다. 결국 학생이 공부한 것이 아니고 선생님 혼자서 열심히 한 꼴이 된다.

이런 학습이 누적될수록 학생은 바로바로 풀어주는 것에 익숙해진다. 그 결과 학생은 문제에 대해서 생각하는 학습적 여유를 가질 수 없게 되고, 풀었던 문제인데 비슷한 유형의 문제가 나왔을 때 또 틀린다. 스트레스는 누가 받겠는가. 학생뿐 아니라 선생님도 엄청난 스트레스를 받고 한마디로 맥이 빠지게 된다. 이런 악순환의 결과는 학생에 대한 원망과 공부방 운영의 어려움으로 찾아온다.

그렇기 때문에 위의 두 가지를 주의하면서 학생이 스스로 생각할 수 있도록 기다려 주자. 당장은 진도가 빨리 나가지 않는 것처럼 느껴진다. 하지만 결과적으로는 학습 향상의 속도가 더 빠를 테니 조급한 마음을 버리자.

학생의 수학 점수가 올라가도록 지도하기보다는 수학적 학습 능력이 올라가도록 지도하자. 학생의 영어 점수가 올라가도록 지도하기보다는 영어 활용 능력이 올라가도록 지도하자.

학생에게 던지는 좋은 질문이란?

공부를 잘하는 학생의 특징은 뭘까? 질문을 많이 한다. 모르는 부분이 있으면 알 때까지 질문을 한다. 반면에 대부분의 학생들은 질문하기를 꺼린다. 특히 하위권 학생들의 경우 질문을 거의 하지 않는다. 무엇을 물어보아야 하는지 질문 방법 자체를 모르는 경우도 많다. 그래서 질문을 하더라도 학습과 전혀 관계없는 질문들을 하고는 한다.

1억 선생님이라면 질문하는 방법과 함께 질문을 통해서 학생의 생각을 이끌어주도록 하자.

★ **수학 문제를 통한 질문 학습법**

지수네 학교 3학년 학생들이 현장학습을 가는데 45인승 버스 3대에 똑같이 나누어 탔더니 버스마다 빈자리가 3자리씩 남았습니다. 3학년 학생은 모두 몇 명입니까?

(   )

앞의 문제를 학생이 풀었는데 식도 세우지 못한 채 모른다고 선생님께 가지고 왔다. 이때 좋은 선생님은 어떻게 해야 할까? 이미 많은 선생님들이 알고 있을 것이다.

'단계별 질문법' 이른바 학생이 스스로 생각하면서 단계를 하나씩 올라갈 수 있도록 질문하는 것이다. 그렇게 학생이 문제를 해결해 나갈 수 있도록 하면서 어떤 부분을 질문해야 하는지도 알려준다.

보미쌤 : 어느 부분이 이해가 되지 않니?

학 생 : 다요.

보미쌤 : 그럼 한번 볼까? 구하는 것이 무엇이니?

학 생 : 3학년 학생이 모두 몇 명인지를 구하는 거요.

보미쌤 : 잘했어. 그럼 물어보는 문장은 이해가 된 거니, 남은 문장을 살펴보도록 하자. '지수네 학교 3학년 학생들이 현장학습을 가는데 45인승 버스 3대에 똑같이 나누어 탔더니 버스마다 빈자리가 3자리씩 남았습니다.'라는 문장에서 문제를 풀 때 필요하지 않은 조건이 있어. 그게 뭘까?

학 생 : … 3학년 학생이요.

보미쌤 : 잘하네. 그럼 거의 다 푼 거야. 다시 남은 문장을 보자. '45인승 버스 3대에 똑같이 나누어 탔더니 버스마다 빈자리가 3자리씩 남았습니다.'라는 문장이 있어. 그럼 지금 버스 한 대에는 몇 명이 타고 있는 걸까? 그걸 식으로 세워 볼까?

학 생 : 45 - 3이요?

보미쌤 : 음… 왜 그렇게 생각했니?

학   생 : 45인승 버스마다 남은 자리가 3자리씩 있다고 해서요. 그럼 3자리 빼고는 학생이 있는 거니까요.

보미쌤 : 대단한데. 너무 잘했다. 그럼 다 풀었네. 현재 버스 한 대에 타고 있는 학생 수는?

학   생 : 42명이요.

보미쌤 : 지금 버스 몇 대가 있니?

학   생 : 3대요.

보미쌤 : 식으로 나타내면?

학   생 : 42 × 3이요?

보미쌤 : 잘했어. 이제 이 문장을 하나의 식으로 나타내 보자.

학   생 : (45 - 3) × 3이요.

보미쌤 : 왜 45 - 3 부분에 괄호를 썼니?

학   생 : 버스에 타고 있는 학생이 몇 명인지 먼저 구해야 해서요.

보미쌤 : 너~~무 잘했어. 나중에는 틀려도 괜찮으니 네가 문장을 읽고 생각한 식을 세워 보도록 하자. 그러면 선생님이 그 식을 보고 질문을 해볼게. 벌써부터 기대가 된다.

    영어라면 좋은 선생님은 어떻게 해야 할까? 수학처럼 '단계별 질문법'을 활용하면 효과적이다. 학생이 스스로 생각하면서 한 단계씩 올라갈 수 있도록 질문하는 것이다. 그렇게 학생이 문제를 해결해 나갈 수 있도록 깨우쳐준다.

★ 영어 문제를 통한 질문 학습법

• 다음 문장을 의문문으로 바르게 바꾼 것은?

> Jane like her father very much.

❶ Is Jane like her father very much?
❷ Do Jane like her father very much?
❸ Do Jane likes her father very much?
❹ Does Jane like her father very much?
❺ Does Jane likes her father very much?

보미쌤 : 왜 답을 ❺번으로 했니?

학 생 : Jane이 3인칭 단수잖아요. 그럼 Does가 앞에 오는 거 아니에요?

보미쌤 : 그렇지. Jane은 3인칭 단수이지. 그럼 3인칭 단수일 경우 의문문을 만드는 어순이 어떻게 되지?

학 생 : 음… Does+주어+동사원형…? 이요?

보미쌤 : 그럼 니가 쓴 ❺번의 likes는 동사원형이니?

학 생 : 아~ 아니요. like가 동사원형이에요.

보미쌤 : 그렇지. 그럼 답은?

학 생 : ❹번이오.

보미쌤 : 정답!! 어느 부분에서 실수했는지 알겠니? 앞으로 문제를 풀 때는 동사 부분에 밑줄을 치면서 실수하지 않도록 해보자.

학생이 공부에 재미를 느끼기 시작한다는 것은 질문을 통해 알 수 있다. 처음에는 문제와 전혀 관계없는 질문을 하더니 점점 의미 있는 질문을 한다. 나중에는 핵심을 파고드는 질문을 던지게 된다. 이 순간 선생님의 입장에서는 뿌듯함을 넘어 희열을 느끼게 된다. 그러니 학생이 질문을 자주 한다고 해서 귀찮아 말자. 그보다는 학생의 질문을 즐기는 선생님이 되어 보자. 그 질문을 통해 성장해 가는 학생과 선생님을 발견할 수 있을 테니 말이다.

★ 단계별 질문법
1. 구하는 것은 무엇이니?
2. 주어진 조건은 무엇이니?
3. 여기서 활용해야 하는 공식은?
4. 식을 세워보자.
5. 왜 이렇게 생각했니?
6. 어떻게 해결해야 하는지 이해되었니? ("아니오."라고 대답하는 경우에는 어느 부분이 이해되지 않는지를 질문하고 답해 보도록 한다.)

암기과목은 집중력이 관건?

공부를 효과적으로 하기 위해서는 '집중력' 있게 학습해야 한다. 예전에 집중력을 높여준다는 '엠시스퀘어'가 불티나게 팔린 적이 있었다.

나도 학창시절 그것을 사용해 본 경험이 있다. 집중력이 향상되면 단어를 암기하는 속도도 빨라지고 학습한 내용을 장기적으로 기억할 수 있어서 성적이 향상된다고 했기 때문이다.

공부방에서도 같은 1시간 동안 학생들이 집중력 있게 공부할 수 있도록 지도하는 것이 중요하다. 공부방에 오래 있다고 해서 성적 향상이 이루어지지는 않기 때문이다.

공부방에서 학생들을 가르칠 때 가장 중요한 것은 1분이라도 학생들이 헛되이 사용하는 시간이 없도록 하는 것이다. 선생님이 채점을 한다고 학생들이 줄을 서서 기다리게 하는 시간이나, 암기한다고 해서 멍하니 책을 보고 1시간 이상 앉아 있게 하는 시간들을 없애도록 해라.

선생님이 채점하는 동안 학생들은 다른 학습을 하도록 시간 배분을 하고, 암기할 때도 너무 많은 내용을 주지 않도록 해야 한다. 선생님은 다 알고 있는 내용이기 때문에 쉽게 생각하지만 학생들은 처음 배우는 내용이기 때문에 어휘부터 모든 내용이 생소하고 어렵다. 따라서 개념

★ 암기과목 학습법 – 5분암기, 5분 퀴즈

학생들이 5분 동안 암기할 수 있는 분량을 나누어 주고 5분에 한 번씩 암기한 내용을 확인해 주자. 질문 내용은 어렵지 않게 단답형으로 물어보는 것이 좋다. 암기의 목적은 웅변 대회를 나가는 것이 아니라 학습한 내용을 이해하기 위해서다.

예1) 돌을 깨뜨리거나 떼어 만든 뗀석기를 사용했던 시대는?
예2) 구석기 시대 사람들은 이동 생활을 했을까요? 정착 생활을 했을까요?

수업을 할 때도 최대한 쉽게 풀어서 설명해 주는 것이 중요하다.

암기를 할 때도 학생들이 쉽게 할 수 있도록 학습 내용을 적당량씩 끊어서 암기하도록 지도하자. 그러면 짧은 시간 안에 학습한 내용을 암기한다. 학습 내용이 정리되어 기억나면 문제를 풀 때도 오답률이 크게 줄어들어 학습 효과를 배가시킨다.

학생을 잘 가르치는 것만이 좋은 선생님은 아니라는 것을 이런 사춘기 학생들을 겪으면서 생각한다. 학생이 힘들어할 때는 올바른 방향으로 나아갈 수 있도록 친한 언니, 누나, 오빠, 형이 되어야 한다. 그렇게 조언해 주고 공감대를 형성하고 학생을 이해시키면서 멘토가 되는 것도 선생님의 중요한 역할이 아닐까.

사춘기 학생의 어머님들은 학생의 성적도 중요하지만 사춘기에 접어드는 자녀에게 좋은 조언을 해주는 멘토 겸 선생님을 간절히 원한다. 사춘기로 마음을 잡지 못하고 방황하는 자녀가 안타깝고 마음 아프기 때문이다. 그러니 사춘기가 온 학생을 대할 때는 잔소리 같은 조언보다는 학생과 공감대를 형성하고 학생을 이해하는 선생님이 되도록 노력해 보자.

공부를 잘하는 학생들의 특징 중 하나는 같은 시간을 공부하더라도 더 많은 것을 기억한다는 것이다. 다시 말하면 10분을 공부하더라도 남들이 1시간 공부하는 효과를 나타낸다. 참 바람직한 학습능력이다. 1억 선생님의 역할은 이런 학습능력을 모든 아이들이 갖도록 지도하는 것이다. 시간을 효율적으로 사용하고, 집중력을 최고로 높이는 학습 방법을 습관으로 만들어주는 것이 무엇보다 중요하다.

멘토 & 멘티 학습의 효과는?

수업을 진행하면서 가르치는 학생들이 모두 상위권에 진입하게 되자 나는 욕심이 생겼다. 단순히 심화 문제를 풀고 어려운 어휘를 암기하는 것을 벗어나 학생들 실력을 좀 더 크고 넓게 향상시킬 수는 없을까. 뭔가 좀 더 새롭고, 더욱 의미 있는 교육법은 없을까.

도전은 선생님에게도 필요한 것이다. 그렇게 고민해서 찾아낸 방법이 바로 '멘토 & 멘티 수업'이다.

멘토 & 멘티 수업은 학생들의 말 한 마디에서 힌트를 얻어 시도하게 되었다. 어느 날 수업을 하던 도중 학생들이 모두 몰랐던 문제가 나왔다. 답을 찾기 위해 학생들과 토론식으로 수업을 진행했다. 문제에 대한 설명을 다 듣고 난 한 학생이 나에게 이런 말을 했다. "와~ 샘은 천재 같아요. 모르는 게 없어요. 선생님 뇌를 갖고 싶어요." 이 말을 듣고 기분이 좋아진 나는 "선생님은 이게 직업이잖아. 문제를 많이 풀어 보기도 했지만 학생들에게 매년 가르치면서 어떻게 하면 좀 더 쉽게 설명할 수 있는지 반복적으로 설명을 하다 보면 선생님처럼 될 수 있단다."라는 말을 하는 순간 '앗~ 이거다. 이 선생님 놀이 수업을 응용해 봐야겠다.'라는 생각이 들었다. 그렇게 구상한 멘토 & 멘티 학습법은 다음과 같다.

★ 멘토 & 멘티 학습법

1단계 : 선생님 → A학생에게 단계별 설명

2단계 : A학생 (선생님 역할) → B학생에게 단계별 설명

3단계 : C학생 (선생님 역할) → D학생에게 단계별 설명

4단계 : D학생 (선생님 역할) → E학생에게 단계별 설명

5단계 : E학생 (선생님 역할) → 선생님에게 단계별 설명(설명 후에 선생님이 반대로 다시 학생에게 문제 해결 과정에 대해서 심도 있게 질문한다. 여기서 제대로 설명하지 못하면 6단계로 간다.)

6단계 : 다시 D학생이 E학생에게 설명하도록 한다.

학생들이 공통으로 모른다고 말하거나 틀리는 문제에 대해서는 표시를 해둔다. 먼저 공부방에서 가장 침착하고 공부를 잘하는 A학생을 불러 단계별 질문을 통해 설명을 해준다. 그 다음으로 공부를 잘하는 B학생에게 A학생이 선생님 역할을 하면서 단계별 질문을 통해 문제를 설명하게 한다. 나는 다시 마지막 학생에게 문제를 해결해 가는 과정을 질문해 가면서 문제를 제대로 이해했는지를 살펴본다.

학생들은 멘토 & 멘티 수업을 하면서 자연스럽게 복습을 할 수 있다. 또 문제에 대해 좀 더 깊이 있는 이해를 할 수 있다. 아울러 응용력을 기르게 된다. 이와 같이 멘토 & 멘티 수업은 일석삼조의 효과를 얻을 수 있다. 1억 선생님이 되는 정말 좋은 수업 방법이다. 가르치는 학생들이 상위권들이 많다면 꼭 시도해 보길 바란다. 보미쌤의 진짜 강추 수업법이다.

★ 1억 공부방의 비결 – 멘토 & 멘티 학습법

▲ 멘토 & 멘티 학습은 누군가를 가르친다는 것이 아닙니다. 배운 것을 자기가 말로써 설명하면서 그 동안에 자기도 몰랐던 부분에 대해 정확하게 이해하게 됩니다. 그래서 배운 것을 확실히 자기 것으로 정립하는 좋은 학습법입니다. — 덜익은사과쌤

11월 공부방 운영 체크리스트

	공부방 운영 업무	예	아니오	반성할 점
홍보	전단지 / 현수막 홍보를 진행하였나요?			
	블로그 또는 카톡, 인스타를 활용한 홍보를 진행하였나요?			
	공부방 이벤트 또는 설명회를 진행하였나요?			
	공부방 안내문(소식지)를 월 2회 이상 발송하였나요?			
상담 / 학습	학부모님과 월 2회 이상 상담을 진행하였나요?			
	시험 대비 상담을 진행하였나요?			
	겨울방학 시간표 변경 상담을 완료하였나요? (휴회 학생 파악)			
	겨울방학 특강 상담을 진행하였나요? (휴회 학생 대비 상담)			
	학교 진도 사항 & 시험 진행 내용을 체크하였나요?			
	학교 행사 등을 체크하였나요?			
	시험 대비 보충을 진행하였나요?			
	서점에 가서 신학기 교재들을 살펴보았나요?			
	학생들과의 친밀도를 높이기 위한 노력을 하였나요?			
	주 1회 이상 학생들을 위한 수업 프린트물을 제작하였나요?			
	교재를 직접 채점하고 학생의 취약 부분을 정리해 두었나요?			
	학생의 질문에 화를 내지 않고 설명을 잘 해주었나요?			
	학생들이 문제를 충분히 생각할 수 있게 시간을 주었나요?			
	숙제 검사를 철저히 하였나요?			
경영	공부방 매출·매입 영수증을 모두 챙겨 두었나요?			
	공부방 가계부를 작성하였나요?			
	월 입회 학생 목표를 달성하였나요?			
	밀린 회비 없이 교육비 입금을 모두 확인하였나요?			
자기 관리	교육 정보에 대해 주 1회 이상 찾아보고 자료를 수집했나요?			
	하루에 3시간 이상 교재를 직접 풀어보았나요?			
	수업 준비를 위한 시간을 하루 1시간 이상 투자했나요?			

 성공하는 공부방 열두달 운영비법

12월

12월 핵심 요약

1년의 멋진 마무리, 12월 파티 열기
공부방 학생들과 함께 멋진 12월 파티를 열어보자. 1년 동안 서로 노력했고 수고했고 감사했다고 마음을 전한다.

학부모와 1년 마무리 상담은 어떻게 하나요?
1년 마무리 상담은 대면 상담이 효과적이다. 학생의 교재와 시험 자료를 보면서 상담을 진행하면 신뢰도가 높아지고 학부모님과의 거리도 어느 정도 좁힐 수 있다.

교재 마무리하기
학생들마다 실력이 다르다. 학생 수준에 맞는 맞춤교재를 선정해 수업을 진행하면 그만큼 실력도 눈에 띄게 좋아진다.

회원을 소개해 주는 학부모님을 만들려면?
'1 + 1 소개 이벤트'는 기존 회원 학부모님이 새로운 학생을 한 명 소개시켜 주면 새로 들어온 학생과 기존 회원의 한 달 교육비를 무료로 진행하는 것이다.

신입생 모집을 위한 최고의 홍보는?
겨울방학 때 학생들이 새로운 학원, 공부방을 찾아다닌다. 이 시기에는 입소문뿐만 아니라 공부방 자체가 많이 노출되도록 지속적으로 홍보한다.

내년 목표와 계획을 어떻게 세우나요?
새로운 신규 회원을 몇 명 늘릴 것인가? 퇴원생의 이유를 파악했는가? 등등 10가지에 대하여 최소 일주일 동안은 고민해 보고 그에 따른 계획을 세워보자.

12월
마무리는 보람차게
내년은 희망차게

벌써 12월이 다가왔다. 바쁘게 한 달 한 달을 준비하고 수업에 집중하다 보니 어느새 일 년을 마무리해야 하는 12월이다. 공부방을 운영하다 보면 시간이 정말 빨리 간다는 것을 자주 느낀다. 하루하루 수업을 하다 보면 정말 일주일이 하루처럼 지나가고 매주 시험준비에 집중하다 보면 어느새 계절이 변했음을 깨닫는다. 1년이라는 시간이 눈 깜짝할 사이에 지나다 보니 너무 바쁜 일상 속에서 '나는 누구인가'라는 생각이 들기도 한다.

그래도 잘 왔다. 12월까지 1년 동안 잘 견디고 잘 실천해왔다.

수고했다.

자기 자신에게 마음껏 칭찬해주고 여유도 부려도 좋다.

그런데 어떡하나. 12월이 선생님에게는 가장 바쁘고 바쁜 달이다. 기말고사에, 학부모 1년 마무리 상담, 크리스마스 파티, 새해 계획, 그리고 신규 회원 모집까지! 그렇지만 나는 그 와중에도 12월이 되면 꼭 빼놓지 않고 읽는 것이 있다. 지난 1년 동안 고쳐야 할 부분이나 반성할 부분은 없는지 틈틈이 적어놓았던 나의 노트다. 그렇게 정리한 경험들을 거울삼아 내년에는 같은 실수를 반복하지 않고 어떻게 변화해야 하는지 생각한다. 그런 시간이 매년 나에게는 소중한 여유와 자신감을 채워준다. 가장 바쁘고 바쁜 달이지만 가장 파이팅이 필요한 시간이다.

'1년 안에 1억 공부방'으로 한 발만 나아가자. 이제 한 계단만 올라서면 된다.

1년의 멋진 마무리, 12월 파티 열기

공부방 학생들 중에는 12월 파티를 1월 초부터 손꼽아 기다리는 학생도 있다. 12월 파티 사진을 많이 찍어서 공부방에 걸어두면 학생들은 그 날의 기억을 통해 더 열심히 공부한다. 새로 들어온 학생들은 '1년 동안 열심히 공부하면 나도 12월 파티에 갈 수 있겠구나.'라는 기대감을 가지게 된다. 사실 12월 파티에 대한 학생들의 입소문도 무시하지 못한다. 심지어 학생들 사이에서는 다니고 싶은 공부방 1순위가 이 파티로 정해진다고 들었다.

그럼 학생들이 그토록 기대하는 파티를 어떻게 준비해야 할까. 선생님으로서는 바쁜 12월에 은근히 신경 많이 쓰인다. 하지만 파티를 통해 선생님도 학생들도 1년 동안 함께 노력해왔던 것을 서로서로 칭찬하고 감사해 하며 즐겨보자. 선생님에게도 그 이상 가슴 벅찬 시간이 없을 것이다.

나는 12월 시험이 마무리되면 12월 크리스마스를 겸해서 1년 마무리 파티를 진행한다. 자주 하는 파티가 아니므로 특히 12월 파티는 다른 때보다 더욱 신경을 쓴다. 그래서 패밀리 레스토랑을 예약한 후 학생들과 자유롭게 먹고 얘기한다. 공부방에서 파티를 하면 번거롭게 음식을 챙겨야 하므로 여유 있게 학생들과 대화하기는 어려웠다. 그리고 평소에 하는 파티와는 달리 1년을 마무리하는 파티에 대한 학생들의 기대감을 충족시키려면 외식이 효과적이었다.

물론 요즘에는 공부방 상황이나 인원수, 또는 선생님의 소신에 따라 파티를 다르게 진행하는 경우도 많이 보았다. 음식재료를 사다가 직접

★ 1억 공부방의 비결 – 마무리는 보람차고, 화끈하게

◀ 2014년 9월 공부방을 시작하고 12월 첫 크리스마스입니다. 밤새 아이들 하나마다 선물 포장하느라 힘들었지만 아이들 덕분에 함께 트리도 꾸미다 보니 제가 더 신이 납니다. 그런데 어느새 아이들이 이렇게 쪽지까지 써서 붙여주었네요. 우리 엘리트 공부방 아이들 참 마음이 곱지요? ─엘리트 공부방

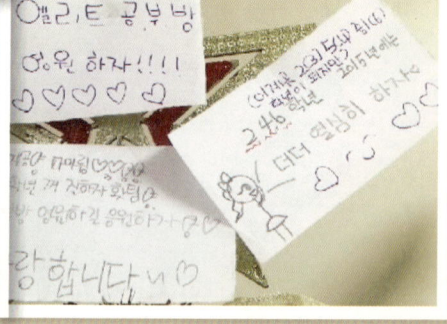

학생들과 함께 만들며 수다 떨기, 즐거운 보드나 체스게임 파티, 아이돌 그룹 따라하기 댄스 타임 등 정말 다양하다.

　선물이나 파티의 형식은 모두 달라도 한 가지 공통된 것은 있다. 함께 화끈하게(?) 지난 스트레스를 다 풀어버리고 새해에는 더 열심히 하자 각오를 다지는 것이다. 혼자 하는 각오보다는 친구 앞에서 꿈과 계획을 말하는 것이 훨씬 효과적이다. 그렇게 힘차게 파이팅을 외치는 파티를 즐겨보자. 그 시간이 다음 1년을 열심히 달리게 해주는 충전지 역할을 할 것이다. 특히 우리 공부방 선생님에게 말이다.

★ 크리스마스 선물

▶ 크리스마스 선물, 특별한 게 없나 찾아보다가 캔디케인 썰매를 발견하고 예쁘게 만들어 봤어요. 파티 준비하느라 정신없었는데 행복해 하는 아이들 보며 다시 힘을 내봅니다.
— 긍정소녀 일레인 쌤 〈이지더원 원어민 영어〉 공부방

◀ 밤새 예쁘게 포장했습니다. 아이들이 좋아해서 저도 기쁘네요.
— 멘토동 쌤

'학부모와 1년 마무리 상담'은 어떻게 하나요?

12월에는 기말고사가 있는 달이다. 2학기 기말고사 결과는 1년의 결실과도 같다. 얼마나 중요한지는 선생님들 모두 잘 안다. 그래서 '학부모와 1년 마무리 상담'이 부담스러울 것이다.

걱정하지 말자. '학부모와 1년 마무리 상담'에서 얘기할 것은 학습 결과가 아니라 1년 동안 해온 학습 과정과 그렇게 해서 생긴 변화다.

어머니에게 학생이 1년 동안 얼마나 노력했는지, 그래서 어떤 부분이 좋아지고 변화가 생겼는지 말씀드리자. 물론 결과만으로 칭찬을 해도 좋을 학생에게도 마찬가지다. 학생이 노력한 과정을 자세히 설명하고 선생님과 어떻게 호흡을 맞춰 함께 해왔는지 이야기하자. 그러면 어머니도 학생의 실력이 향상된 이유를 알게 된다. 단순히 학생이 열심히 해서 얻은 결과가 아니고 선생님의 숨은 노력 덕이라는 것을 느낄 수 있다. 그렇게 해야 선생님의 노력을 어필하는 것이고, 무엇보다 학부모와 선생님 사이의 믿음은 더욱 단단해질 것이다.

1년 마무리 상담은 최대한 대면 상담으로 진행하도록 한다. 평소에는 전화 상담으로 진행했더라도 1년에 한 번은 대면 상담이 효과적이다. 준비할 것은 역시 학생의 교재와 시험 자료 등이다.

나는 선생님의 노력을 학부모님들이 알아야 한다고 생각한다. 아이가 혼자서 클 수 없고 아이가 잘 자라기 위해서는 부모님의 노력이 필요하다. 그렇듯 학생이 혼자서 실력을 향상시킬 수 없고 그 실력 향상 속에는 선생님의 무한한 노력이 숨어 있다. 이 사실을 어필해야 학부모

★ 12월 마무리 상담 – 4학년 김지후 학생

보미쌤 : 어머님. 오랜만에 뵙고 상담 드리게 되네요.^^

어머님 : 네. 자주 찾아뵈어야 하는데 오랜만에 찾아뵙게 되었네요.

보미쌤 : 아닙니다. 바쁘신 거 아는데요. 이렇게 시간 내 주셔서 감사해요.

어머님 : 아니에요~.

보미쌤 : 이번에 기말고사가 마무리되면서 1년 동안의 학습 정리를 해보았습니다. 지후가 그 동안 열심히 노력한 덕분에 꾸준히 성적 향상이 이루어졌습니다. 특히 국어와 사회 부분에 대해서 많이 좋아진 것이 눈에 띕니다. (1년 동안의 시험 결과표를 정리해서 보여드린다.)

어머님 : 네~ 요즘은 사회가 어렵다는 소리를 거의 하지 않더라고요.

보미쌤 : 네. 지후가 작년에는 특히나 국어를 힘들어했고 어휘가 많이 약했기 때문에 올 초에 어머님께 상담 드린 것과 같이 일주일에 한 권씩 책 읽기를 병행했어요. 지후가 약속한 대로 책을 열심히 읽어서 어휘 부분에서도 실력 향상이 있었지만 무엇보다 지문을 파악하는 힘이 많이 생겼어요. (국어와 사회 시험지 및 교재를 보면서 상담드린다.)

어머님 : 선생님께서 많이 노력해 주신 덕분이지요.

보미쌤 : 지후도 많이 노력했으니 오늘 집에 가시면 칭찬 많이 해주세요. ^^
(어머님이 말씀하시는 선생님의 노력 부분에 대해서는 절대 부정하지 않는다.)

어머님 : 네. 그럴게요.

보미쌤 : 5학년이 되면 한국사도 나오고 서술형 문제에 대한 비중이 커집니다. 이번 겨울방학 동안에는 한국사 관련 도서를 읽어가면서 책의 내용을 요약 정리해 나가는 특강 수업을 병행해 나가려 합니다.

어머님 : 요약 정리를 잘할 수 있을까요?

보미쌤 : 그래서 미리 여름방학부터 요점 정리 노트를 활용해서 학습 내용을 정리해 보는 학습을 매주 시행해 왔습니다.

(요점정리 노트를 보여드린다.)

어머님 : 그러셨군요. 이렇게 꼼꼼하게 챙겨주시니 너무 감사해요.

보미쌤 : 아닙니다. 믿고 맡겨 주신 만큼 열심히 지도하는 것이 제 역할인걸요.

어머님 : 정말 제가 선생님을 만난 건 행운인 것 같아요.

보미쌤 : 호호호. 그렇게 말씀해 주시니 더욱 열심히 지도해야겠어요.

어머님 : 호호호.

보미쌤 : 겨울방학 동안에도 공부방 시간표는 이동이 없으니 이 점 참고해 주시고 특별한 여행 계획이 있으시면 미리 알려주세요.

어머님 : 아니에요. 이번 겨울방학 동안에는 집에만 있으면 좋지 않을 듯해서 농구를 좀 시키려고요.

보미쌤 : 농구요? 농구 좋지요^^ 농구 시간표는 어떻게 되나요?

어머님 : 공부방 시간을 피하려고 일부러 아침 일찍 잡았어요. 10시에 가서 11시 반에 와요. 그럼 점심 먹인 후에 공부방에 가게 하려고요.

보미쌤 : 네. 알겠습니다.

님들의 마음속에 선생님이라는 존재의 소중함이 더욱 커지게 된다.

1억 공부방이 된 선생님들은 평소 뉴스레터나 블로그 또는 네이버 밴드, 단톡방 등을 활용해서 학부모에게 공부방의 진행 상황을 매달 전한다. 일방적인 정보 공지가 아니라 공부방에서 변화하고 있는 아이들의 모습을 소개하는 것이다. 특히 자기 자녀들의 이야기가 담긴 사진 한 장, 글 한 줄을 그렇게 좋아한다고 하니, 선생님이 학부모의 적극적인 협조를 얻어낼 수 있는 원동력이 된다고 한다. 1억 공부방 선생님은 신뢰형성에도 남다르다.

★ 1억 공부방의 비결 – 뉴스레터

▲ 라하공부방 확장에 가장 효자 노릇을 한 〈뉴스레터〉. 〈뉴스레터〉는 컬러 프린트로 예쁘게 뽑아드리는 게 성공 포인트! '아시면 좋을 교육뉴스', '지난 달 공부방 소식', '다음달 계획' 등이 담긴 일종의 안내문으로 매달 원비 안내장과 함께 보내면 반응 좋아요. 선생님은 한 달 동안 어떻게 수업했는지 뒤돌아보고 다음 달 계획을 세울 수 있고, 뉴스거리를 찾느라 새로운 교육 트렌드도 알게 되니까 원생이 많지 않는 선생님일수록 강력 추천합니다. — 데이빗 쌤 〈라하 잉글리시〉 공부방

교재 마무리하기

12월 중순이 되면 2학기 수업이 마무리된다. 수업은 기말고사 전에 끝나지만 교재의 남은 부분을 마무리해야 하기 때문에 결과적으로 12

월 중순쯤 2학기의 모든 과정이 끝난다.

그럼 마무리된 교재는 어떻게 해야 할까? 고민할 것도 없이 학생 편에 집으로 보내는 것이 맞다. 보낼 교재가 너무 많을 때는 12월 학부모 상담 때 집으로 보낼지 공부방에서 처분하길 원하는지 물어본 후 결정에 따른다.

교재를 집으로 보낼 때는 중요하게 챙겨야 할 게 있다. 다시 한 번 교재를 잘 살펴봐야 한다. '다 잘 풀었겠지.'라는 짐작으로 살펴보지 않고 교재를 집에 보냈다가는 돌이킬 수 없는 일들이 일어난다.

어떤 영어공부방에서 일어난 일이다. 한 번은 마무리된 독해 교재를 집에 보냈다. 독해 지문에는 그 어떠한 필기도 안돼 있고, 답을 쓴 흔적과 선생님의 채점, 심지어 교재 한쪽에는 그림낙서까지 있었다. 교재를 살펴본 어머니는 도대체 공부방에서 어떻게 수업하느냐 물었다. 학생은 선생님이 지문을 해석해 주면 문제 풀고 채점을 받는다고 했다.

어머니는 그 교재에 나온 지문 중 하나를 선택해 당장 해석해보라고 시켰다. 아이가 지문을 떠듬떠듬 해석하자 어머님은 공부방 선생님에게 전화를 했다. "선생님, 지문을 잘 해석하지 못하고 틀린 문제도 다시 설명해 보라고 하니까 잘 모르던데요. 수업을 어떻게 하시는 거예요?"라고 물었다. 선생님은 당황할 수밖에 없었다. 선생님이 대답을 잘 못하자 "교재에 그림 낙서도 많이 되어 있던데요. 우리 아이가 수업을 제대로 듣나요?"라고 다시 물었다. "수업은 잘 듣습니다. 그런데 그림을 그린 부분이 있나요?"라는 선생님의 질문에 드디어 어머니는 화가 폭발해 그 자리에서 바로 퇴원을 외쳤다.

선생님은 나중에서야 그 이유를 알게 되었다고 한다. 학생은 수업 후 쉬는 시간이 되면 문제를 푼 부분에 그림을 그렸는데, 선생님은 그것을 미처 보지 못하고 집으로 교재를 보낸 것이다. 졸지에 수업을 제대로 하지 못하는 엉터리 선생님으로 낙인 찍히고 말았다. 그 소문 때문에 한동안은 공부방에 신입생들이 들어오지 않았음은 물론이요, 기존 어머님들의 교재 확인 문의 때문에 많이 힘들었다고 한다.

이번 경우는 더욱 호된 대가를 치른 경우다. 어느 학원에서 학생의 수준과 상관없이 일괄적으로 동일 교재를 사용했는데, 문제는 집으로 교재를 보냈을 때 발생했다.

심화문제가 맞지 않아 풀지 않고 지도한 학생의 집에 그 교재를 보냈으니 어머니의 반응은 어떠했겠는가. 당장 교재를 들고 학원에 쫓아오셨다. 교재를 다 풀리지도 않고 어떻게 마무리된 거냐며 따졌다. 선생님은 곤혹스러웠지만 규정대로 이야기했다. 학생의 실력을 언급하면서 그 문제들은 학생이 풀기에는 너무 어렵고 시험에도 잘 나오지 않는다고 말이다.

그것이 실수였다. 핑계처럼 들린 것이다. 어머님은 더욱 흥분해서 "실력이 약하니까 배우러 왔는데 제대로 가르쳐 주지도 않느냐, 그리고 시험에 나오는 문제만 풀리고 나오지 않는 문제는 빼고 수업하는 것이냐, 그럼 왜 이런 맞지도 않는 교재를 비싼 돈 주고 사라고 했냐?"라고 소리를 질렀다. 일이 커지자 원장 선생님이 나와 담당 선생님과 함께 어머니에게 사과 드렸다. 결국 교육비와 교재비를 환불하는 것으로 일이 마무리되었다고 한다. 그 학원에 대한 안 좋은 소문이 났음은 말할 것도 없다.

누구나 실수할 수 있다. 하지만 그 실수를 바로 잡을 시간이 있음에도 불구하고 '이미 끝난 교재니까 괜찮겠지.'라는 안일한 생각으로 대처하면 위에서 언급한 것처럼 힘든 일을 겪을 수도 있다. 이런 일이 나에게 일어나지 말라는 법은 없다. 그러니 꺼진 불도 다시 보자는 마음으로 다 끝낸 교재라 할지라도 학부모에게 보내기 전에 다시 한 번 꼼꼼하게 체크해 보아야만 한다.

회원을 소개해 주는 학부모님을 만들려면?

12월에는 회원 이동이 많다. 그만큼 홍보에도 많은 시간과 비용을 투자한다. 하지만 가장 좋은 홍보 방법은 입소문이다. 기존의 학부모님들이 공부방에 만족하고 꾸준히 자녀를 맡겨 주는 것은 너무나 감사한 일이다. 하지만 한편으로는 '분명 학생 성적도 올랐고 어머님도 만족하는 것 같은데 왜 소개해 주시지 않는 걸까?'라는 의문이 들기도 한다.

그것은 선생님과 학부모의 입장 차이 때문이다. 선생님의 입장에서는 공부방도 사업이기 때문에 학생이 많이 늘어야 힘내서 더욱 공부방에 집중할 수 있다. 하지만 학부모님의 입장에서는 학생이 늘어나면 선생님이 우리 아이에게 쏟는 시간이 줄어든다고 생각하게 된다.

또한 학생들 간의 과열 경쟁 때문에 학부모님들은 우리 아이의 성적 비법을 공유하려고 하지 않는다. 성적이 오른 자녀를 둔 학부모님의 입장에서는 그 경쟁상대가 되는 다른 학생들에게 우리 아이가 다니는 공부방을 알려주고 싶지 않은 것이다. 그래서 가끔 소개가 들어와도 같은 학년이 아닌 다른 학년을 소개한다.

학부모님들이 같은 학년이 아닌 다른 학년이라도 소개할 수 있도록 적극적인 홍보 이벤트를 벌여도 좋다. 이 방법 중 하나가 '1 + 1 소개 이벤트'이다. 1 + 1 소개는 기존 회원 학부모님이 새로운 학생을 한 명 소개시켜 주면 새로 들어온 학생과 기존 회원의 한 달 교육비를 무료로 진행하는 것이다. 한 달 치 수입이 준다는 단점은 있다. 하지만 어머님들 입장에서는 한 달 치 교육비가 절약된다는 생각에 주위에 학원, 교습소, 공부방을 알아보는 친한 어머님들을 적극적으로 소개시켜 주게 된다. 다른 달과는 달리 12월에는 이동이 많다. (1월~2월에도 이동은 있다.) 때문에 어머님들도 힘들이지 않고 새 공부방을 찾는 지인을 쉽게 찾아 생각 외로 많은 소개가 이루어진다. 이 이벤트 안내는 기존 학부모님들에게 안내문을 보내는 동시에 카톡으로 이벤트 내용을 홍보하면 된다.

물론 이 이벤트 방법은 당장의 수익이 없어지기 때문에 고민하는 분들이 있을지 모른다. 하지만 장기적으로 투자한다고 생각하고 진행하면 분명 좋은 결과가 생겨날 것이다. (1개월 교육비 무료가 너무 부담스러우신 분들은 50% 할인으로 진행해도 된다.)

이런 이벤트를 진행하지 않았는데 회원 어머님이 주위의 지인들을 소개시켜 주어서 신규 등록으로 연결되는 경우도 있다. 예전처럼 소개가 많이 이루어지지는 않지만 어머님들의 소개로 상담을 오는 경우에는 거의 80% 이상 등록으로 이어진다.

이런 소개를 해준 어머님에게는 어떻게 감사의 마음을 전하는 것이 좋을까? 소개해 준 어머니에게는 너무 과하지 않지만 감사의 뜻을 전달 수 있는 선물을 기프티콘으로 드리는 것이 좋다. 직접 찾아 뵙고 선물 드리는 것은 어머니도 부담스러워할 수 있고 선생님도 부담스럽기 때문이다. 생각지 못한 기프티콘과 함께 감사의 문자 메시지를 어머니에게 보내드리면 어머니도 무엇을 바라서가 아니었지만 몹시 좋아하는 모습을 보인다.

요즘은 공부방 경쟁이 치열한 만큼 남들과 같은 방법이 아닌 좀 더 적극적이고 새로운 방법으로 홍보하는 것이 중요하다. 홍보에 있어서는 계산하지 말라. 확실한 효과가 나타나길 원한다면 과감한 결단과 투자를 해야 한다. 이것이 공급이 수요보다 많은 현시점에서 꼭 필요한 운영 비법이다.

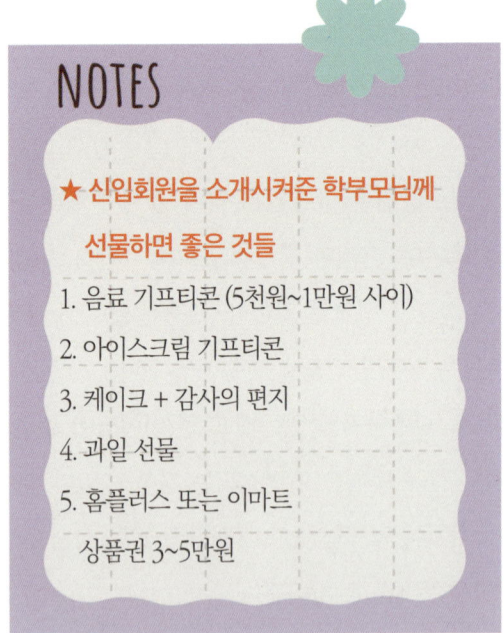

NOTES

★ 신입회원을 소개시켜준 학부모님께 선물하면 좋은 것들
1. 음료 기프티콘 (5천원~1만원 사이)
2. 아이스크림 기프티콘
3. 케이크 + 감사의 편지
4. 과일 선물
5. 홈플러스 또는 이마트 상품권 3~5만원

신입생 모집을 위한 최고의 홍보는?

학부모님 개별 마무리 상담이 완료되면 이제부터는 홍보에 집중해야 한다. 앞에서도 계속 이야기했지만 학생들의 이동이 가장 많은 때가 바로 12월에서 2월 사이이다. 새 학기를 앞두고는 학생들이 새로운 학원, 교습소, 공부방을 찾아다니기 때문에 이 시기에는 입소문을 떠나서 공부방이 많이 노출되는 것이 가장 중요하다.

겨울이기 때문에 야외 홍보를 자주 할 수 없다는 단점이 있다. 하지만 이는 나만 그런 것이 아니고 주위에 있는 학원, 교습소, 공부방도 다 마찬가지이다. 그러니 시기를 잘 선택해서 전략적으로 홍보를 진행하자.

우선 아파트 게시판 홍보 시기에 대해서 알아보도록 하자. 아파트 게시판 홍보는 진행하는데 비용이 들기 때문에 아무 때나 진행하기보다는 시기를 잘 택하는 것이 좋다. 예를 들어 기말고사 직후, 겨울방학 일주일 전, 겨울방학 개학 일주일 전에는 놓치지 말고 아파트 게시판 광고를 진행하자.

6층 이하의 저층의 경우에는 지속적인 공부방 노출 효과를 노려 현수막(아파트 베란다 걸이용)이나 선팅 광고를 진행해 보자. 아파트에 현수막을 걸 수 없는 고층일 경우에는 아파트 입구나 학부모님들이 자주 가는 길목에 현수막을 주기적으로 걸어두는 것이 좋다. 물론 지역에 따라 현수막을 걸지 못하게 하는 아파트도 있으니 관리사무소를 통해 미리 알아보고 진행한다.

전단지 문구는 복잡하지 않고 학부모님들의 관심을 끌도록 제작한다. 전단지에 글이 많으면 우선 눈길이 가지 않고 전단지 자체가 복잡해 보일 수 있다. 그러니 전단지나 현수막을 제작할 때에는 학부모님들의 관심을 끄는 문구를 집어넣는 것이 좋다.

  학생이 많지 않은 상황이라면 아파트 무료 봉사(주말 체험 특강 수업)나 교회를 통한 무료 수업을 진행하는 것도 좋은 홍보 방법이다. 내가 얼마나 잘 가르쳐줄 수 있는지를 보여주면서 어머님들에게 어필해 보자. 당장의 효과는 나오지 않겠지만 그 입소문 효과로 몇 개월 후에는 분명 신규 회원의 연락이 올 것이다.

  특히나 창업 전후 몇 개월이 안된 공부방의 경우 홍보 전략은 좀 더

★ 학부모님들의 관심을 끌 수 있는 전단지 문구

1. 1 : 1 맞춤 수업
2. 소수 정예 수업
3. 영어 전문 공부방 / 수학 전문 공부방 / 전과목 전문 공부방
4. 새 학기 신규 회원 특급 이벤트 ○○○○
5. EBS 교재 완벽 분석 (고등의 경우)
6. 내신 + 수능 완벽 대비 (고등의 경우)
7. 서술형 100% 완벽 대비
8. 실력 향상이 없다면 100% 전액 환불!!
9. 성적 향상 책임 지도
10. 기초부터 심화까지 단계별 책임 지도

치밀해야 한다. 홍보시작은 공부방을 창업하기 몇 달 전부터 이뤄져야 한다. 철저하게 지역과 동네의 분위기를 파악하고, 전략적으로 홍보계획을 세워 지속적으로 진행한다. 입소문이 가장 좋은 홍보이긴 하지만 공부방 초기에는 게시판 광고, 전단지 부착, 현수막 광고 등등 무조건 공부방 자체를 많이 노출시켜야 한다.

잊지 말자. 홍보에 지치지 마라. '1년 안에 1억 공부방'을 만들고 싶은 초보 선생님에게 가장 치밀하게 계획을 세워야 할 것이 홍보 전략과 그 실천이다.

내년 목표와 계획을 어떻게 세우나요?

1년이 지금껏 경험해 보지 못한 속도로 빠르게 지나간 느낌이 든다면 반은 성공한 것이다. 그럼 내년에는 또 어떻게 알찬 1년을 보낼 수 있을 것인가? 또 다른 고민이 생길 것이다. 이 변화를 멈추지 않고 더 성장하고 싶은 의욕이 생긴다. 당연한 욕심이다. 그럼 그 욕심을 채울 수 있는 체크사항 10개 항목에 대해 지금 한번 체크해보시라.

자. 다음 쪽의 10가지에 대하여 최소 일주일 동안은 고민해 보고 그에 따른 계획을 세워보자. 순간순간 감정에 따라 공부방을 운영한다면 시기에 따라 공부방 운영이 흔들릴 수 있고, 위기에 대처하는 능력이 떨어질 수밖에 없다.

공부도 계획성 있게 준비하고 실천하듯이, 공부방 운영도 계획성 있게 준비하고 실천하자.

★ **내년 목표 및 계획 세우기**

1. 새로운 신규 회원을 몇 명 늘릴 것인가?
2. 퇴원생의 이유를 파악했는가?
3. 퇴원생 및 휴원생 관리를 어떻게 해 나갈 것인가?
4. 기존 회원의 형제자매에 관한 상담 및 관리를 어떻게 해 나갈 것인가?
5. 올해와 다른 마케팅 전략을 세워놓았는가?
6. 학생별, 학년별로 새롭게 시작하는 교재 및 수업 방향을 계획해 놓았는가?
7. 한 해 동안 진행하면서 학생들의 성적이 흔들린 원인을 찾고 그에 맞춰 수업 계획을 세워놓았는가?
8. 한 해 동안 예비 회원 명단을 관리했고, 그 명단을 이용한 마케팅 전략을 세워놓았는가?
9. 새롭게 풀어보고 공부할 교재를 선정해 놓았는가? 그 권수가 작년에 비해 얼마나 늘었는가?
10. 내년 매출 목표를 얼마로 계획했는가?

고민하자. 그리고 그에 따른 계획을 세우고 실천하자. 다른 선생님의 성공을 부러워하기보다는 내가 부러움의 대상이 될 수 있도록 남들과는 다른 1년을 준비하자.

매년 그렇게 한다면 어느새 1억 공부방, 성공한 공부방의 행복한 선생님이자 교육전문가로 성장한 내 자신을 볼 수 있을 테니 말이다.

12월 공부방 운영 체크리스트

	공부방 운영 업무	예	아니오	반성할 점
홍보	전단지 / 현수막 홍보를 진행하였나요?			
	블로그 또는 카톡, 인스타를 활용한 홍보를 진행하였나요?			
	공부방 이벤트 또는 설명회를 진행하였나요?			
	공부방 안내문(소식지)를 월 2회 이상 발송하였나요?			
상담 / 학습	학부모님과 월 2회 이상 상담을 진행하였나요?			
	시험 결과 상담을 진행하였나요?			
	신학기 학부모 상담을 진행하였나요?			
	서점에 가서 신학기 교재들을 살펴보았나요?			
	공부방 방학 안내문을 발송하였나요?			
	주 1회 이상 학생들을 위한 수업 프린트물을 제작하였나요?			
	교재를 직접 채점하고 학생의 취약 부분을 정리해 두었나요?			
	학생의 질문에 화를 내지 않고 설명을 잘 해주었나요?			
	학생들이 문제를 충분히 생각할 수 있게 시간을 주었나요?			
	숙제 검사를 철저히 하였나요?			
경영	공부방 매출·매입 영수증을 모두 챙겨 두었나요?			
	공부방 가계부를 작성하였나요?			
	월 입회 학생 목표를 달성하였나요?			
	밀린 회비 없이 교육비 입금을 모두 확인하였나요?			
	내년 연간/월간 목표와 계획을 세웠나요?			
자기 관리	교육 정보에 대해 주 1회 이상 찾아보고 자료를 수집했나요?			
	하루에 3시간 이상 교재를 직접 풀어보았나요?			
	수업 준비를 위한 시간을 하루 1시간 이상 투자했나요?			

에필로그

이제는 1억 공부방 10년의 길이 보이나요?

거울 속에 월수 1천 공부방 선생님의 모습이 보이나요?
자신감과 활력이 넘치는 당신이 보이나요?

철칙을 지키면 현실 속 당신의 모습이 된다. 무엇보다도 매월 중요하게 해야 할 일들을 다이어리나 달력에 표시해 두고, 잊지 않고 실천하면 된다. 때가 되면 몸이 먼저 움직일 만큼 습관으로 만들면 좋다. 그러면 실수가 줄어들고 조금씩 발전하는 공부방을 만들 수 있다.

1억 공부방이 되는 그 날까지 매월 잊지 말고 꼭 해야 하는 일들을 다시 한 번 정리해 보자.

1월에는 서점에 가서 새로 나온 교재들을 살펴보고 다음 학년 교재 선정을 마무리 짓자. 사업장현황신고와 홍보만큼은 꼭 실천하자. 홍보는 자주 노출되는 것이 가장 유리하다. 남들도 다 하는 1월에는 더욱 부지런하게 홍보해야 한다. 많이 노출되어 학부모님들과 학생들 눈에 들 수 있도록 바쁘게 움직여 보자.

2월에는 학생들을 위한 단원평가, 수행평가 자료들을 만들어 놓자. 한꺼번에 만들기 힘들다면 2월부터 일정 단원을 정해 매달 꾸준히 만들어 놓자. 그래야 학생들에게 제때 맞춤 시험 문제를 풀릴 수 있다. 2월 10일 사업장현황신고 마감일까지는 신고를 마쳐야 한다. 홈택스를 이용하면 간편하게 할 수 있다.

3월에는 학부모 총회 날에 홍보를 진행하자. 학부모님들을 직접 만나 홍보할 수 있는 기회이다. 학생들보다는 학부모님들을 대상으로 진행하는 홍보가 더욱 효과적이다. 따라서 3월의 베스트 홍보 시기인 학부모 총회 기간을 놓치지 말자. 미리 단원평가 문제를 뽑아 놓자. 학교의 학습계획표를 확보해두면 여러 모로 편리하다.

4월에는 중간고사 준비를 철저히 하자. 시험대비 보충시간표도 미리 짜고 그에 맞추어 시험자료를 준비하자. 어머님들과도 중간고사 대비 선상담을 진행하자. 그렇게 안정적으로 시험준비를 하자. (9월에는 2학기 중간고사 준비.)

5월에는 종합소득세 신고를 놓치지 말자. 1월~2월초까지 실시한 사업장현황신고 내용을 바탕으로 필요한 서류들을 미리 챙긴 후 여유 있게 신고를 마치자. 어린이날과 스승의 날도 재밌고 유익하게 맞이하자.

6월에는 다시 기말고사 준비를 진행한다. 1학기를 마무리 짓는 중요한 시험이므로 더욱 철저히 시험준비를 하자. (11월에는 2학기 기말고사 준비.) 여름방학 특강수업을 조사해 선택하고 한 발 앞서 준비하자.

7월에는 여름방학 특강수업 상담과 1학기 마무리 상담을 진행한다. 특기 이 시기에는 휴회나 퇴원생이 나오지 않도록 미리 사전상담을 계획하자. 만약 퇴원의 조짐이 보이는 경우 이를 대비하는 상담도 함께 이루어져야 한다. 준비한 특강수업을 진행한다.

8월에는 특강수업의 결과물을 만들자. 기존 학부모님들과 2학기 학습계획에 대한 상담을 진행하자. 아울러 2학기에 움직이는 신규 회원을 잡을 수 있는 홍보를 함께 진행한다. 더위를 쫓고 지치지 않도록 소소한 이벤트와 관리에 힘쓰자.

9월에는 중간고사 대비 프린트를 제작하고 시험보충과 관련해서 학부모 상담을 진행하자. 학생들과도 개별상담을 통해 2학기 시험 목표에 대한 이야기를 나누어 보자. 학생의 의지를 다지기에 꼭 필요한 일이니 잊지 말고 진행해 보자.

10월에는 중간고사 결과를 학부모님들과 상담하고 학생별 개별상담도 진행하자. 시험결과에 대한 상담은 어머님이 연락을 주기 전에 먼저 연락을 드리고 상담을 진행해야 함을 잊지 말자. 후 상담보다는 선 상담이 예상치 못한 일이 생겼을 때 해결방안이 될 수 있으니 말이다.

11월에는 2학기가 얼마 남지 않은 상황이고 12월에 있을 학부모님들과 1년 마무리 상담에 대비한다. 이를 위해 학생들의 중간 학습 상황을 점검하고 힘든 부분은 없는지 사전조사를 해두자. 그리고 2학기 마무리 학습 및 시험대비 상담과 함께 겨울방학 특강과 시간표 변경에 대한 상담도 미리 들어가야 함을 잊지 말자. 남보다 한 발 빨리 상담하고 대처하는 것이 1억 선생님이 되는 지름길이다.

12월에는 일 년 마무리 파티를 진행한다. 열심히 공부한 학생들을 칭찬해 주고 내년을 위한 재충전의 시간을 갖자. 어머님들과 1년 마무리 대면상담도 진행하자. 홍보에도 꾸준히 시간투자를 해야 함을 잊지 말자. 올해를 반성하고 내년 연간 월간 목표와 계획을 세우자.

여기까지 읽고 나니 마음이 바빠지는가? 연간 계획표와 월별 진행표를 만들고 있는가? 한 가지라도 얻었다면 새로운 변화가 시작되고 있다는 뜻이다. 어제보다 나은 공부방, 조금씩 성장하는 공부방, 1억 공부방을 만들고자 한다는 신호이다.

이 책의 월별 지침대로 실천할 수만 있다면 정확히 1년 후에는 스스로 놀랄 것이다. '내가 1억 공부방을 운영하는 선생님이 되었구나!' 기쁨과 떨림으로 새로운 당신을 맞이할 것이다. 실천하라. 그러면 결과는 거울이 아닌 현실 속에 분명히 나타난다.

마지막으로 70% 이상 기존 공부방과 다른 방식으로 부지런히 1년을 달려온 선생님의 변화와 성공의 모습들을 지켜본 입장에서 나는 자신 있게 말할 수 있다.

"선생님의 변화와 노력은 1억 공부방 선생님을 만들 수 있음은 물론이고 학생들의 미래도 바꿀 수 있음을 명심하자. 내가 변화하고자 하는 열정과 노력을 마음속으로 다짐했다면 행동으로 옮기자. 지금 이 순간부터 말이다. 1억은 실천을 하느냐 하지 않느냐로 판가름 나니 말이다."

특별부록

월별 핵심 요약
나의 목표
공부방 운영 체크리스트
상담 요약
홍보 진행
학생 성취도, 학습전략

보미 쌤의
1년 안에
1억 공부방

공부방의  보미 쌤의 열두달 운영비법

30만 공부방 선생님과 예비 창업자를 위한
최초 1~12월 실행 가이드

30만 공부방 선생님과 예비 창업자를 위한
최초 1~12월 실행 가이드

보미 쌤의
1년 안에 1억 공부방

공부방의 神 보미 쌤의 열두달 운영비법

특별부록

월별 핵심 요약
나의 목표
공부방 운영 체크리스트
상담 요약
홍보 진행
학생 성취도, 학습전략

1월 나의 목표

1월 핵심 요약

전화상담 시 궁금증을 자극하려면?
시간표와 교재에 대해 간략하게 설명하고 방문상담을 유도하자.
학생에 대한 과도한 질문은 금물.

등록으로 연결되는 방문 상담 노하우가 있나요?
입학상담의 핵심은 신뢰감 형성이다. 공부방 운영 자료, 교재,
테스트지 등을 보여주면서 상담을 진행하는 게 효과적이다.

성적 향상과 교재 선정 어떻게 하나요?
학생들마다 실력이 다르다. 학생 수준에 맞는 맞춤교재를 선정해
수업을 진행하면 그만큼 실력도 눈에 띄게 좋아진다.

새로운 학생들을 쉽게 적응시킬 수 있나요?
학생을 이기려 하지 마라. 공부방에서 학생들이 하는 잘못된 행동들은
공부방 규칙으로 만들어 관리하면 효과가 아주 좋다.

1월 공부방 운영 체크리스트

	공부방 운영 업무	예	아니오	반성할 점
홍보	전단지 / 현수막 홍보를 진행하였나요?			
	블로그 또는 카톡, 인스타를 활용한 홍보를 진행하였나요?			
	공부방 이벤트 또는 설명회를 진행하였나요?			
	공부방 안내문(소식지)를 월 2회 이상 발송하였나요?			
상담 / 학습	학부모님과 월 2회 이상 상담을 진행하였나요?			
	학생들과의 친밀도를 높이기 위한 노력을 하였나요?			
	주 1회 이상 학생들을 위한 수업 프린트물을 제작하였나요?			
	교재를 직접 채점하고 학생의 취약 부분을 정리해 두었나요?			
	학생의 질문에 화를 내지 않고 설명을 잘 해주었나요?			
	학생들이 문제를 충분히 생각할 수 있게 시간을 주었나요?			
	숙제 검사를 철저히 하였나요?			
경영	연간 / 월간 목표와 계획을 확정하였나요?			
	사업장현황 신고를 하였나요?			
	공부방 매출·매입 영수증을 모두 챙겨 두었나요?			
	공부방 가계부를 작성하였나요?			
	월 입회 학생 목표를 달성하였나요?			
	밀린 회비 없이 교육비 입금을 모두 확인하였나요?			
자기 관리	교육 정보에 대해 주 1회 이상 찾아보고 자료를 수집했나요?			
	하루에 3시간 이상 교재를 직접 풀어 보았나요?			
	수업 준비를 위한 시간을 하루 1시간 이상 투자했나요?			

1월 상담 요약

1월 홍보 진행

1월 학생 성취도 & 학습전략

A goal without a plan is just a wish.
_ Antoine de Saint-Exupery

2월 나의 목표

2월 핵심 요약

사업자등록 꼭 해야 하나요?
공연히 학파라치 걱정까지 하면서 운영하기보다는
사업자등록을 내고 공부방 운영에 집중하는 게 낫다.

세금(사업장현황) 신고 어떻게 하나요?
관할 세무서 직원이 알려준 방법대로 신고를 하자. 걱정과 달리
사업장현황 신고는 간단하고 쉽게 끝난다.

2월의 예비학습, 1학기 진도 어떻게 수업해야 하나요?
과목별로 학기의 3분의 2정도까지 진도를 나간다.
가능하면 2월 중순까지는 1학기 진도를 모두 끝내는 게 가장 좋다.

학부모와 진도상담, 꼭 해야 하나요?
어머니가 먼저 이야기하기 전에 진도 상담을 진행하는 것이
믿음과 신뢰를 높이는 최고의 방법이다.

시간표 변경, 남들보다 미리 해야 한다구요?
2월 둘째 주, 늦어도 셋째 주부터 미리 개학용 시간표로 변경한다.
시간표를 다른 학원보다 미리 옮겨두면 어머님들이 새학기
시간표를 내 공부방 중심으로 짜게 된다.

교육설명회, 공부방 초대파티 어떻게 하나요?
기존 학생들의 친구를 초대해서 공부방을 알리는 파티, 기존 학부모와
새로운 학부모들을 대상으로 한 교육 설명회 등을 진행하면
그 효과를 톡톡히 볼 수 있다.

2월 공부방 운영 체크리스트

	공부방 운영 업무	예	아니오	반성할 점
홍보	전단지 / 현수막 홍보를 진행하였나요?			
	블로그 또는 카톡, 인스타를 활용한 홍보를 진행하였나요?			
	공부방 이벤트 또는 설명회를 진행하였나요?			
	공부방 안내문(소식지)를 월 2회 이상 발송하였나요?			
상담 / 학습	개학 시간표 변경 상담을 완료하였나요?			
	1학기 예습 수업이 마무리 되었나요?			
	학부모님과 월 2회 이상 상담을 진행하였나요?			
	학생들과의 친밀도를 높이기 위한 노력을 하였나요?			
	1회 이상 학생들을 위한 수업 프린트물을 제작하였나요?			
	교재를 직접 채점하고 학생의 취약 부분을 정리해 두었나요?			
	학생의 질문에 화를 내지 않고 설명을 잘 해주었나요?			
	학생들이 문제를 충분히 생각할 수 있게 시간을 주었나요?			
	숙제 검사를 철저히 하였나요?			
경영	공부방 매출·매입 영수증을 모두 챙겨 두었나요?			
	공부방 가계부를 작성하였나요?			
	월 입회 학생 목표를 달성하였나요?			
	밀린 회비 없이 교육비 입금을 모두 확인하였나요?			
자기 관리	교육 정보에 대해 주 1회 이상 찾아보고 자료를 수집했나요?			
	하루에 3시간 이상 교재를 직접 풀어보았나요?			
	수업 준비를 위한 시간을 하루 1시간 이상 투자했나요?			

2월 상담 요약

2월 홍보 진행

1월 학생 성취도 & 학습전략

Take time to deliberate, but when the time for action has arrived, stop thinking and go in.
_ Napoleon Bonaparte

3월 나의 목표

3월 핵심 요약

학교 진도보다 얼마나 앞서 가야 하나요?
학교 진도보다 1주일 정도 앞서는 것이 가장 좋다.
학생들에게는 학교에서 학습하기 전 예습이 되고 공부방 입장에서는
방학 때 선행 학습한 내용을 복습하게 된다.

단원평가 자료 무엇으로 만드나요?
학생들이 잘 틀리는 유형의 문제, 교과서 단원평가에 나오는 문제,
기출문제집에 나오는 문제들을 정리한 후 문제를 출제한다.
족보닷컴 같은 온라인 사이트도 적절히 활용한다.

학부모 총회와 면담 때 어떻게 홍보하나요?
학교 앞에서 직접 홍보 물품과 함께 전단지와 명함을 돌리자.
어머님을 상대로 하므로 홍보 효과가 피부로 느껴진다.

3월 공부방 운영 체크리스트

	공부방 운영 업무	예	아니오	반성할 점
홍보	학교 앞 직접 홍보를 진행하였나요? (홍보 물품 + 전단지 홍보)			
	전단지 / 현수막 홍보를 진행하였나요?			
	블로그 또는 카톡, 인스타를 활용한 홍보를 진행하였나요?			
	공부방 이벤트 또는 설명회를 진행하였나요?			
상담 / 학습	공부방 안내문(소식지)를 월 2회 이상 발송하였나요?			
	학부모님과 월 2회 이상 상담을 진행하였나요?			
	학교 진도 사항 & 시험 진행 내용을 체크하였나요?			
	학교 행사 등을 체크하였나요?			
	학생들과의 친밀도를 높이기 위한 노력을 하였나요?			
	주 1회 이상 학생들을 위한 수업 프린트물을 제작하였나요?			
	교재를 직접 채점하고 학생의 취약 부분을 정리해 두었나요?			
	학생의 질문에 화를 내지 않고 설명을 잘 해주었나요?			
	학생들이 문제를 충분히 생각할 수 있게 시간을 주었나요?			
	숙제 검사를 철저히 하였나요?			
경영	공부방 매출·매입 영수증을 모두 챙겨 두었나요?			
	공부방 가계부를 작성하였나요?			
	월 입회 학생 목표를 달성하였나요?			
	밀린 회비 없이 교육비 입금을 모두 확인하였나요?			
자기 관리	교육 정보에 대해 주 1회 이상 찾아보고 자료를 수집했나요?			
	하루에 3시간 이상 교재를 직접 풀어보았나요?			
	수업 준비를 위한 시간을 하루 1시간 이상 투자했나요?			

3월 상담 요약

3월 홍보 진행

3월 학생 성취도 & 학습전략

The mediocre teacher tells. The good teacher explains. The superior teacher demonstrates. The great teacher inspires. _ William A. Ward

4월 나의 목표

4월 핵심 요약

중간고사 준비와 자료 정리는 어떻게 하나요?
국어, 수학, 사회, 과학의 경우 한 학기 분량의 반 정도를, 영어는 1~3과 정도를 중간고사 범위로 예상하면 된다. 시험 범위를 정했으면 주차별로 복습 계획을 세워 진행해 나간다.

중간고사 2주 전 시험 대비는 어떻게 하나요?
우선 시험 2주 전까지 모든 시험 범위 공부를 끝낸다. 그리고 중간고사 전 2주는 총 복습 및 기출 문제 풀이 기간이다.

시험 결과에 어떻게 대응해야 할까요?
나의 작은 행동과 말이 학생들에게는 잊지 못할 상처가 될 수 있다. 특히 시험 전후에는 더욱 조심하도록 노력해 보자.

학습자료 준비 등 선생님들의 노력을 부모님들께 알려야 하나요?
처음이 어렵고 힘들지 계속 상담을 진행하면 노력하는 선생님의 모습으로 학부모님에게 비쳐질 수 있고, 학부모님들과의 관계도 훨씬 좋아진다.

4월 공부방 운영 체크리스트

	공부방 운영 업무	예	아니오	반성할 점
홍보	전단지 / 현수막 홍보를 진행하였나요?			
	블로그 또는 카톡, 인스타를 활용한 홍보를 진행하였나요?			
	공부방 이벤트 또는 설명회를 진행하였나요?			
	공부방 안내문(소식지)를 월 2회 이상 발송하였나요?			
상담 / 학습	학부모님과 월 2회 이상 상담을 진행하였나요?			
	시험 대비 상담을 진행하였나요?			
	학교 진도 사항 & 시험 진행 내용을 체크하였나요?			
	학교 행사 등을 체크 하였나요?			
	시험 대비 보충을 진행하였나요?			
	학생들과의 친밀도를 높이기 위한 노력을 하였나요?			
	주 1회 이상 학생들을 위한 수업 프린트물을 제작하였나요?			
	교재를 직접 채점하고 학생의 취약 부분을 정리해 두었나요?			
	학생의 질문에 화를 내지 않고 설명을 잘 해주었나요?			
	학생들이 문제를 충분히 생각할 수 있게 시간을 주었나요?			
	숙제 검사를 철저히 하였나요?			
경영	공부방 매출·매입 영수증을 모두 챙겨 두었나요?			
	공부방 가계부를 작성하였나요?			
	월 입회 학생 목표를 달성하였나요?			
	밀린 회비 없이 교육비 입금을 모두 확인하였나요?			
자기 관리	교육 정보에 대해 주 1회 이상 찾아보고 자료를 수집했나요?			
	하루에 3시간 이상 교재를 직접 풀어보았나요?			
	수업 준비를 위한 시간을 하루 1시간 이상 투자했나요?			

4월 상담 요약

4월 홍보 진행

4월 학생 성취도 & 학습전략

Aim for the moon. If you miss, you may hit a star.
_ W. Clement Stone

5월 나의 목표

5월 핵심 요약

어린이날 파티, 어떻게 하면 친해질까요?
파티 날짜는 평일보다는 어린이날 전주 토요일이 좋다.
아이들과 이야기를 하면서 함께 음식을 준비한다.

스승의 날 어떻게 맞이하나요?
학생들은 스승의 날을 핑계로 수업을 쉬고 함께 놀자고 조르는 경우가 있다.
이때 선생님의 올바른 선택은 중심을 잘 잡는 것이다.

보강 수업 할까? 말까?
정당한 이유가 있어서 빠지는 경우는 보강을 해주는 것이 맞다.
하지만 습관처럼 지각하고 결석하는 학생에 대한 보강은 해주지 않는 게 좋다.

5월 종합소득세 신고하기
종합소득세는 1년 수입과 지출에 대한 사업장현황신고(매년 2월 신고)를
바탕으로 종합소득세 신고 및 납부를 5월 31일까지 해야 한다.
세무서에 직접 가서 해도 되고, 홈택스로 할 수도 있다.

5월 공부방 운영 체크리스트

	공부방 운영 업무	예	아니오	반성할 점
홍보	전단지 / 현수막 홍보를 진행하였나요?			
	블로그 또는 카톡, 인스타를 활용한 홍보를 진행하였나요?			
	공부방 이벤트 또는 설명회를 진행하였나요?			
	공부방 안내문(소식지)를 월 2회 이상 발송하였나요?			
상담 / 학습	학부모님과 월 2회 이상 상담을 진행하였나요?			
	시험 결과 상담을 진행하였나요?			
	학교 진도 사항 & 시험 진행 내용을 체크하였나요?			
	학교 행사 등을 체크 하였나요?			
	여름방학 특강 계획을 세웠나요?			
	학생들과의 친밀도를 높이기 위한 노력을 하였나요?			
	주 1회 이상 학생들을 위한 수업 프린트물을 제작하였나요?			
	교재를 직접 채점하고 학생의 취약 부분을 정리해 두었나요?			
	학생의 질문에 화를 내지 않고 설명을 잘 해주었나요?			
	학생들이 문제를 충분히 생각할 수 있게 시간을 주었나요?			
	숙제 검사를 철저히 하였나요?			
경영	종합소득세 신고를 하였나요?			
	공부방 매출·매입 영수증을 모두 챙겨 두었나요?			
	공부방 가계부를 작성하였나요?			
	월 입회 학생 목표를 달성하였나요?			
	밀린 회비 없이 교육비 입금을 모두 확인하였나요?			
자기 관리	교육 정보에 대해 주 1회 이상 찾아보고 자료를 수집했나요?			
	하루에 3시간 이상 교재를 직접 풀어 보았나요?			
	수업 준비를 위한 시간을 하루 1시간 이상 투자했나요?			

5월 상담 요약

5월 홍보 진행

5월 학생 성취도 & 학습전략

The root of education are bitter, but the fruit is sweet.
_ Aristotle

6월 나의 목표

6월 핵심 요약

1학기 기말고사 준비는 어떻게 하나요?
지역적으로 시험 범위와 난이도, 문제 유형에 차이가 있기 때문에
내 지역 학교의 시험 유형을 파악하는 것이 첫 번째 일이다.

욕심이 없는 학생들! 속이 탑니다
나는 시험 기간은 물론 다른 때에도 학생들에게 왜 공부가
중요한지에 대해서 지속적으로 말해준다. 다시 말해 세뇌 시킨다.

여름방학 교재 선택과 특강 수업은?
여름방학은 겨울방학에 비해서 기간이 짧고 여름 휴가철이 있기 때문에
교재를 너무 어렵거나 두껍지 않은 선행교재 중에서 선택한다.

교육청 점검 어떻게 대비하나요?
교육청 방문에 대비하여 필요 서류를 꼼꼼히 챙겨두는 것이 좋다.
그렇지 않으면 벌금 및 공부방 운영 정지 등의 피해를 볼 수 있다.

6월 공부방 운영 체크리스트

	공부방 운영 업무	예	아니오	반성할 점
홍보	전단지 / 현수막 홍보를 진행하였나요?			
	블로그 또는 카톡, 인스타를 활용한 홍보를 진행하였나요?			
	공부방 이벤트 또는 설명회를 진행하였나요?			
	공부방 안내문(소식지)를 월 2회 이상 발송하였나요?			
상담 / 학습	학부모님과 월 2회 이상 상담을 진행하였나요?			
	시험 대비 상담을 진행하였나요?			
	여름방학 시간표 변경 상담을 완료하였나요? (휴회 학생 파악)			
	여름방학 특강 상담을 진행하였나요? (휴회 학생 대비 상담)			
	학교 진도 사항 & 시험 진행 내용을 체크하였나요?			
	학교 행사 등을 체크하였나요?			
	시험 대비 보충을 진행하였나요?			
	학생들과의 친밀도를 높이기 위한 노력을 하였나요?			
	주 1회 이상 학생들을 위한 수업 프린트물을 제작하였나요?			
	교재를 직접 채점하고 학생의 취약 부분을 정리해 두었나요?			
	학생의 질문에 화를 내지 않고 설명을 잘 해주었나요?			
	학생들이 문제를 충분히 생각할 수 있게 시간을 주었나요?			
	숙제 검사를 철저히 하였나요?			
경영	공부방 매출·매입 영수증을 모두 챙겨 두었나요?			
	공부방 가계부를 작성하였나요?			
	월 입회 학생 목표를 달성하였나요?			
	밀린 회비 없이 교육비 입금을 모두 확인하였나요?			
자기 관리	교육 정보에 대해 주 1회 이상 찾아보고 자료를 수집했나요?			
	하루에 3시간 이상 교재를 직접 풀어보았나요?			
	수업 준비를 위한 시간을 하루 1시간 이상 투자했나요?			

6월 상담 요약

6월 홍보 진행

6월 학생 성취도 & 학습전략

Success does nto consist in never making mistakes but in never making the same one a second time. _ Geoger Bernard Shaw

7월 나의 목표

7월 핵심 요약

퇴원생 없는 공부방의 비결은 뭔가요?
성적향상에만 집중해 학생들을 몰아부칠 것이 아니라,
학생의 눈높이에 나를 맞춘다. 진심으로 학생들과 소통을 하는 것이다.
그렇게 수업을 하다보면 어느새 즐거운 공부방,
친구를 데리고 오고 싶은 공부방이 되는 것이다.

7월 신규 학생 모집은 어떻게 하나요?
학생들을 대상으로 한 홍보를 할 때는 여름방학식 때 학교 앞에서
홍보물품을 나누어 주는 것이 좋다. 장기적으로 학생들이 가지고
다닐 수 있는 물품으로 홍보하는 것이 좋다.

기말고사 성적으로 상담하는 노하우는?
기말고사 성적이 나오면 선생님이 해야 할 첫 번째 일은 바로 학부모
상담이다. 기말고사 결과 상담과 여름방학 수업 상담이 함께 진행되는 것이다.

하위권 학생들을 보물로 만드는 방법은?
하위권 학생들의 매력은 무엇일까? 하위권 학생들이 중위권이나 상위권으로
올라갔을 때는 입소문이 빠르게 퍼지는 효과가 있다.

받기 싫은 회원 거절하는 방법이 있나요?
입회상담 시 예의 없고 공부의지도 없는 학생이라면 팀이 만들어지지 않았으니
나중에 연락드리겠다고 돌려서 입회를 거절한다.

7월 공부방 운영 체크리스트

	공부방 운영 업무	예	아니오	반성할 점
홍보	전단지 / 현수막 홍보를 진행하였나요?			
	블로그 또는 카톡, 인스타를 활용한 홍보를 진행하였나요?			
	공부방 이벤트 또는 설명회를 진행하였나요?			
	공부방 안내문(소식지)를 월 2회 이상 발송하였나요?			
	공부방 방학 안내문을 발송하였나요?			
상담 / 학습	학부모님과 월 2회 이상 상담을 진행하였나요?			
	시험 결과 상담을 진행하였나요?			
	학생들과의 친밀도를 높이기 위한 노력을 하였나요?			
	주 1회 이상 학생들을 위한 수업 프린트물을 제작하였나요?			
	교재를 직접 채점하고 학생의 취약 부분을 정리해 두었나요?			
	학생의 질문에 화를 내지 않고 설명을 잘 해주었나요?			
	학생들이 문제를 충분히 생각할 수 있게 시간을 주었나요?			
	숙제 검사를 철저히 하였나요?			
자기 관리	공부방 매출·매입 영수증을 모두 챙겨 두었나요?			
	공부방 가계부를 작성하였나요?			
	월 입회 학생 목표를 달성하였나요?			
	밀린 회비 없이 교육비 입금을 모두 확인하였나요?			
	교육 정보에 대해 주 1회 이상 찾아보고 자료를 수집했나요?			
	하루에 3시간 이상 교재를 직접 풀어보았나요?			
	수업 준비를 위한 시간을 하루 1시간 이상 투자했나요?			

7월 상담 요약

7월 홍보 진행

7월 학생 성취도 & 학습전략

Some people want it to happen, some wish it would happen, others make it happen.
_ Michael Jordan

8월 나의 목표

8월 핵심 요약

무더운 여름을 돌파하는 노하우는?
평소 하지 않던 여름방학 한정(4주 진행) 칭찬 스티커 모으기를
진행해 보아도 좋다. 일주일 단위로 칭찬 스티커 모으기를
진행해 보도록 하자.

예비 회원에게 연락할까? 말까?
먼저 연락을 드리는 것이 맞다. 방학 동안 휴회를 했던 학생의
경우 방학이 끝나기 1주일 전 쯤에 전화 연락을 드리자.

회비를 밀리는 학부모에 대처하는 방법은?
자녀에게 들어가는 비용 중 내 공부방 교육비가 1등이 되느냐,
꼴등이 되느냐는 선생님의 태도에 따라 결정된다.
때문에 교육비에 대해서는 단호한 태도를 보여야 한다.

자기주도학습 어떻게 잡아주나?
이런저런 책, 세미나 등에서 말했던 자기주도학습을 공부방 학생들에게
적용해 보면서 얻은 결론은 하나였다. 자기주도학습이란 학생들의
공부 습관을 말하는 것이다.

8월 공부방 운영 체크리스트

	공부방 운영 업무	예	아니오	반성할 점
홍보	전단지 / 현수막 홍보를 진행하였나요?			
	블로그 또는 카톡, 인스타를 활용한 홍보를 진행하였나요?			
	공부방 이벤트 또는 설명회를 진행하였나요?			
	공부방 안내문(소식지)를 월 2회 이상 발송하였나요?			
	학교 앞이나 아파트 장날 직접 홍보를 진행하였나요? (홍보 물품 + 전단지 홍보)			
상담 / 학습	학부모님과 월 2회 이상 상담을 진행하였나요?			
	개학 시간표 변경 상담을 완료하였나요?			
	특강 수업 마무리 자료를 정리해서 학생 집으로 발송하였나요?			
	2학기 예습 수업이 마무리 되었나요?			
	학생들과의 친밀도를 높이기 위한 노력을 하였나요?			
	주 1회 이상 학생들을 위한 수업 프린트물을 제작하였나요?			
	교재를 직접 채점하고 학생의 취약 부분을 정리해 두었나요?			
	학생의 질문에 화를 내지 않고 설명을 잘 해주었나요?			
	학생들이 문제를 충분히 생각할 수 있게 시간을 주었나요?			
	숙제 검사를 철저히 하였나요?			
경영	공부방 매출·매입 영수증을 모두 챙겨 두었나요?			
	공부방 가계부를 작성하였나요?			
	월 입회 학생 목표를 달성하였나요?			
	밀린 회비 없이 교육비 입금을 모두 확인하였나요?			
자기 관리	교육 정보에 대해 주 1회 이상 찾아보고 자료를 수집했나요?			
	하루에 3시간 이상 교재를 직접 풀어 보았나요?			
	수업 준비를 위한 시간을 하루 1시간 이상 투자했나요?			

8월 상담 요약

8월 홍보 진행

8월 학생 성취도 & 학습전략

The great aim of education is not knowledge but action.
_ Herbert Spencer

9월 나의 목표

9월 핵심 요약

추석 명절 연휴에 대처하는 노하우는?
'추석 연휴 숙제 유무 테스트'이다. 추석 연휴 3주 전부터 학생들이 문제 푼 상태를 점검하고 학습 계획을 세운다. 그 기준에 도달하면 숙제는 자연스럽게 없어지는 것이다.

중간고사 대비 보충 수업 어떻게 진행하나요?
공부방 운영 규칙에 맞추어 상담을 진행하고 공부방을 운영한다.
시험 보충은 시험 보기 2주전부터 토요일과 일요일
1시에서 5시까지 수업한다.

중학교 시험 준비에 놓치지 말아야 할 부분이 뭔가요?
학생들의 교과서와 프린트를 주기적으로 검사한다.
매주 학교 선생님께서 수업시간에 특별히 말씀을 하신 것,
시험을 어디서 낸다는 말씀을 하신 것은 등을 물어본다.

공부를 하기 싫어하는 학생 다루기
먼저 공부가 어렵지 않다는 것을 느끼게 해주고 그 과정에서
'공부도 재미있는 것이 많다.'라는 것을 알게 해주면 된다.

9월 공부방 운영 체크리스트

	공부방 운영 업무	예	아니오	반성할 점
홍보	전단지 / 현수막 홍보를 진행하였나요?			
	블로그 또는 카톡, 인스타를 활용한 홍보를 진행하였나요?			
	공부방 이벤트 또는 설명회를 진행하였나요?			
	공부방 안내문(소식지)를 월 2회 이상 발송하였나요?			
상담 / 학습	학부모님과 월 2회 이상 상담을 진행하였나요?			
	시험 대비 상담을 진행하였나요?			
	학교 진도 사항 & 시험 진행 내용을 체크하였나요?			
	학교 행사 등을 체크하였나요?			
	시험 대비 보충을 진행하였나요?			
	학생들과의 친밀도를 높이기 위한 노력을 하였나요?			
	주 1회 이상 학생들을 위한 수업 프린트물을 제작하였나요?			
	교재를 직접 채점하고 학생의 취약 부분을 정리해 두었나요?			
	학생의 질문에 화를 내지 않고 설명을 잘 해주었나요?			
	학생들이 문제를 충분히 생각할 수 있게 시간을 주었나요?			
	숙제 검사를 철저히 하였나요?			
경영	공부방 매출·매입 영수증을 모두 챙겨 두었나요?			
	공부방 가계부를 작성하였나요?			
	월 입회 학생 목표를 달성하였나요?			
	밀린 회비 없이 교육비 입금을 모두 확인하였나요?			
자기 관리	교육 정보에 대해 주 1회 이상 찾아보고 자료를 수집했나요?			
	하루에 3시간 이상 교재를 직접 풀어 보았나요?			
	수업 준비를 위한 시간을 하루 1시간 이상 투자했나요?			

9월 상담 요약

9월 홍보 진행

9월 학생 성취도 & 학습전략

If I only had an hour to chop down a tree, I would spend the first 45 minutes sharpening my axe.
_ Abraham Lincoln

10월 나의 목표

10월 핵심 요약

말 많은 학부모 잘 다루기
공부방을 운영하다 보면 여러 학부모님들을 만나게 된다.
특히 학벌 부분을 이야기하는 분들이 있는데
이런 분들을 만났을 때는 오히려 당당하게 행동하는 것이 좋다.

초등 저학년 학생과 소통을 잘하려면?
공부방에서는 아무리 작은 일이 생기더라도 우선은 어머님에게
전후 설명을 드리고 학생과 있었던 일에 대한
상담과 함께 협조를 구하는 것이 좋다.

초5, 중2 사춘기 학생 다루기
어머님들은 학생이 사춘기를 겪는 시기가 오면 학생의
성적도 중요하지만 사춘기에 접어드는 자녀에게 좋은 조언을
해줄 수 있는 멘토 역할의 선생님을 간절히 원한다.

간식 전쟁에서 살아남기
어머님과 상담을 통해 간식을 없애는 것에 대해 미리 말씀을 드린다.
처음에는 섭섭해하시던 어머님들도 나중에는 잊어버리게 되니
너무 걱정 말고 상담해 보도록 하자.

10월 공부방 운영 체크리스트

	공부방 운영 업무	예	아니오	반성할 점
홍보	전단지 / 현수막 홍보를 진행하였나요?			
	블로그 또는 카톡, 인스타를 활용한 홍보를 진행하였나요?			
	공부방 이벤트 또는 설명회를 진행하였나요?			
	공부방 안내문(소식지)를 월 2회 이상 발송하였나요?			
상담 / 학습	학부모님과 월 2회 이상 상담을 진행하였나요?			
	시험 결과 상담을 진행하였나요?			
	겨울방학 특강 내용을 정하였나요?			
	학교 진도 사항 & 시험 진행 내용을 체크하였나요?			
	학교 행사 등을 체크 하였나요?			
	학생들과의 친밀도를 높이기 위한 노력을 하였나요?			
	주 1회 이상 학생들을 위한 수업 프린트물을 제작하였나요?			
	교재를 직접 채점하고 학생의 취약 부분을 정리해 두었나요?			
	학생의 질문에 화를 내지 않고 설명을 잘 해주었나요?			
	학생들이 문제를 충분히 생각할 수 있게 시간을 주었나요?			
	숙제 검사를 철저히 하였나요?			
경영	공부방 매출·매입 영수증을 모두 챙겨 두었나요?			
	공부방 가계부를 작성하였나요?			
	월 입회 학생 목표를 달성하였나요?			
	밀린 회비 없이 교육비 입금을 모두 확인하였나요?			
자기 관리	교육 정보에 대해 주 1회 이상 찾아보고 자료를 수집했나요?			
	하루에 3시간 이상 교재를 직접 풀어보았나요?			
	수업 준비를 위한 시간을 하루 1시간 이상 투자했나요?			

10월 상담 요약

10월 홍보 진행

10월 학생 성취도 & 학습전략

I hated every minute of training, but I said, 'Don't quit Suffer now and live the rest of your life as a champion.' _ Mohamed Ali

11월 나의 목표

11월 핵심 요약

떠먹여 주는 선생님이 되지 말자
학생이 생각할 수 있도록 기다려 주자. 당장은 진도가
빨리 나가지 않는 것처럼 느껴진다. 하지만 결과적으로는
학습 향상의 속도가 더 빠를 테니 조급한 마음을 버리자.

학생에게 던지는 좋은 질문이란?
성공한 선생님이라면 질문을 하는 방법과 함께 질문을 통해서 학생이
생각하고 있는 부분을 이끌어 주는 학습을 동시에 진행해 보도록 하자.

암기과목은 집중력이 관건?
선생님이 채점하는 동안 학생들은 다른 학습을 하도록 시간 배분을 하고,
암기할 때도 너무 많은 내용을 주지 않도록 해야 한다.

멘토 & 멘티 학습의 효과는?
멘토 & 멘티 수업은 일석 삼조의 효과를 얻을 수 있다.
성공한 선생님이 되는 강추 수업 방법이다.
가르치는 학생들이 상위권들이 많다면 한 번쯤은 꼭 시도해 보길 바란다.

11월 공부방 운영 체크리스트

	공부방 운영 업무	예	아니오	반성할 점
홍보	전단지 / 현수막 홍보를 진행하였나요?			
	블로그 또는 카톡, 인스타를 활용한 홍보를 진행하였나요?			
	공부방 이벤트 또는 설명회를 진행하였나요?			
	공부방 안내문(소식지)를 월 2회 이상 발송하였나요?			
상담 / 학습	학부모님과 월 2회 이상 상담을 진행하였나요?			
	시험 대비 상담을 진행하였나요?			
	겨울방학 시간표 변경 상담을 완료하였나요? (휴회 학생 파악)			
	겨울방학 특강 상담을 진행하였나요? (휴회 학생 대비 상담)			
	학교 진도 사항 & 시험 진행 내용을 체크하였나요?			
	학교 행사 등을 체크하였나요?			
	시험 대비 보충을 진행하였나요?			
	서점에 가서 신학기 교재들을 살펴보았나요?			
	학생들과의 친밀도를 높이기 위한 노력을 하였나요?			
	주 1회 이상 학생들을 위한 수업 프린트물을 제작하였나요?			
	교재를 직접 채점하고 학생의 취약 부분을 정리해 두었나요?			
	학생의 질문에 화를 내지 않고 설명을 잘 해주었나요?			
	학생들이 문제를 충분히 생각할 수 있게 시간을 주었나요?			
	숙제 검사를 철저히 하였나요?			
경영	공부방 매출·매입 영수증을 모두 챙겨 두었나요?			
	공부방 가계부를 작성하였나요?			
	월 입회 학생 목표를 달성하였나요?			
	밀린 회비 없이 교육비 입금을 모두 확인하였나요?			
자기 관리	교육 정보에 대해 주 1회 이상 찾아보고 자료를 수집했나요?			
	하루에 3시간 이상 교재를 직접 풀어보았나요?			
	수업 준비를 위한 시간을 하루 1시간 이상 투자했나요?			

11월 상담 요약

11월 홍보 진행

11월 학생 성취도 & 학습전략

If opportunity doesn't knock, build a door.
_ Milton Berle

12월 나의 목표

12월 핵심 요약

1년의 멋진 마무리, 12월 파티 열기
공부방 학생들과 함께 멋진 12월 파티를 열어보자.
1년 동안 서로 노력했고 수고했고 감사했다고 마음을 전한다.

학부모와 1년 마무리 상담은 어떻게 하나요?
1년 마무리 상담은 대면 상담이 효과적이다. 학생의 교재와
시험 자료를 보면서 상담을 진행하면 신뢰도가 높아지고 학부모님과의
거리도 어느 정도 좁힐 수 있다.

교재 마무리하기
학생들마다 실력이 다르다. 학생 수준에 맞는 맞춤교재를 선정해
수업을 진행하면 그만큼 실력도 눈에 띄게 좋아진다.

회원을 소개해 주는 학부모님을 만들려면?
'1 + 1 소개 이벤트'는 기존 회원 학부모님이 새로운 학생을
한 명 소개시켜 주면 새로 들어온 학생과 기존 회원의 한 달 교육비를
무료로 진행하는 것이다.

신입생 모집을 위한 최고의 홍보는?
겨울방학 때 학생들이 새로운 학원, 공부방을 찾아다닌다. 이 시기에는
입소문뿐만 아니라 공부방 자체가 많이 노출되도록 지속적으로 홍보한다.

내년 목표와 계획을 어떻게 세우나요?
새로운 신규 회원을 몇 명 늘릴 것인가? 퇴원생의 이유를 파악했는가?
등등 10가지에 대하여 최소 일주일 동안은 고민해 보고
그에 따른 계획을 세워보자.

12월 공부방 운영 체크리스트

	공부방 운영 업무	예	아니오	반성할 점
홍보	전단지 / 현수막 홍보를 진행하였나요?			
	블로그 또는 카톡, 인스타를 활용한 홍보를 진행하였나요?			
	공부방 이벤트 또는 설명회를 진행하였나요?			
	공부방 안내문(소식지)를 월 2회 이상 발송하였나요?			
상담 / 학습	학부모님과 월 2회 이상 상담을 진행하였나요?			
	시험 결과 상담을 진행하였나요?			
	신학기 학부모 상담을 진행하였나요?			
	서점에 가서 신학기 교재들을 살펴보았나요?			
	공부방 방학 안내문을 발송하였나요?			
	주 1회 이상 학생들을 위한 수업 프린트물을 제작하였나요?			
	교재를 직접 채점하고 학생의 취약 부분을 정리해 두었나요?			
	학생의 질문에 화를 내지 않고 설명을 잘 해주었나요?			
	학생들이 문제를 충분히 생각할 수 있게 시간을 주었나요?			
	숙제 검사를 철저히 하였나요?			
경영	공부방 매출·매입 영수증을 모두 챙겨 두었나요?			
	공부방 가계부를 작성하였나요?			
	월 입회 학생 목표를 달성하였나요?			
	밀린 회비 없이 교육비 입금을 모두 확인하였나요?			
	내년 연간/월간 목표와 계획을 세웠나요?			
자기 관리	교육 정보에 대해 주 1회 이상 찾아보고 자료를 수집했나요?			
	하루에 3시간 이상 교재를 직접 풀어보았나요?			
	수업 준비를 위한 시간을 하루 1시간 이상 투자했나요?			

12월 상담 요약

12월 홍보 진행

선생님의
성공을
응원합니다

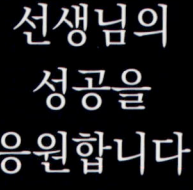

"응원합니다"
선 생 님

오늘
당신 곁의 책

당신의 빛나는 경험과 지혜를
지금 황금열쇠와 손잡고
세상에 펼쳐보시기 바랍니다.
goldkey4you@naver.com (원고 투고, 문의)